U0605364

企业管理与会计分析

修泽睿 谷习乐 潘 攀 著

汕頭大學出版社

图书在版编目（CIP）数据

企业管理与会计分析 / 修泽睿，谷习乐，潘攀著
. -- 汕头：汕头大学出版社，2018.4
ISBN 978-7-5658-3580-3

Ⅰ. ①企… Ⅱ. ①修… ②谷… ③潘… Ⅲ. ①企业管
理－会计分析 Ⅳ. ①F275.2

中国版本图书馆 CIP 数据核字(2018)第 092168 号

企业管理与会计分析
QIYEGUANLI YU KUAIJIFENXI

著　　者：修泽睿　谷习乐　潘　攀
责任编辑：汪小珍
责任技编：黄东生
封面设计：瑞天书刊
出版发行：汕头大学出版社
　　　　　广东省汕头市大学路 243 号汕头大学校园内　　邮政编码：515063
电　　话：0754-82904613
印　　刷：廊坊市国彩印刷有限公司
开　　本：710mm×1000 mm　1/16
印　　张：23
字　　数：350 千字
版　　次：2018 年 4 月第 1 版
印　　次：2019 年 1 月第 1 次印刷
定　　价：88.00 元
ISBN 978-7-5658-3580-3

版权所有，翻版必究

如发现印装质量问题，请与承印厂联系退换

企业管理与会计分析
编委会成员

主　编：修泽睿　谷习乐　潘　攀

副主编：王晶晶

前　言

随着我国市场经济的发展，企业面临的市场竞争压力逐步提高，企业管理面临的压力逐步增加。为提高企业的管理水平和整体竞争实力，企业要不断强化内部管理，重视和加强会计分析。企业管理一直以来都是经济发展过程中社会各界密切关注的课题，在企业发展的实践过程中，催生了一系列的管理模式和管理理念，在学术界也发布了很多的研究成果以指导企业生产经营的实践，这些管理模式和管理理念以及企业经营管理理论又在企业管理的实践中得到进一步检验，适合企业发展的成果得以延续和发展，不适合企业发展的成果逐步退出市场，而这往往以大量企业管理的惨痛失败为代价。总体说来，创新是企业管理发展的一条主线，没有创新，就没有企业的现代化，没有创新，企业管理就不能与时俱进，适应科学技术飞速发展的新形势的需要。

企业财务管理更侧重于对企业整体的资金监管，即在于监督、管理企业资金在货币职能、生产职能、商品职能上的配置情况与效益评价。企业财务管理的内在要求为：防止企业资金链条的断裂；优化配置企业资金；履行"成本中心"的职责；为企业管理层提供财务解决方案。为此，新时期应从建立全过程的资金管控机制，建立资金使用效益的评价机制，建立与企各职能部门的信息沟通机制来展开企业财务管理。

目前我国中小企业的工业产值、利税和出口额占全国比重较大，但由于企业规模小、管理不够规范、受传统体制和宏观经济影响大等因素，使其面临许多困难和问题。本书通过对中小企业融资政策法规不够完善、融资困难、财务控制薄弱、内部控制制度不完善、财务人员素质偏低等问题的分析，提出进一步完善有利于中小企业融资的优惠政策，建立企业财务管理体系，拓宽融资渠道，加强财务控制，提高管理水平，提高会计全员的素质等解决措施，以保证中小企业在激烈的市场竞争中健康、稳步发展。

本书共 16 章，由来自长春理工大学的修泽睿担任第一主编，负责第一章、第十三章至第十六章的内容；由来自安徽文达信息工程学院的谷习乐担任第二主编，负责第二章至第六章的内容；由来自河南工业和信息化职业学院的潘攀担任第三主编，负责第七章至第十章的内容；由来自中国石油管道局工程有限公司的王晶晶担任第一副主编，负责第十一章至第十二章的内容。

　　本书借鉴了企业管理与会计分析方面相关的研究资料，编著的过程中很多学者与研究人员提供了帮助，在此表示诚挚的感谢。由于时间仓促，书中难免存在不足之处，希望广大读者给予批评指正。

目　录

第一章　财务管理概论

第一节　财务管理概述

一、财务管理的概念

简单地讲，财务管理是对企业资本（或资金）运动所进行的管理。企业资本运动是企业资本筹集、运用、收益及其分配活动的总称，也称为企业财务活动。在我国企业实践中，企业财务活动从内容和本质上体现为下列两个方面。

（一）企业财务活动

1. 筹资活动

筹资是企业取得资本的行为，它是企业生存与发展的前提。无论是新建企业还是经营中的企业，都需要筹资。资产负债表右方对应的项目是由筹资活动形成的。筹资活动是企业财务活动的首要环节。

从整体上看，任何企业都可以从两方面筹资，并形成两种性质的资本来源：一是向所有者（股东）筹资，形成权益资本，它是企业通过吸收直接投资、发行股票、内部留存收益等方式取得的资本；二是向债权人筹资，形成债务资本，它是企业通过银行借款、发行债券、商业信用、租赁等方式取得的资本。由于不同筹资方式取得的资本具有不同的筹资成本和筹资风险，如何以最低的筹资成本和筹资风险取得经营所需的资本，保持合理的资本结构，就成了筹资决策的核心问题。

2. 投资活动

投资是指企业投放和使用资本的活动。企业取得资本后，应当将其投入使用，以谋求最大的收益。资产负债表左方对应的各项资产是由投资活动形成的。投资活动是企业财务活动的中心环节。

　　企业投资按投资回收期限的不同分为长期投资和短期投资。长期投资是指投资回收期在 1 年以上的投资活动。它是企业以盈利为目的的资本性支出，即企业预先投入一定数额的资本，以便获得预期经济收益的财务行为。长期投资按投资对象可分为项目投资和金融投资。项目投资是企业通过购买固定资产、无形资产，直接投资于企业本身生产经营活动或企业外部投资项目的一种投资行为，它是一种直接性投资；金融投资是企业通过购买股票、债券、基金、期货、期权等金融性资产，间接投资于其他企业的一种投资行为，它是一种对外的间接性投资。短期投资是指投资回收期在 1 年或 1 年以内的投资活动。它是企业以盈利为目的的日常经营性投资，在财务上表现为流动资产。

3. 收益及其分配活动

　　资本运用的目的是取得收益，实现资本的保值和增值；企业实现的资本收益要在有关利益主体间进行分配。资本收益及其分配活动是企业资本运动前一过程的终点和后一过程的起点，是企业资本不断循环周转的重要条件。

　　筹资活动、投资活动和收益及其分配活动三个方面相互联系、相互依存，构成了企业财务活动的基本内容，它是企业生产经营过程的价值体现。以制造企业为例，企业财务活动与生产经营过程的关系如图 1-1 所示。

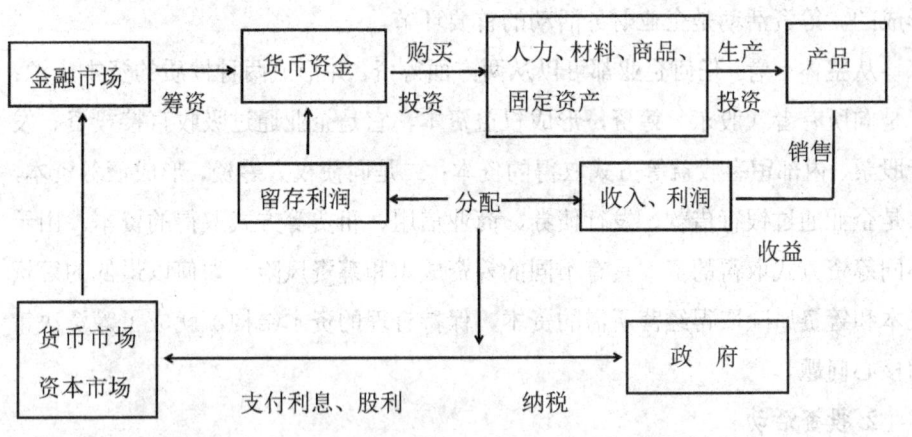

图 1-1　企业财务活动与生产经营过程的关系

　　随着金融市场的发展与金融工具的不断创新，现代企业经营活动及其对应的财务活动的内容得以进一步拓展，主要表现在：①货币商品经营。它直接以货币经营为对象，从事货币商品的买入、持有或卖出等活动而获取收益。货币商品经营以从事虚拟化的金融资产投资为主要形式。②资本经营。它直接以资本为对象，以资本的权益属性为依托，从事现代意义上的权益投资、持有或出售等一系列管理活动，它以企业间产权变更及并购行为为主要表现形式。这两类财务活动面临特殊的市场，具有特定的投资领域、特有的风险环境和特有的收益方式。

（二）企业财务关系

财务关系是企业在组织财务活动过程中与各方面发生的经济利益关系。它是企业与其内外各相关利益主体所发生的利益关系的总和。其内容主要有：

1.企业与投资者、受资者之间的财务关系

这是一种投资与分享投资收益的关系，在性质上属于所有权关系。与投资者发生财务关系时，企业是受资者，企业从投资者那里筹集资本，进行生产经营活动，并将实现的收益按规定进行分配；与受资者发生财务关系时，企业是投资者，企业以其法人财产向其他单位投资，并根据投资额的多少从受资者那里分享投资收益。企业应当根据有关法律的要求，正确处理这种财务关系，维护投资者和受资者的合法权益。

2.企业与债权人、债务人之间的财务关系

这是一种债权债务关系。这类财务关系有因资本不足而向商业银行借款形成的资本借贷关系，有因购进材料、出售产品而与往来客户发生的货币收支结算关系，有因延期收付贷款与往来客户发生的商业信用关系，等等。作为债务人，企业应当按债务契约的规定，及时支付货款，归还贷款，以维护企业自身信用；作为债权人，企业在向其客户进行信用销售时，应当制定科学合理的信用政策，以确保债务人按期支付货款。

3.企业与国家税务机关之间的财务关系

这是一种征税和纳税的关系。国家以社会管理者的身份委托税务机关向企业征收有关税金，包括所得税、流转税和其他税金。作为纳税义务人，企业必须按照税法的规定及时足额地缴纳各种税款。

4.企业内部各部门之间的财务关系

这是一种内部结算与分工协作关系。一方面是以企业财务部门为中心，企业内部各部门、各单位与财务部门之间的收支结算关系，如向财务部门领款、报销以及办理收付款业务等，体现了企业内部资本集中管理的要求；另一方面是企业内部各单位之间由于提供产品或劳务而发生的计价结算关系，它以内部交易价格为链条，是一种以部门经济利益为基础的内部分工协作关系。

5.企业与员工之间的财务关系

这是企业向员工支付劳动报酬过程中所形成的利益分配关系。员工是劳动者，他们以自身提供的劳动作为参加收益分配的依据，企业应当根据劳动者的劳动数量和质量，向员工支付工资、津贴和奖金，正确协调员工与企业间的经济利益关系。

二、财务管理的内容与特点

财务管理是基于企业生产经营过程中客观存在的财务活动和财务关系而产生的，是组织企业资本运动、处理企业同各方面财务关系的一项经济管理工作，是企业管理的重要组成部分。财务管理需要解决的基本问题是：如何筹措投资所需的资本，什么资产值得企业投资，怎样对回收的资本进行分配等。因此，财务管理的基本内容包括筹资管理、投资管理和收益分配管理三部分。此外，企业财务管理还要对一些财务活动的拓展领域和特殊问题进行运作，如公司并购，财务失败、重整与清算，集团公司财务管理，等等。

财务管理作为一项具有特定对象的经济管理工作，具有两个明显的特征。

（一）财务管理是一种价值管理

企业生产经营活动的复杂性，决定了企业管理必须包括多方面的内容，如生产管理、营销管理、技术管理、人力资源管理、财务管理等。它们有的侧重于使用价值的管理，有的侧重于信息的管理，等等。财务管理区别于其他管理的特点，在于它是一种价值管理。财务管理利用资本、成本、收入等价值指标，来组织企业生产经营过程中价值的形成、实现和分配，并处理这种价值运动中的经济关系。所以，价值管理是财务管理的基本属性。

（二）财务管理是一项综合性管理工作

财务管理是企业管理中的一个独立方面，又是一项综合性的管理工作。企业各方面生产经营活动的质量和效果，大都可以从财务活动中综合地反映出来。而通过合理地组织财务活动，又可以促进企业生产经营活动的顺利进行。财务管理在企业内部管理的各子系统中，具有涉及面广、综合性强、灵敏度高的特点。因此，财务管理是利用价值形式，对企业生产经营活动进行的综合管理。

三、日常财务管理组织及其职能定位：与会计职能的比较

（一）日常财务管理组织的设计模式

不同组织制度、不同企业规模，其财务组织的设置有所不同。企业日常财务管理组织的设置一般有三种模式。

第一种：财务部门与会计部门合二为一。如小型企业，不设独立的财务部门，而将其职责包含在会计部门中。

第二种：单独设置与会计部门并列的财务部门。如多数大中型企业。在财务作为一个独立部门设置后，其内部具体的管理组织一般可根据财务活动情况设置融资部、资金结算部、预算规划部、信用管理部等。在这类企业中，一般均设置财务副总经理（或财务总监、总会计师，简称 CFO）岗位，直接对总经理或董事会负责。在 CFO 之下，设置财务部经理和会计部经理。

第三种：以公司型组织为特征的财务管理组织。如大型集团公司与跨国公司。这种组织模式的特点是：它本身是一个独立的法人实体，在这一实体内部，除了设立从事财务活动的职能部门外，其大多数业务部门是围绕为其他法人实体的财务活动提供服务而设置的，属于非银行金融机构的范围。集团公司或跨国公司内部设置的这类专门的理财机构，在财务上称之为财务公司。财务公司的兴起和发展，标志着财务管理组织向专门化、专家化和社会化方向的进展。

（二）财务管理与会计职能的差异

现代企业财务管理与会计是两种具有不同职能的管理行为。财务管理是对企业资本运动进行管理，会计是利用价值形式对企业资本运动全过程的反映和监督。两者的主要差异体现在：财务管理的主要职能包括除了筹资管理、投资管理（包括现金、有价证券和信用管理）和收益分配外，还包括税务筹划、财务预算、财务分析，并参与财务决策；而会计的主要职能是负责财务会计、成本会计、会计信息系统处理、税务会计（指与税收有关的数据处理），没有直接参与财务决策。财务管理与会计职能的具体差异，主要体现在财务部经理与会计部经理的职责差异上，如图 1-2 所示。

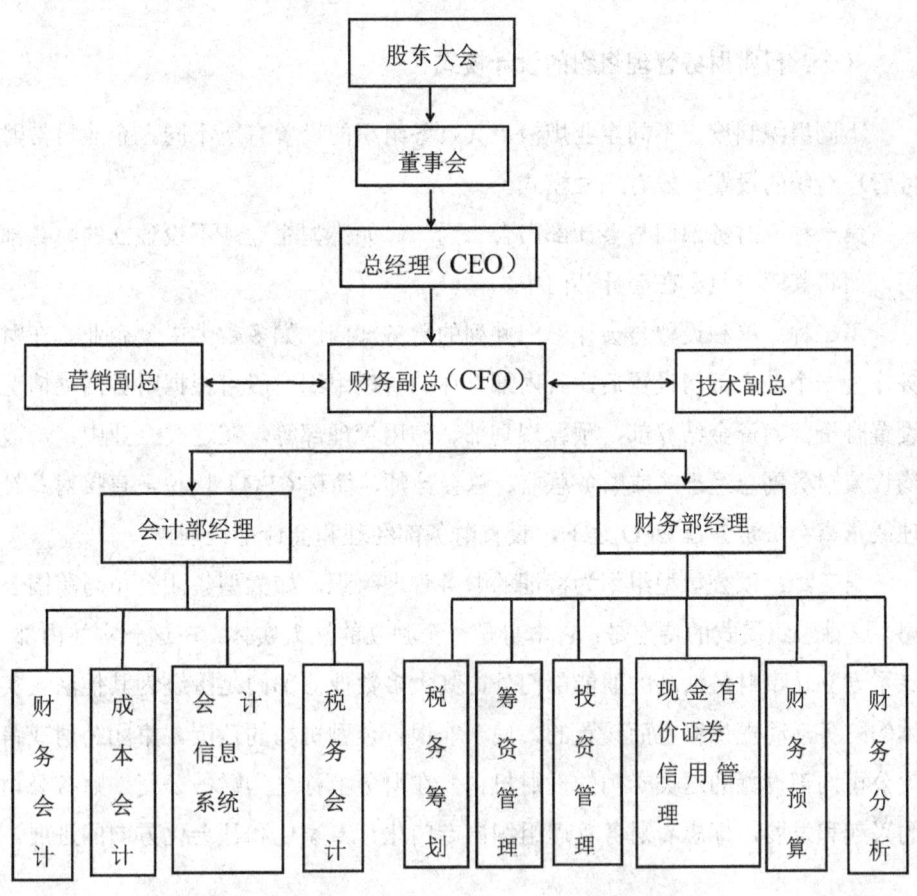

图 1-2　财务部经理与会计部经理的职责

作为价值管理的两种主要形式，财务管理与会计又密不可分。它们之间的联系主要表现在两方面：

1. 财务管理以会计所提供的信息为基础

会计核算是财务管理的基础。如果没有会计核算所提供的真实可靠的资料和数据，财务管理也就无从谈起。

2. 财务制度是会计核算的基本依据

没有财务制度、会计财务制度，会计核算就失去了可靠性。

第二节　财务管理目标

财务管理目标又称理财目标，是企业在特定的理财环境中，通过组织财务活动、处理财务关系所要达到的目的。财务管理目标是财务管理行为的目标导向，决定着财务管理的基本方向。

一、财务管理目标的几种模式

财务管理目标取决于企业目标，并且受财务管理自身特点的制约。根据现代企业财务管理理论和实践，具有代表性的财务管理目标有以下几种模式：

（一）利润最大化

利润最大化目标，是指通过对企业财务活动的管理，不断增加企业利润，使利润达到尽可能大。利润最大化观点在西方经济理论中是根深蒂固的，西方许多经济学家都是以利润最大化这一概念来分析和评价企业的行为和业绩的。20 世纪 50 年代以前，西方财务管理理论界也认为，利润最大化是财务管理的最优目标。利润最大化目标有两种具体形式：

1. 净利润额最大化

净利润额是企业在一定期间全部收入与其相关的成本费用的差额，它在一定程度上体现了企业经济效益的高低，是企业补充资本积累、扩大经营规模的来源。同时，净利润额指标具有直观、易计量的特点。

但净利润额最大化目标存在着下列缺陷：

（1）它是一个绝对指标，不能反映企业的投入和产出之间的关系；

（2）未能考虑利润发生的时间及货币时间价值；

（3）未能有效地考虑风险问题，这可能会导致企业不顾风险的大小去追求最大的利润；

（4）它可能使企业财务决策具有短期行为的倾向，即片面追求利润的增加，不考虑企业的长期发展，从长远看不利于企业的可持续发展；

（5）由于净利润指标是根据会计标准、按权责发生制原则计算的结果，便于管理者操纵。

2. 每股利润最大化

每股利润也称每股收益（earnings per share，简写为 EPS），是普通股税后利润与普通股股数的比值。它的优点是把企业实现的净利润同投入股本的数量进行对比，在一定程度上反映了投入产出之比，能够说明盈利水平，可以在不同经营规模的企业之间进行比较，揭示其盈利水平的差异。该指标克服了净利润额最大化的第一个缺陷，但仍未避免净利润额最大化目标的其他四个缺陷。

（二）股东财富最大化

股东财富最大化是指通过财务上的合理经营，为股东带来尽可能多的财富。在有效市场条件下，股东财富由其所拥有的股票数量和股票市场价格两方面来决定。在股票数量一定时，当股票价格达到最高时，则股东财富也达到最大。所以，股东财富最大化又演变为股票价格最大化。

股东财富最大化是单纯从股东角度来制定理财目标的，其理论基础是"企业是股东的企业"，股东对企业具有剩余索取权、制约着企业控制权安排。与利润最大化目标相比，股东财富最大化目标有其积极的方面，体现在：

（1）考虑了风险因素，因为风险的高低，会对股票价格产生重要影响；

（2）在一定程度上有利于克服企业在追求利润上的短期行为，因为不仅目前的利润会影响股票价格，预期未来的利润对企业股票价格也会产生重要影响；

（3）在股票上市公司股东财富最大化目标比较容易量化，便于考核和奖惩，但股东财富最大化目标存在着下列缺陷：①它只适合上市公司，对非上市公司较难适用；②它只强调股东利益，未能考虑其他相关利益主体的利益；③股票价格受多种因素影响，并非都是公司所能控制的，且市场并不完全理性和有效，股票价格不能真正反映股票价值。

（三）企业价值最大化

西方经济发展进入 20 世纪 90 年代以后，企业生存和发展的目的逐渐由追求股东财富最大化发展成为追求企业价值最大化。

企业价值是指企业作为特殊商品被用来买卖时的市场价值。企业价值是股东价值、社会价值、顾客价值、员工价值的集合，是兼顾眼前利益和长远利益的集合，是企业未来潜在获利能力的体现。企业价值最大化，是指通过财务上的合理经营，使企业市场价值达到最大。

以企业价值最大化作为财务管理的目标，具有以下优点：

（1）考虑了取得报酬的时间，并用时间价值的原理进行了计量；

（2）考虑了风险与报酬的关系；

（3）有利于克服企业在追求利润上的短期行为，因为不仅目前的利润会影响企业的价值，预期未来的利润对企业价值的影响所起的作用更大；

（4）兼顾了相关利益主体间的不同利益。

因此，企业价值最大化目标被认为是现代企业财务管理的最优目标。但这个目标的缺陷主要体现在其计量的非直观性上。尽管如此，如同从利润最大化向股东财富最大化转变一样，从股东财富最大化向企业价值最大化的转变是财务管理目标理论的又一次飞跃。

二、实践中的财务管理目标：相关利益主体间的目标差异与利益协调

股东和债权人都为企业提供了财务资源，但是他们处在企业之外，只有经营者即管理当局在企业内部直接从事财务管理工作。股东、经营者和债权人之间构成了企业最重要的财务关系。

（一）股东与经营者之间的目标差异与利益协调

股东和经营者作为两个不同的利益主体，在追求各自利益最大化目标上会有偏差。作为股东，其委托他人经营的前提是通过委托产生的收益增量大于其代理成本。在信息不对称的条件下，经营者可能"偷懒"并尽量增加其个人享受。因此，经营者有可能为自身的利益目标而背离股东的利益。

经营者背离股东的目标，其条件是双方的信息不对称，经营者了解的信息比股东多。因此，协调这一利益差异的重要手段是股东获取更多的信息，对经

营者进行监督。在经营者背离股东目标时，减少各种形式的报酬，甚至解雇他们。但是，由于信息不对称，全面监督事实上是行不通的，因为它将使股东付出高昂的代价。因此，股东还必须对经营者采取一定的激励机制。协调两者利益目标的具体方法有：

1. 解聘

在公司治理中，股东可以通过股东大会约束和罢免有损于实现其利益目标的经营者。股东通过对经营者的监督，解聘经营者来实现其利益目标。这是对经营者的一种行政约束。

2. 接收

如果经营者经营决策失误、经营不力，未能采取一切有效措施使企业价值提高，那么，该公司就可能被其他公司强行接收或兼并，相应的经营者就会被解聘。因此，为了避免这种接收，经营者必须采取一切措施提高公司的市场价值。这是对经营者的一种市场约束。

3. 激励

将经营者的报酬与其绩效挂钩，使经营者自觉采取能满足企业价值和股东财富最大化的措施，以吸引和留住优秀的经营者。工资、奖金和津贴是对经营者的短期激励措施，股权激励与股票期权激励是对经营者的长期激励方式。

（二）股东与债权人之间的目标差异与利益协调

当公司向债权人借入资本后，两者也形成一种委托代理关系。股东和债权人之间的目标差异体现在两者对现金流量要求权上。债权人通常对公司现金流量具有第一求偿权，但在公司能获得足够收入以履行其偿债义务时，债权人只能收到固定的现金；而股东则拥有对公司剩余现金流量的要求权，如果公司没有足够的现金流量用以偿还债务，则股东有权选择宣告破产。因此，债权人要以比股东更消极的眼光来看待项目选择和投资决策中存在的风险。债权人事先知道借出资本是有风险的，并可在确定利率时就考虑风险。但是，借款合同一旦成为事实，资本到了企业，债权人就失去了控制权，股东可以通过经营者为自身利益而伤害债权人的利益。其常用方式有两个：一是不经债权人同意，投资于比债权人预期风险要高的新项目；二是为提高财务杠杆利益，不征得现有债权人同意而举借新债，使原有债权人的风险增加。此外，股东通过股东大会决定增加股利支付，也会间接地影响到债权人的利益。

为保护债权人权益，除了寻求立法保护，如破产时优先接管，优先于股东分配剩余财产等手段外，通常采取以下两种协调方法：

1. 限制性借债

它是通过债务合约来实现的。债务合约是指债权人在借出款项时与企业达成的限制股东机会主义行为的一系列契约和协议，其目的是以协议的方式禁止或者限制可能导致股东剥夺债权人权益的行为。债务合约的主要功能表现在以下方面：（1）限制公司的投资政策，在借款合同中加入限制性条款，如规定债务资本的用途；（2）限制额外的财务杠杆，如不允许公司在未经原债权人同意的条件下增加额外债务等；（3）限制股利政策，如限制公司股利发放，将股利发放与公司业绩挂钩；（4）严格债务担保条款。

2. 收回借款不再借款

当债权人发现公司有侵蚀其债权价值的意图时，拒绝进一步合作，不再提供新的借款或提前收回借款。

此外，还可通过让债权人取得股权的方式来协调两者的利益目标。即债权人作为债权所有人的同时，对公司持有股份；或者通过各种方式将已有债权转换为股权。取得股权是避免股东与债权人利益冲突的最后解决方式，即进行角色置换。但这种方式并不是在所有情况下都可行。有些国家规定债权人不能成为股东，如银行不得持有公司股份；有时则与债券市场的发育程度有关，如可转换债券还没有被市场完全接受等。

（三）财务管理目标与社会责任的关系及其协调

财务管理目标与社会责任的履行在许多方面是一致的。企业在实现财务管理目标过程中，自然会使社会受益。企业为了创造自身的价值，必须生产出符合顾客需要的产品，满足社会的需求；必须不断引进与开发新技术，并扩大经营规模，制造新的就业需要，解决社会的就业问题；必须提高劳动生产率，改进产品质量，改善服务，从而提高社会生产效率和公众的生活质量。

社会责任与财务管理目标之间还存在着差异。例如，企业为了获利，可能生产伪劣产品、可能不顾工人的健康和利益、可能造成环境污染、可能损害其他企业的利益等。社会责任要求企业讲究环保、合理雇用工人等，但这些社会责任的履行，必然会造成股东财富或企业价值一定程度的损失。

财务管理目标与社会责任间的差异，主要通过政府干预来协调：一种是运用法律手段，如制定反暴利法、反不正当竞争法、环境保护法、合同法、消费者权益保护法和有关产品质量的法规等；另一种是通过行政和经济杠杆，来调节企业行为，以保证社会责任的完全履行。

第三节 财务管理环境

财务管理环境是指企业财务活动赖以存在和发展的各种因素的集合。企业财务活动是在一定的环境下进行的，必然受到环境的影响。

财务管理环境一般可分为宏观环境和微观环境。宏观环境是指影响企业财务活动的各种宏观因素，如政治因素、经济因素、法律因素、金融市场，等等。宏观环境是作为企业外部的、影响企业财务活动的客观条件而存在的，是企业财务决策难以改变的外部约束条件，企业财务决策更多的是适应它们的要求和变化。微观环境是指影响企业财务活动的各种微观因素，如企业组织形式、生产状况、产品销售市场状况、企业文化、管理者素质，等等。微观环境是作为企业内部的、影响企业财务活动的客观条件而存在的。

在财务管理的环境中，宏观环境决定微观环境，微观环境始终与宏观环境相适应，并随着宏观环境的变化不断得到改善。因此，宏观环境是财务管理环境中最主要的内容。这里主要介绍财务管理的宏观环境。财务管理的宏观环境涉及的范围很广，其中最重要的是法律环境、金融市场环境、利率和经济环境。

一、法律环境

法律环境是指企业和外部发生经济关系时应遵守的各种法律、法规和规章。企业的理财活动，无论是筹资、投资还是收益分配，都要和企业外部发生经济关系。在处理这些经济关系时，应当遵守有关的法律规范。这些法律规范主要包括：

（一）企业组织法规

企业组织必须依法成立。组建不同的企业，要依照不同的法律规范。《中华人民共和国公司法》（以下简称《公司法》）是典型的企业组织法规。它对公司制企业的筹资方式、股票发行和交易、债券发行和转让、利润分配等方面作出了规定。《公司法》是公司财务管理最重要的强制性规范，公司的理财活动不能违反该法律，公司的自主权不能超出该法律的限制。

从财务管理来看，非公司制企业与公司制企业有很大不同，主要体现在三方面：

（1）承担的责任不同。非公司制企业的所有者，包括独资企业的业主和合伙企业的合伙人，要承担无限责任。他们占有企业的盈利（或承担损失），一旦经营失败必须抵押其个人的财产，以满足债权人的要求。公司制企业的股东承担有限责任，经营失败时其承担的责任以出资额为限。

（2）承担的税负不同。独资企业和合伙企业一般只需缴纳个人所得税，而公司制企业的股东则承担企业所得税和个人所得税双重税。

（3）筹资的难易程度不同。公司制企业一般比非公司制企业容易筹资。

（二）税收法规

国家税种的设置、税率的高低、征收范围、减免规定、优惠政策等都会直接影响企业的财务活动。税收对财务管理的影响具体表现为：

1.影响企业筹资决策

按照国际惯例和我国税法，企业借款利息和债券利息不高于金融机构同类同期贷款利息的部分，可在税前利润中扣除。因此，银行借款和发行债券等筹资方式能够给企业带来节税利益。而其他筹资方式则无此优势，如发行股票筹集的资本，其支付的股利必须在所得税后的净利润中列支。

2.影响企业投资决策

企业投资从广义上讲，不仅包括股票、债券等对外投资，也包括对固定资产、流动资产的投资，还包括企业设立分公司和子公司的投资。企业投资建立不同形式、不同规模的企业，或投资于不同的行业、投资经营不同业务等，都会面临着不同的税收政策。在企业投资决策时，必须考虑税收对企业设立的地点和行业的影响、对企业分支机构设立形式的影响、对企业投资具体形式的影响等方面。

3.影响企业现金流量

企业作为纳税人，应按税法的规定及时、足额地上缴现金税金。由于纳税会增加企业现金流出量，因此财务管理必须解决好三个问题：一是纳税期限临近时需筹足现金；二是采用合法的方法使纳税递延，从而减少当期现金流出量，避免现金短缺；三是编制现金预算时要尽可能准确地预测税金支付项目。

4.影响企业利润

税收体现着国家与企业之间对所创造的纯收入的分配关系。税费的变动与利润的变动呈反向关系，在一定时期内企业承担的税赋增加，则利润必然减少。税基和税率的变更对利润有直接影响。例如，税率的上升或下降会使企业利润减少或增加，预计税率的变更会影响利润的预测值。

5.影响企业收益分配

股份公司的股利分配政策不仅影响股东的个人所得，而且影响公司的现金流量。股东获得的现金股利需缴纳个人所得税，如果公司将盈利留在企业作为内部留存收益，股东可不缴纳个人所得税。这时股东虽然没有现金收入，但可以从以后的股价上涨中获得资本利得。

税负是企业的一种费用，要增加企业的现金流出，对企业理财有重要影响。企业无不希望在不违反税法的前提下减少税收负担。税负的减少，只能靠筹资、投资和收益分配等财务决策时的精心安排和筹划，而不允许在纳税义务已经发生时去偷税或逃税。精通税法，对财务管理者具有重要的意义。财务管理者应当知法、守法、用法，切实做好税收筹划工作，以寻求节税利益的最大化。

二、金融市场环境

金融市场是企业财务管理的直接环境。它不仅为企业筹资和投资提供了场所，而且促进了资本的合理流动和优化配置。

（一）金融市场及其构成要素

金融市场是指资本供求双方通过某种形式融通资本的场所，是实现货币借贷和资本融通、办理各种票据和有价证券交易活动的场所。金融市场主要由四个要素构成：

1.参与者

参与者是指参与金融交易活动的各个经济单位。金融市场的参与者最初主要是资本盈余或不足的企业、个人以及金融中介机构。随着金融市场的发展，现代金融市场的参与者已经扩大到社会经济生活的各个方面，包括企业、个人、政府机构、商业银行、中央银行、证券公司、保险公司、基金会，等等。按照进入市场的身份，金融市场的参与者可以分为资本供应者、资本需求者、中介人和管理者。在金融市场上，参加交易活动的经济主体都是能够独立作出决策并承担利益和风险的经济法人。

2. 金融工具

金融工具是金融市场的交易对象。资本供求者对资本数量、期限和利率的多样化的需求，决定了金融市场上金融工具的多样化，而多样化的金融工具不仅满足了资本供求者的不同需要，而且也由此形成了金融市场的各类子市场。

3. 组织形式和管理方式

金融市场的组织形式主要有交易所交易和柜台交易两种，交易方式主要有现货交易、期货交易、期权交易、信用交易。金融市场的管理方式主要包括管理机构的日常管理、中央银行的间接管理以及国家的法律管理。

4. 内在机制

金融市场交易活动的正常进行还必须有健全的机制。这种机制主要是指具有一个能够根据市场资本供应灵活调节的利率体系。在金融市场上，利率是资本商品的价格。利率的高低取决于社会平均利润率和资本供求关系，但是，利率又会对资本供求和资本流向起着重要的调节和引导作用。当资本供不应求时，利率上升，既加大了资本供应又减少了资本需求；当资本供过于求时，利率下降，既减少了资本供应又扩大了资本需求。因此，利率是金融市场上调节资本供求，引导资本合理流动的主杠杆。

（二）金融市场的种类

1. 金融市场按交易的期限，分为短期资本市场和长期资本市场

短期资本市场是指期限不超过一年的资本交易市场，由于短期有价证券易于变成货币或作为货币使用，所以也叫货币市场。短期资本市场主要有拆借市场、票据市场、大额定期存单市场和短期债券市场等；长期资本市场是指期限在一年以上的股票和债券交易市场，由于发行股票和债券主要用于固定资产等资本货物的购置，所以也叫资本市场。长期资本市场上的交易活动由发行市场和流通市场构成，其交易组织形式主要有证券交易所和柜台交易两种，其具体交易方式主要有现货交易、期货交易、期权交易和信用交易。

2. 金融市场按交割的时间，分为现货市场和期货市场

现货市场是指买卖双方成交后，当场或几天之内买方付款、卖方交出证券的交易市场；期货市场是指买卖双方成交后，在双方约定的未来某一特定的时日才交割的交易市场。

3. 金融市场按交易的性质，分为发行市场和流通市场

发行市场是指从事新证券和票据等金融工具买卖的转让市场，也叫初级市场或一级市场；流通市场是指从事已上市的旧证券或票据等金融工具买卖的转让市场，也叫次级市场或二级市场。

4. 金融市场按交易的对象，分为资金市场、外汇市场和黄金市场

资金市场以货币和资本为交易对象；外汇市场以各种外汇信用工具为交易对象；黄金市场是集中进行黄金买卖和金币兑换的交易市场。其中，与财务管理直接相关的市场主要是指资金市场。

（三）金融市场与企业财务管理

1. 金融市场是企业筹资和投资的场所

金融市场上有许多筹资渠道和筹资方式可供选择。企业需要资本时，可以到金融市场选择恰当的方式筹资；企业有了闲置的资本，也可以灵活选择投资方式，在金融市场上进行投资。

2. 企业通过金融市场调整资本结构，实现长短期资本互相转化

企业持有的股票是长期投资，在金融市场上可随时变现，成为短期资本；远期票据通过贴现，可变为现金；大额可转让定期存单，可以在金融市场卖出，成为短期资本。与此相反，短期资本也可以在金融市场上转变为股票、债券等长期资产。

3. 金融市场为企业理财提供有用的信息

金融市场的利率变动，反映资本的供求状况；有价证券市场的行市反映投资人对企业的经营状况和盈利水平的评价。它们是企业经营和投资的重要依据。

三、利率

（一）关于利率的几组概念

1. 年利率、月利率和 n 利率

年利率是指按年计息的利率，一般按本金的百分之几表示，通常称年息几厘几毫。如年息 5 厘 4 毫表示本金为 100 元的年利息额为 5.4 元。月利率是按月计息的，一般为本金的千分之几，如月息 6 厘即为本金为 1000 元的每月利息为 6 元。日利率是按天计息的，一般可根据年利率或月利率折算而来。

2. 名义利率与实际利率

第一种含义的名义利率是指包含对通货膨胀补偿的利率。在通货膨胀情况下，市场上各种利率都是名义利率。实际利率是指在物价不变、货币购买力不变的情况下的利率，或者是指物价有变动时，扣除通货膨胀补偿后的利率。设 i 为名义利率，r 为实际利率，IP 为通货膨胀率。则两者的关系为：$(1+i)=(1+r) \times (1+IP)$，即：$i=r+IP+r \times IP$

第二种含义是：由于年内多次计息而使得年实际利率大于名义利率。设 m 为计息次数，年实际利率（r）与名义年利率（i）间的关系为：$r=(1+i/m)^m-1$，在连续复利计息时，$r=e^i-1$（e 为自然常数，约等于 2.718）。

3. 基准利率与套算利率

基准利率是指在多种利率并存的条件下起决定作用的利率。它是中央银行的再贴现利率，或是中央银行对其他商业银行的再贷款利率。套算利率是指在基准利率的基础上，各商业银行根据具体贷款特点换算出来的利率，主要依据企业的资信等级确定。

4. 固定利率与浮动利率

固定利率是指在整个贷款期内固定不变的利率。浮动利率是指在贷款期内随市场借贷资本供求关系变动而在一定范围内调整的利率。

（二）利率的构成

利率是资本的价格，它主要取决于资本供求关系。作为资本价格，它对资

本供应方来说属于收益,对资本需求方而言则属于成本。在金融市场中,利率构成可用下式表示:

$$利率＝纯利率+通货膨胀补偿率+风险补偿率$$

其中,纯利率与通货膨胀补偿率构成基础利率,风险补偿率又分为违约风险补偿率、流动性风险补偿率和到期风险补偿率三种。因此,影响利率构成的主要因素有:

1. 纯利率

纯利率是指没有风险和没有通货膨胀情况下的平均利率。例如,在没有通货膨胀时,国库券的利率可以视为纯利率。纯利率的高低,受平均利润率、资本供求关系和国家调节的影响。首先,利息是利润的一部分,所以利息率依存利润率、并受平均利润率的制约。一般利息率随平均利润率的提高而提高。利息率的最高限不能超过平均利润率,否则企业无利可图,不会借入款项;利息率的最低界限大于零。其次,在平均利润率不变的情况下,金融市场上的供求关系决定市场利率水平。在经济高涨时,资本需求量上升,若供应最小变,则利率上升;在经济衰退时,则利率下降。再次,政府为防止经济过热,通过中央银行减少货币供应量,资本供应量减少,利率上升;政府为刺激经济发展,增加货币发行量,则情况相反。

2. 通货膨胀补偿率

通货膨胀使货币贬值,从而使投资者或资本供应者的真实报酬率下降。因此,为弥补通胀造成的购买力损失,利率确定要视通胀状况而给予一定的补偿。例如,政府发行的短期无风险证券(如国库券)的利率就是由纯利率和通货膨胀补偿率这两部分组成的。

3. 违约风险补偿率

违约风险是指借款人无法按时支付利息或偿还本金而给投资者或资本供应者带来的风险。违约风险越大,则投资者或资本供应者要求的利率也越高,反之则相反。

4. 流动性风险补偿率

流动性是指资产在短期内出售并转换为现金的能力。资产流动性强弱的标志有两个：一是时间因素；二是变现价格。对于金融市场而言，金融资产的流动性视金融证券发行主体的财务实力而定。例如，小公司的债券流动性相对于大公司要差，作为小公司债券的购买者，就会要求提高利率作为补偿。

5. 到期风险补偿率

到期风险补偿率是因到期时间长短不同而形成的利率差别。从理论上讲，金融资产的持有时间不同，利率也不同，其原因在于长期金融资产的风险高于短期资产风险，从而相应体现收益率差异。

（三）利率与企业财务管理

1. 利率是企业筹资决策的重要依据

在筹资决策中，不管是采用借款还是股权筹资方式，利率都是判断筹资合理性的主要因素。利率水平决定了企业筹资资本成本的水平，对企业选择何种方式筹资、筹资的期限安排等，都有着重要的影响。如果预期市场利率下降，企业在选择筹资方案时，则应筹集短期资本；反之，如果预期市场利率上升，则应筹集长期资本，以降低筹资成本。

2. 利率是企业投资决策的重要依据

在企业投资决策中，市场利率水平会对企业投资战略起到决定性作用。在市场利率低时，企业会选择扩张型投资；反之，在市场利率上升时，企业会适当抑制投资。在长期投资项目决策中，计算净现值指标所使用的贴现率是以市场利率为基础来确定的。银行贷款利率的波动，以及与此相关的股票和债券价格的波动，既给企业以机会，也是对企业的挑战。如果预期市场利率下降，企业在选择投资方案时，应进行长期投资；反之，如果预期市场利率上升，则应进行短期投资以提高投资收益。

3. 利率影响分配决策

利率是企业进行利润分配时必须考虑的因素之一。一般而言，企业给予投资者的回报不应低于市场平均无风险报酬率。为了获得投资者的持续投资及未来的追加投资，企业应尽量给予投资者高于市场风险收益水平的报酬率，而市场利率是市场平均收益率的量化依据。

四、经济环境

经济环境是指企业进行财务活动的宏观经济状况。包括：

（一）经济发展状况

经济发展的速度，对企业理财有重大影响。近年来，我国经济发展速度较快。企业为了跟上这种发展并在其行业中维持它的地位，至少要有同样的增长速度，需要相应增加厂房、机器、存货、工人、专业人员等。这种增长，需要大规模地筹集资本，需要借入巨额款项或增发股票。

经济发展的波动，即有时繁荣有时衰退，对企业理财也有极大影响。这种波动，最先影响的是企业销售额。销售下降会阻碍企业现金的流转。例如，成品积压不能变现，需要筹资以维持运营。尽管政府试图减少不利的经济波动，但事实上经济有时"过热"，有时需要"调整"。财务人员对这种波动要有所预期，筹措足够的资本，用以调整生产经营。

（二）通货膨胀

通货膨胀不仅对消费者不利，给企业理财也带来很大困难。企业对通货膨胀本身无能为力，只有政府才能控制。但通货膨胀对企业财务活动产生影响，企业为了实现期望的报酬率，必须调整收入和成本；同时，使用套期保值等办法减少损失，如提前购买设备和存货，买进现货卖出期货，等等。

（三）政府的经济政策

由于政府具有较强的调控宏观经济的职能，其制定的国民经济发展规划、产业政策、经济体制改革措施、行政法规等，对企业的财务活动都有重大影响。

国家对某些地区、某些行业、某些经济行为的优惠、鼓励和有利倾斜构成了政府经济政策的主要内容。企业在财务决策时，要认真研究政府的经济政策，按照政策导向行事，才能趋利除弊。当政府的经济政策随着经济状况的变化做出调整时，企业财务决策要为这种变化留有余地，甚至预见其变化的趋势。

（四）资本市场效率

根据微观经济学理论，自由竞争条件下的市场制度的核心就是价格能否正确反映稀缺资源在无限制的、不同选择和竞争性用途中有效配置所必需的全部信息。如果价格能及时全面地反映所有可得信息，那么市场被认为是有效率的。有效的资本市场下，股票价格能提供企业价值的无偏估计。

（五）竞争

竞争广泛存在于市场经济之中，任何企业都不能回避。企业之间、产品之间、现有产品和新产品之间的竞争，涉及设备、技术、人才、推销、管理等各个方面。竞争能促使企业用更好的方法来生产更好的产品，对经济发展起推动作用。但对企业来说，竞争既是机会，也是威胁。为了改善竞争地位，企业往往需要大规模投资，成功之后企业盈利增加，但若投资失败则竞争地位更为不利。竞争是"商业战争"，综合体现了企业的全部实力和智慧，经济增长、通货膨胀、利率波动带来的财务问题，以及企业的对策都会在竞争中体现出来。

第四节 财务管理方法

财务管理方法，也称财务管理环节。企业财务管理过程从总体上划分为五个基本环节：财务预测、财务决策、财务预算、财务控制和财务分析。这五个环节相互联系、相互配合，形成周而复始的财务管理循环过程，构成完整的财务管理方法和体系。

一、财务预测

财务预测是根据财务活动的历史资料，考虑现实的要求和条件，对企业未来的财务活动和财务成果作出科学的预计和测算。财务预测环节的主要任务在于：测算各项生产经营方案的经济效益，为决策提供可靠的依据；预计财务收支的发展变化情况，以确定经营目标；测定各项定额和标准，为编制预算服务。财务预测环节的主要步骤包括：

（一）明确预测对象和目的

根据预测的对象和目的不同，预测资料的搜集、预测模型的建立、预测方法的选择、预测结果的表现方式等也有不同的要求。

（二）搜集和整理资料

根据预测对象和目的，广泛搜集与预测目标相关的各种资料信息，包括内部和外部资料、财务和生产技术资料、计划和统计资料等，对所搜集的资料除进行可靠性、完整性和典型性检查外，还必须进行归类、汇总、调整等加工处理，使资料符合预测的需要。

（三）建立预测模型

根据影响预测对象的各个因素之间的相互联系，选择相应的财务预测模型。常见的财务预测模型有因果关系预测模型、回归分析预测模型、时间序列预测模型等。

（四）实施财务预测

将经过加工整理的资料利用财务预测模型，选取适当的预测方法，进行定性、定量分析，确定预测结果。

二、财务决策

财务决策是根据企业经营战略的要求，在理财目标的总体要求下，通过专门的方法从各种备选方案中选择最佳方案的过程。在市场经济条件下，财务管理的核心是财务决策，它是编制财务预算、进行财务控制的基础。决策关系到企业的兴衰成败。财务决策的基本程序是：

（一）确定决策目标

以预测数据为基础，结合企业总体经营战略，从企业实际出发，确定决策期内企业需要实现的具体理财目标。

（二）提出备选方案

根据决策目标，运用一定的预测方法，对所搜集的资料进行进一步的加工、整理，提出实现目标的各种可供选择的方案。

（三）评价选择最优方案

通过对各种可实施方案的分析论证和对比研究，评定出各方案的优劣，运用一定的决策方法，做出最优方案的选择。

三、财务预算

预算是用数字编制未来某一时期的计划，即用财务数字或非财务数字来计量预期的结果。财务预算是企业在计划期内反映有关预算现金收支、经营成果和财务状况的预算，它是企业全面预算（包括经营预算、投资预算和财务预算）的重要组成部分。财务预算一般包括现金预算、利润表预算、资产负债表预算、现金流量表预算等内容。它是财务预测和决策结果的具体表现，也是日常财务控制、财务分析的重要依据。有效的财务预算在财务管理中具有规划、控制、协调、评价和激励功能。

企业的预算管理模式应与企业基本管理模式一致。预算管理的一般模式是以目标利润为导向，以销售预算为起点，以现金流量预算为中心。编制预算的基本步骤是：

（1）根据公司总体战略目标确定年度预算目标，并确定年度目标利润；

（2）根据市场调研和分析结果编制年度销售预算；

（3）根据年度销售预算编制生产预算和成本费用预算，包括直接材料预算、直接人工预算、制造费用预算、期间费用预算；

（4）根据以上预算编制现金预算、利润表预算、资产负债表预算和现金流量表预算。

编制预算的常用方法有四种：

（1）固定预算法，又称静态预算，是根据预算期内正常的可能实现的某一业务活动水平而编制的预算。这种方法的特点是不考虑预算期内业务水平可能发生的变动，以计划期内某一共同的水平为基础。一般适用于经营发展比较稳定或对经营发展能够较为准确预测的企业。

（2）弹性预算法，是根据可预见的不同业务活动水平，分别设定相应目标和任务的预算。这种方法的特点是针对不同的预期在某一相关范围内的多种业务活动水平基础上确定不同的预算额，也可按实际业务水平调整确定预算额；预算期末将实际执行结果与预算额比较，使预算执行情况的评价建立在更客观可比的基础上。

（3）滚动预算法，又称连续预算，是一种持续稳定保持一定期限的预算。其基本做法是：当预算执行一阶段后，即对下一个周期的预算进行顺延编制。如以年为周期进行滚动预算的编制，在预算执行 1 个月后，即根据当月预算执行过程中表现出来的与预算编制假定不一致的信息，对其余 11 个月的预算加以修订，并续编 1 个月，重新形成 1 个年度的预算。这种方法的优点是能对未来 1 年的经营活动进行持续不断的计划，并在预算中经常保持一个稳定的视野。

但预算编制和管理成本较高、耗时较长。

（4）零基预算法，它要求在编制预算时，应从起点开始（即零基）来编制预算。所谓零基，即对于每项作业活动或职能，均不以共存在为依据，而是重新评估，以求及时发现效益不佳的作业，杜绝资源浪费及缺乏效率的情形。

四、财务控制

财务控制是在财务管理过程中，利用有关信息和特定手段，对企业财务活动施加影响，以实现财务预算目标的环节。企业财务控制的常用方式有两种：一种是制度控制，它是以公司章程、财务制度为依据，从合法性、合规性和合理性的角度对企业财务行为和财务活动实施的控制；另一种是预算控制，它是以财务预算的分解指标为标准，对企业财务预算指标及其主要措施的实施情况进行的控制。实行财务控制是落实预算任务、保证预算实现的有效措施。财务控制的一般步骤如下：

（一）确定控制目标

财务控制目标可按财务预算指标确定，对于一些综合性的财务控制目标应当按照责任单价或个人进行分解，使之成为能够具体掌握的可控指标。

（二）建立控制系统

按照责任制度的要求，落实财务控制目标的责任单位和个人，形成从上到下、从左到右的纵横交错的控制组织体系。

（三）信息传递与反馈

这是一个双向流动的信息系统，它不仅能够自下而上反馈财务预算执行情况，也能够自上而下地传递调整财务预算执行偏差的消息。

（四）纠正实际偏差

即根据信息反馈，及时发现实际执行情况与预算目标的差异，分析原因，采取措施加以纠正，以保证财务预算目标的实现。

五、财务分析

财务分析是以企业财务报表为主要依据，运用专门的分析方法，对企业财务状况和经营成果进行解释和评价，以便于投资者、债权人、管理者以及其他信息使用者做出正确的决策。

第二章 财务管理价值观念

第一节 货币时间价值

一、货币时间价值的概念

货币时间价值是指一定量的货币在不同时点上价值量的差额。如果现在存入银行 100 元，假设存款利率为 5%，则一年后将变成 105 元。因为时间的原因，产生了 5 元钱的增值，这 5 元钱就是 100 元钱在一年时间里产生的时间价值。

货币在不同时点上具有不同的价值，随着时间的推移，货币将会发生增值，这说明了货币时间价值的客观存在。但是，并非任何货币都存在着时间价值，如将钱藏在保险箱里，不管放多长时间都不会有分毫的增加。只有将货币作为资金投入到生产经营活动中才能产生时间价值，即货币的时间价值产生于货币的周转过程。

为什么货币在周转过程中会产生时间价值呢？这是因为货币使用者把货币作为资金投入生产经营以后，劳动者借以生产新的产品，创造新的价值，会带来利润，实现增值。周转使用的时间越长，所获得的利润越多，实现的增值越大。所以，货币时间价值的实质是货币周转使用后的增值额。如果货币是货币使用者从货币所有者那里借来的，则货币所有者要分享一部分货币的增值额。

货币时间价值可以有两种表示方式：用绝对数表示，即货币时间价值额，是指货币在生产经营过程中产生的增值额；用相对数表示，即货币时间价值率，是指不包括风险价值和通货膨胀因素的平均投资利润率或平均投资报酬率。货币时间价值的两种表示，在实际工作中并不作严格区分，通常用相对数——货币时间价值率表示。

货币时间价值代表的是没有投资风险和通货膨胀因素的投资报酬率。银行存款利率、贷款利率、各种债券利率、股票的股利率都可以看作是投资报酬率，但它们同货币的时间价值是有区别的。因为，这些报酬率除了包含货币时间价值因素外，还包含了通货膨胀因素和投资风险价值。

总之，货币时间价值是企业投资利润率的最低限，是衡量企业经济效益、考核经营业绩的重要依据。同时，货币时间价值揭示了不同时点上货币之间的换算关系，因而它是企业进行筹资决策和投资决策所必不可少的计量手段。

二、货币时间价值的计算

为了计算货币的时间价值，一般需要引人"终值"和"现值"这两个概念，表示不同时点的货币价值。终值是指现在的一定量货币在将来某一时间的价值，包括本金和时间价值（利息），即"本利和"；现值是指将来某一时间的一定量货币相对于现在的价值，即未来值扣除时间价值后所剩的"本金"。同时，为了方便起见，假定货币的流入或流出都是在某一时期（通常为一年）的起始或终了时进行。

（一）单利的计算

（1）单利终值，是指一定量货币在若干期后按单利法计算利息的本利和。单利法是指只有本金计算利息，每期产生的利息都不能与本金一起计算下一期的利息，即利息不再生息。如我国银行存款一般按单利计算利息。

单利终值的计算公式为：

$$F = P \cdot (1 + i \cdot n)$$

其中：P——现值（或本金）；

    i——利率（一般指年利率）；

    n——计息期数；

    F——n 期后的终值。

单利终值计算公式的推导过程如下：

每期利息为 $P \cdot i$

N 期后的总利息为：$P \cdot i \cdot n$

由此可以得出 n 期后的本利和为：$P+P\cdot i\cdot n=P\cdot(1+i\cdot n)$

（2）单利现值，是指以后时间收到或支付的货币按单利法倒求的现在价值（即本金）。由终值求现值称为贴现，贴现的利率称为贴现率。

单利现值的计算公式可从单利终值的计算公式推导得出：

$$P=F\cdot\frac{1}{(1+i\cdot n)}$$

其中：P——现值；

　　　i——贴现率；

　　　n——贴现期数；

　　　F——n 期后收到或付出的货币量（终值）。

（二）复利的计算

复利是指每期产生的利息计入本金一起计算下一期利息的计息方法。按照这种方法，要将所生利息加入本金再计算利息，逐期滚算，又称为"利滚利"。

（1）复利终值，是指一定量货币在若干期后按复利法计算的本利和。复利终值的计算公式为：

$$F=P\cdot(1+i)^{n}$$

其中：F——n 期后的终值；

　　　P——本金；

　　　i——利率；

　　　n——计息期数。

复利终值计算公式中的 $(1+i)^{n}$ 可称为复利终值系数，或称为 1 元的复利终值，用（F／P，i，n）表示。因此，复利终值的计算公式又可表示为：

$$F=P\cdot(F/P,i,n)$$

为了简化和加速计算，可以通过查"1 元复利终值系数表"得到相应的复利终值系数。

（2）复利现值，是指以后时间收到或付出的货币按复利法计算的现在价值

（即本金）。复利现值的计算公式为：

$$P = F \cdot \frac{1}{(1+i)^n}$$

其中：P——现值；

  i——贴现率；

  n——贴现期数；

  F——n 期后收到或付出的货币量（终值）。

第二节　投资风险价值

风险是现代企业财务管理环境的重要特征，在企业财务活动的每一个环节都不可避免地面对风险。承担风险，就要求得到相应的额外收益，否则就不值得去冒险。投资者由于承担风险进行投资而获得的超过资金时间价值的额外收益，就称为投资的风险价值，或风险收益、风险报酬。企业理财时，必须研究风险、计量风险并设法控制风险，以求最大限度地扩大企业财富。

一、风险与收益的概念及其风险种类

（一）收益的概念

收益是指购买一项资产或者进行一项投资后，能够从中得到的利得或损失。收益包括两项来源，一是在持有过程中获得的现金流量；二是指在出售资产或者处置投资项目时，收到的超过初始投资的现金流量。

（二）风险的概念

风险是一个比较难掌握的概念，其定义和计量也有很多争议。但是，风险广泛存在于重要的财务活动当中，并且对企业实现其财务目标有着重要影响，使得人们无法回避和忽视。

如果企业的一项行动有多种可能的结果，其将来的财务后果是不确定的，则存在风险。如果这项行动只有一种后果，就没有风险。例如，现在将一笔款项存入银行，可以确知一年后将得到的本利和，几乎没有风险。这种情况在企业投资中是很罕见的，它的风险固然小，但是收益也很低，很难称之为真正意义上的投资。

一般说来，风险是指在一定条件下和一定时期内可能发生的各种结果的变动程度。例如，我们在预计一个投资项目的收益时，不可能十分精确，也没有百分之百的把握。有些事情的未来发展我们事先不能确知。例如，价格、销量、成本等都可能发生变化，这些变化是我们预想不到并且无法控制的。

风险是事件本身的不确定性，具有客观性。例如，无论企业还是个人，投资于国库券，其收益的不确定性较小；如果是投资于股票，则收益的不确定性大得多。这种风险是"一定条件下"的风险，你在何时，买何种股票，各买多少，风险是不一样的。这些问题一旦决定下来，风险大小就无法改变了。这就是说，特定投资的风险大小是客观的，你是否去冒风险以及冒多大的风险，是可以选择的，是主观决定的。

风险的大小随时间延续而变化，是"一定时期内"的风险。我们对一个投资项目成本，事先的预计可能不很准确，越接近完工则预计越准确。随时间延续。事件的不确定性在缩小，事件完成，其结果也就完全肯定了。因此，风险总是"一定时期内"的风险。

严格说来，风险和不确定性有区别。风险是指事前可以知道所有可能的结果，以及每种结果的概率。不确定性是指事前不知道所有可能结果，或者虽然知道可能结果但不知道它们出现的概率。例如，在一个新区找矿，事前知道只有找到和找不到两种结果，但不知道两种结果的可能性各占多少，属于"不确定"问题而非风险问题。但是，在面对实际问题时，两者很难区分，风险问题的概率往往不能准确知道，不确定性问题也可以估计一个概率，因此在实务领域对风险和不确定性不作严格区分，都视为"风险"问题对待，把风险理解为可测定概率的不确定性。概率的测定有两种：一是客观概率，是指根据大量历史的实际数据推算出来的概率；另一种是主观概率，是在没有大量实际资料的情况下，人们根据有限资料和经验合理估计的。

（三）风险的种类

按照不同的标准，风险可以划分为不同的种类。

1. 按照风险能否通过投资组合予以分散，可以分为市场风险和公司特有风险两类

（1）市场风险

市场风险是指那些影响所有公司的因素引起的风险，如战争、经济衰退、通货膨胀、高利率等。这类风险涉及所有的投资对象，不能通过多元化投资来分散，因此又称不可分散风险或系统风险。例如，一个人投资于股票，不论买哪一种股票，他都要承担市场风险——在经济衰退时，各种股票的价格都会不同程度地下跌。

（2）公司特有风险

公司特有风险是发生于个别公司的特有事件造成的风险，如罢工、新产品开发失败、没有争取到重要合同、诉讼失败等。这类事件是随机发生的，因而可以通过多元化投资来分散，即发生于一家公司的不利事件可以被其他公司的有利事件所抵消。这类风险称为可分散风险或非系统风险。例如，一个人投资于股票时，买几种不同的股票，比只买一种风险小。

2.按照风险的成因，分为经营风险、投资风险和财务风险三类

（1）经营风险

经营风险是指生产经营过程中由于外部经营环境与内部经营条件的不确定性给资产收益带来的风险，它是任何商业活动都有的，也叫商业风险。经营风险使企业的报酬变得不确定。

（2）投资风险

投资风险是指在投资过程中，投资收益率存在不确定性给资产收益带来的风险。如股票投资在变现时可能存在价格低于初始投资价格的风险。

（3）财务风险

财务风险是指因借款而增加的风险，是筹资决策带来的风险，也叫筹资风险。由于企业向银行等金融机构举债，就产生了还本付息压力，如果到期不能还本付息，就面临着被诉讼、破产等威胁，遭受严重损失。

二、风险与收益的衡量

（一）资产收益的衡量

在能够确定资产持有期间现金流量和资产出售时的价格的情况下，我们可以根据定义确定收入。但这些信息通常只有在投资结束后才能获得。而在财务决策中，确定未来投资收益率才是更为重要的。由于未来的情况存在不确定性，因此采用期望收益率就显得比较现实。期望值收益率又叫期望值，是各种随机变量以各自对应的概率为权数计算的加权平均值。期望值是反映集中趋势的一种量度，表示最有可能出现的结果值。因此，对于一个投资项目而言，未来的投资收益期望值越大，表明该项目可创造的投资收益率越高；反之，则投资收益率越低。投资项目收益率的期望值的计算公式：

$$\overline{K} = \sum_{i=1}^{n} \left(K_i \cdot P_i \right)$$

其中：$\overline{K}$——期望收益率；

Ki——第 i 种可能结果的收益率；

Pi——第 i 种可能结果出现的概率；

n——可能结果的个数。

（二）资产风险的衡量

风险具有不易计量的特征，但风险同概率相关，因此，要衡量投资风险程度，首先必须对风险程度予以量化，通常需要采用概率论中的方差或者标准差来衡量风险。

1. 收益发生的概率

概率是指某一事件的某种结果可能发生的机会。对于事件可能出现的结果，数学上称之为随机变量，概率也就是随机变量可能发生的程度。

任何概率必须符合以下两条规则：

（1）$0 \leq Pi \leq 1$，即每个随机变量出现的概率在 0 与 1 之间，也就是说，事件的某种结果发生的可能性一定介于肯定发生（概率为 1）和肯定不会发生（概率为 0）之间；

（2）$\sum_{i=1}^{n} P_i = 1$，即所有随机变量的概率之和必须等于 1，也即事件的各种结果发生可能性的总和为 1，也就是 100%。

其中，Pi 表示随机变量出现的概率，i 表示随机变量可能出现的情况，n 表示可能结果的个数。

如果把所有的随机变量都列示出来，对应每个随机变量给予一定的概率，便可构成概率的分布。

2. 收益的方差 δ²

方差是用来表示随机变量与期望值之间离散程度的一个量。方差的计算公式如下:

$$\delta^2 = \sum_{i=1}^{n} \left(K_i - \overline{K}\right)^2 \cdot P_i$$

公式中:δ^2 为方差;K_i 为第 i 种可能结果的收益率;$\overline{K}$ 为期望收益率;P_i 为第 i 种可能结果出现的概率;n 为可能结果的个数。

3. 收益的标准离差 δ

标准离差是方差的平方根,也叫均方差,它反映各种随机变量值和期望值的综合偏离程度。标准离差的计算公式如下:

$$\delta = \sqrt{\sum_{i=1}^{n} \left(K_i - \overline{K}\right)^2 \cdot P_i}$$

对投资项目而言,标准离差反映了投资收益率偏离期望收益率的绝对程度,标准离差越大,投资收益率偏离期望收益率的程度越大,风险越大;标准离差越小,投资收益率偏离期望收益率的程度越小,风险也就越小。因为标准离差是一个绝对值指标,只有对期望值相同的投资项目,才有可能比较它们的风险程度。

4. 收益的标准离差率

标准离差率是标准离差和期望值的比值。标准离差是一个相对数指标,能反映期望收益率不同的投资项目的风险程度,适用于期望收益率不同的多方案择优。标准离差率越大,风险程度就越大;反之,标准离差率越小,则风险程度就越小。

标准离差率的计算公式入下:

$$V = \frac{\delta}{K}$$

式中:V 为标准离差率;δ 为标准离差;$\overline{K}$ 为期望收益率。

（三）协方差与相关系数

以上研究的只是单个投资项目的风险。实际上很少有人只选取一个投资项目，投资者往往将不同的投资项目结合在一起，以减少总投资的风险程度。这种将不同的投资结合在一起构成的总投资，称为投资组合。当我们进行两个或两个以上的投资组合时，需要考虑总投资的收益和风险。若企业将 X_1 比例的资金投资于项目 1，X_2 比例的资金投资于项目 2，则总投资的期望收益率为：

$$\overline{K} = X_1\overline{K_1} + X_2\overline{K_2}$$

其中，$\overline{K_1}$、$\overline{K_2}$ 分别代表项目 1 和项目 2 的期望收益率。即总投资的期望收益率为两项投资的期望收益率按比例相加。

但一个投资组合的标准离差并不是像期望值那样，根据两个单独标准离差的简单加权平均数计算出来的，而是要考虑投资组合中的相互反应。即一个投资在某种情况下收益高，而另一个却差，反过来也一样。这样两种投资的混合才可能会减少风险，使这种投资组合的标准离差比其中任何一个投资的标准离差都要小。

由概率统计知识可知，两个投资项目组合的方差：

$$\delta^2 = \sum_{i=1}^{n} \sum_{j=1}^{n} X_i X_j \delta_{ij} = (X_1\delta_1)^2 + 2X_1X_2\delta_{12} + (X_2\delta_2)^2$$

故投资项目组合的标准差公式为：

$$\delta = \sqrt{X_1^2\delta_1^2 + 2X_1X_2\delta_{12} + X_2^2\delta_2^2}$$

其中：δ_1——项目 1 的标准离差；

δ_2——项目 2 的标准离差；

δ_{12}——协方差。

协方差是用来描述投资项目 1 与投资项目 2 之间的相互关联程度的。若二者不相关，协方差为零；若二者正相关，协方差大于零；若二者负相关，协方差小于零。

协方差可用以下公式计算：

$$\delta_{12} = \sum \overline{(K_1 - K_1)}\,\overline{(K_2 - K_2)} \cdot P$$

资产的风险尽管可以利用历史数据来估算，但不同资产的风险受其自身特性的影响较大，此外环境因素的多变以及管理人员估计技术的限制等影响，都可能使估计的结果不够准确。因此，在估计某项资产的风险时，应该综合采用各种定量方法和管理人员的经验，以期获得相对可靠的评估结果。

三、风险与收益的关系

收益和风险有着密切的联系，资产收益是由货币时间价值和风险补偿价值两部分构成。货币时间价值部分由无风险的收益率来衡量，这对于任何一项资产来说都是一样的。风险补偿价值由风险溢酬和资产的相对风险水平来决定，前者是指市场组合的收益率与无风险收益率的差额，后者是用β系数来表示。为了正确判断一个投资方案在某种风险程度下取得的投资收益率是否值得，这就需要计算投资的风险价值。风险价值既可以用风险收益率表示，也可以直接用风险收益额表示。

（一）风险收益率的计算

投资者冒风险投资，目的就是为了获取超过货币时间价值以外的风险价值（风险收益），一般所冒风险越大，期望得到的风险收益越高。这就是说，风险收益的大小应该与所冒风险的大小成正比。因此，表示风险价值的风险收益率应与反映风险程度的投资收益率的标准离差率呈正比例关系。借助一个参数——风险价值系数，就可以将投资收益率的标准离差率转换成风险收益率。

风险收益率的计算公式如下：

$$R_r = b \cdot V$$

其中：R_r——风险收益率；

b——风险价值系数

V——标准离差率。

风险价值系数通常由投资者主观确定。如果投资者愿意冒较大的风险以追求较高的投资收益率,可把风险价值系数定得小一些;反之,不愿意冒大的风险,就可以定得大一些。风险价值系数还可以根据以往同类项目的投资收益率、无风险收益率、投资收益率的标准离差率等历史资料计算确定。

(二)风险收益额的计算

风险价值的另一种表示方式为风险收益额,利用风险收益率,可以进一步计算得到风险收益额。

风险收益额的计算公式如下:

$$P_r = C \cdot R_r$$

式中:P_r 为投资风险收益额,C 为投资额,R_r 为投资的风险收益率。

第三章 财务报表分析

第一节 财务报表分析概述

一、财务报表分析的目的与内容

（一）财务报表分析的概念

财务报表分析是指以企业财务报表和其他资料为依据，采用一系列专门的方法，对企业的财务状况、经营成果进行分析、研究与评价的一项业务手段。它既是对已完成的财务活动的总结，又是财务预测的前提，在财务管理环节中起着承上启下的重要作用。

（二）财务报表分析的目的

财务报表分析的一般目的可以概括为：评价过去的经营业绩；衡量现在的财务状况；预测未来的发展趋势，但由于企业对外发布的财务报表，是根据全体使用者的一般要求设计的，并不适合特定财务报表使用者的特定要求，使用者要从中选择自己需要的信息，重新排列，并研究其相互关系，使之符合特定决策要求。企业财务报表的主要使用者分为两类。

1.外部使用者，包括投资者、债权人、政府、中介机构等

（1）投资者：分析企业资产的盈利能力，以决定是否投资；分析企业的盈利状况、股价变动和发展前景以决定是否转让股份；分析资产盈利水平、破产风险和竞争能力，以考查经营者业绩；分析筹资状况，以决定股利分配政策等。

（2）债权人：分析贷款的报酬和风险，决定是否给企业贷款；分析债务人资产的流动性，了解债务人的短期偿债能力；分析盈利状况，了解债务人的长期偿债能力等。

（3）政府：了解企业纳税、遵守法规和市场秩序的情况等。

（4）中介机构（注册会计师、咨询人员等）：注册会计师通过财务报表分析可以确定审计的重点。在一些国家"财务报表分析师"已成为专门职业，他们为各类报表使用人提供专业咨询。

2. 内部使用者，包括经营管理者和员工等

（1）经营管理者：为改善经营管理而进行财务报表分析，涉及的内容最广泛，几乎包括外部使用人和内部职工关心的所有问题。

（2）员工：通过分析判断企业盈利与自身收入、保险、福利之间是否相适应。

（三）财务报表分析的内容

（1）分析企业的偿债能力，分析企业资本结构，估量对债务资本的利用程度。

（2）分析企业资产的营运能力，评价企业资产的分布情况和周转使用情况。

（3）分析企业的盈利能力，评价企业利润目标的完成情况和不同年度盈利水平的变动情况，预测企业的盈利前景。

（4）综合分析，从总体上分析评价企业的财务状况和经营成果，揭示企业财务活动方面的优势和薄弱环节，找出改进经营管理工作的主要方面。

二、财务报表分析的方法

企业进行财务报表分析常用的方法有比较分析法、因素替换法、比率分析法，其中比较分析法是企业财务报表分析的基本方法。

（一）比较分析法

比较分析法是将可比的财务指标进行比较，根据比较的差异，分析企业财务状况和经营成果的一种方法。指标比较的范围，包括以下几方面：

（1）以报告期实际指标与计划（预算、目标等）指标相比较。这种比较一方面可以揭示计划（预算、目标）的完成情况，另一方面也可以评价计划（预算、目标）本身的正确性和先进性。

（2）以报告期实际指标与上期实际指标相比较。这种比较可以反映指标的变动情况及其发展速度，以此为依据研究其发展变化趋势。

（3）以报告期实际指标与本企业历史最佳水平相比较。这种比较可以了解企业的现状，以便找出差距，分析原因，赶超历史先进水平。

（4）以报告期实际指标与条件大体相同的先进企业相比较。这种比较可以找出本企业的薄弱环节，反映企业在同行业竞争中的地位。

在运用比较法进行分析时，必须注意指标之间的可比性，做到指标时间范围必须一致，指标包含内容和计算方法必须相一致，不同企业之间的生产经营条件大体相同。

（二）因素替换法

因素替换法又被称为连环替换法。它是在比较分析法的基础上，分析某项财务指标的差异受哪些因素影响及其影响程度的一种方法。企业各项财务指标的完成情况是受许多因素综合影响的结果，这些因素可能在不同的方面发生不同的影响，同时各个因素所发生的影响又是相互联系的。因此，要分析各个因素对财务指标完成结果的影响程度，只有按照一定顺序，把其中一个因素当作变量，暂时把其他因素视为不变的情况下，才能发现这个因素的变动对被分析指标的影响程度。这样能帮助人们找出影响指标变动的主要因素与次要因素，以便抓住主要矛盾，使分析更深入。

（三）比率分析法

比率分析法是把某些彼此存在关联的项目加以对比，计算出比率，在此基础上确定财务活动变动程度的分析方法。采用这种方法，能够把某些条件下不具可比性财务指标变为可以比较的指标。比率指标主要有以下三类：

1.结构比率

它是某项财务指标的各个组成部分与总体的比率,反映部分与总体的关系。其一般计算公式为：

$$结构比率=某个组成部分数额÷总体数额$$

利用结构比率，可以考察总体中某个部分的形成和安排是否合理，以便协调各项财务活动。

2. 效率比率

它是某项财务活动中支出与所得的比率,反映投入与产出的关系。如成本费用与销售收入的比率、利润与资本的比率等。

利用效率比率指标,可以进行得失比较,考察经营成果,评价经济效益的水平。

3. 相关比率

它是以某个财务指标与相关指标加以对比所得的比率,反映有关财务活动的相互关系。

利用相关比率指标,可以考察有联系的相关业务安排是否合理,以保障企业经营活动能够顺畅进行。如将流动资产与流动负债对比,计算出流动比率,据此判断企业的短期偿款能力。

三、财务报表分析的程序

(一)明确财务报表分析的目的和要求

企业进行财务报表分析时,应从本企业的实际情况出发,根据财务管理的需要,确定某一时期财务报表分析的目的和要求,以便有计划、有步骤地开展财务报表分析。

(二)占有资料、掌握数据

掌握真实的情况和足够的数据,是做好财务报表分析的前提条件。除了取得会计核算等有关实际资料外,还要根据分析的目的和要求,搜集其他有关资料。对已收集的各项资料需要进行核实、加工、整理、归类。

进行财务报表分析所需的会计报表资料见表 3-1 资产负债表、表 3-2 利润及利润分配表、表 3-3 现金流量表。

表 3-1　资产负债表

编制单位：××股份公司　　　　　　2010 年 12 月 31 日　　　　　　单位：万元

资产	期末余额	年初余额	负债和股东权益	期末余额	年初余额
流动资产：			流动负债：		
货币资金	100509	133573	短期借款	0	0
交易性金融资产	0	0	应付票据	0	0
应收票据	55046	37647	应付账款	4961	27437
应收账款	271	293	预收账款	80047	58473
预付账款	20	4697	应付款项	138431	105804
其他应收款	2424	2015	流动负债合计	223439	191714
存货	109252	95871	非流动负债：		
流动资产合计	267522	274096	长期借款	0	0
非流动资产			应付债券	0	0
可供出售金融资产	0	0	长期应付款	250	2250
长期股权投资	343	365	非流动负债合计	250	2250
投资性房产	0	0	股东权益：		
固定资产	551530	444682	股本	135570	112975
无形资产	6883	7030	资本公积	124021	146533
非流动资产合计	558756	452077	盈余公积	93969	71976
			未分配利润	249029	200725
			股东权益合计	602589	532209
资产合计	826278	726173	负债和股东权益合计	826278	726173

表 3-2　利润表

编制单位：××股份公司　　　　2010 年　　　　　　单位：万元

项目	本年金额	上年金额
一、营业收入	633679	571035
减：营业成本	348551	320054
营业税金及附加	67635	77180
销售费用	69313	49056
管理费用	41515	40100
财务费用	-2836	-2669
资产减值损失	0	0
加：公允价值变动收益	0	0
投资收益	-56	18
二、营业利润	109445	87332
加：营业外收入	203	107
减：营业外支出	924	532
三、利润总额	108724	86907
减：所得税费用	38345	25009
四、净利润	70739	61898
五、每股收益		
（一）基本每股收益	0.52（元）	0.55（元）
（二）稀释每股收益	0.52（元）	0.55（元）

表 3-3 现金流量表

编制单位：××股份公司　　　　　　　　　2010 年　　　　　　　　　单位：万元

项目	本期金额	上期金额（略）
一、经营活动产生的现金流量：		
销售商品、提供劳务收到的现金	760192	
收到税费返还	0	
收到其他与经营活动有关的现金	4786	
经营活动现金流入小计	764978	
购买商品、接受劳务支付的现金	404629	
支付给职工以及为职工支付的现金	31308	
支付的各项税费	125135	
支付其他与经营活动有关的现金	99440	
经营活动现金流出小计	660512	
经营活动产生的现金流量净额	104466	
二、投资活动产生的现金流量：		
收回投资所收到的现金	417	
取得投资收益所收到的现金	0	
处置固定资产、无形资产和其他长期资产收回的现金净额	697	
处置子公司及其他营业单位收到的现金净额	0	
收到其他与投资活动有关的现金	0	
投资活动现金流入小计	1114	
构建固定资产、无形资产和其他长期资产所支付的现金	137083	
投资所支付的现金	0	
取得子公司及其他营业单位支付的现金净额	0	
支付其他与投资活动有关的现金	0	
投资活动现金流出小计	137083	
投资活动产生的现金流量净额	-135969	

续表：

项目	本期金额	上期金额 （略）
三、筹资活动产生的现金流量：	0	
吸收投资收到的现金	0	
取得借款收到的现金	0	
收到其他与筹资活动有关的现金	0	
筹资活动现金流入小计	0	
偿还债务支付的现金	0	
分配股利、利润和偿还利息支付的现金	1561	
支付其他与筹资活动有关的现金	0	
筹资活动现金流出小计	1561	
筹资活动产生的现金流量净额	-1561	
四、汇率变动对现金及现金等价物的影响	0	
五、现金及现金等价物净增加额	-33064	
加：期初现金及现金等价物余额	133573	
六、期末现金及现金等价物余额	105509	

（三）数量分析、调查研究

在掌握数据资料的基础上，运用定量分析方法，对企业的财务状况进行数量分析并进行深入研究，掌握生产经营活动的具体情况。

（四）综合分析，把握财务活动的本质

在基本数量分析和调查研究的基础上，还要把财务活动和生产经营活动结合起来，综合分析各项财务指标。在分析各种矛盾时，要抓住主要矛盾，透过现象看本质。只有这样，才能依据经营成果和现金流量对企业的财务状况做出

客观正确的评价。

（五）做出评价，提出改进意见

进行财务报表分析，必须对企业的财务状况做出正确的评价，据此指导今后的工作。在结论中，一方面要评价企业财务指标完成的情况。另一方面，要提出改善生产经营管理和财务管理的意见和方案。在评价企业财务状况时，既要肯定成绩，又要看到问题。对存在的问题，要提出切实可行的改进措施，拟订有效的方案，以便改进工作，提高企业生产经营管理和财务管理水平。

（六）撰写财务报表分析报告

财务报表分析报告是在分析财务报表结果的基础上，进行综合、概括、提炼，形成说明性和结论性的书面材料。它是为企业管理者研究、改进企业财务管理的一种文字和数字相结合的报告文件。财务报表分析报告也为企业投资者进行投资决策，信贷供应者制定信贷政策提供依据。

第二节 盈利能力分析

盈利能力是指企业获取利润的能力。无论是所有者、债权人，还是企业经营管理者，都非常重视和关心企业的盈利能力。因为，利润是所有者取得投资收益、债权人收取本息的资金来源，是经营管理者工作业绩的集中体现，也是职工集体福利设施不断完善的重要资金来源。因此，企业盈利能力分析十分重要。

一、利润额

利润是按照权责发生制原则与配比原则，将一定时期的全部收入减去全部支出后的余额。利润包括三个层次：营业利润、利润总额和净利润。

（一）利润数量分析

对一个企业的利润分析，首先要分析在这一时期取得了多少利润额，并且要与目标利润（或计划、预算）相比、与过去相比，分析目标利润的完成情况以及利润是否不断增长，还要与同行业的平均水平相比，考查利润的规模以及在竞争中的地位。虽然利润额是一个绝对数指标，有其固有的缺陷，但是不断增加利润的数量以及在一个行业中拥有较大规模的利润总量是非常重要的，它体现了一个企业盈利能力的总水平。

（二）利润质量分析

利润质量是指企业利润的形成过程以及利润结果的质量。利润的数量固然很重要，但提高利润的质量较之单纯地追求利润的数量对企业更具有现实性。实际生活中常常会出现这样的矛盾：当企业陶醉于利润总额持续增长时，瞬间便被市场无情地抛弃；当一些企业利润的数量得到巨额增加时，却发现自己濒临严重的财务困境。对利润质量的分析可以从两个方面进行。

1. 利润形成过程的质量分析

在利润的总体构成中，营业利润及其所占的比重大小是决定企业利润质量好坏的关键。如果一个企业在利润总额及总水平提高的同时，营业利润率及其在总利润中所占的比重却呈现下降趋势，往往是企业经营不稳定的征兆，若得不到及时纠正，企业有可能从此转入衰退以致失败。例如，2001 年申请破产的美国安然公司，从 1997 年开始净利润逐年大幅度增长，而营业利润逐年下降，非营业利润的比重逐年加大，这就是利润质量越来越差的明显表现。诚然，非营业活动也会给企业带来收益或损失，但只是特殊情况下的个别现象，不能说明企业正常的盈利能力。当然，在营业利润水平总体滑坡的同时，如果非营业利润中的某些项目的利润水平出现较大幅度增长的势头，也往往意味着是企业调整产业结构的良好时机，如果能够迅速抓住，便可能将企业引向新的成功之路。

2. 利润结果的质量分析

对利润结果的质量分析包括两方面：一是对利润各个项目所对应的资产负债表项目的质量分析，如企业收入的增加，对应资产的增加或负债的减少，费用的增加，对应资产的减少或负债的增加；二是考查企业利润的现金保障能力，我们一般讲的利润是按照权责发生制确认的会计利润，它表现为账面利润，是一种应计的现金流入量与企业的可能财富。从财务来讲，只有当应计现金流入量成为实际的现金流入量时，才表明利润的真正实现与企业财富的取得。如果会计利润不能转化为足够的实际现金流入量，那叫"纸上富贵"，势必给企业带来极为不利的负面影响。对于利润的现金保障能力可以通过下列指标加以分析：

（1）净利收现率

也叫净利润现金含量，它是经营活动产生的现金流量净额与净利润的比值，它表示每一元的净利润中的经营活动现金流量净额，反映净利润的收现水平，说明企业的账面利润是否有真实的现金来保证，是体现企业现金状况、利润质量是否良好的重要指标。其计算公式为：

$$净利收现率 = \frac{经营活动现金流量净额}{净利润}$$

一般来说，该指标越大，说明企业的现金流量状况越好，现金对当期利润的保障程度越强。根据表 3-2、表 3-3 有关资料，该公司 2010 年净利收现率为：

净利收现率=104466÷70379=1.48

（2）每股经营现金流量净额

它是经营活动现金流量净额与普通股股数之比。其计算公式为：

$$每股经营现金流量净额=\frac{经营活动现金流量净额}{普通股股数}$$

该指标表示每一股能形成的经营活动现金流量净额，反映了公司在维持初期现金存量下发放现金股利的能力。根据表 3-1、表 3-3 的有关资料，该公司 2010 年末普通股股数为 135570 万股，则该公司 2010 年每股经营现金流量净额为：

$$每股经营现金流量净额=104466÷135570=0.77（元）$$

二、毛利率、营业利润率、销售净利润率

（一）毛利率

1.毛利率的概念及计算

毛利率是毛利额与营业收入之比。其计算公式为：

$$毛利率=\frac{毛利额}{营业收入}×100\%$$

其中：

$$毛利额=营业收入-营业成本$$

根据表 3-2 的有关资料，该公司 2010 年的毛利率为：

$$毛利率=（633679-348551）÷633679=45.00\%$$

2.毛利率分析

毛利率是营业利润率的组成基础，从而也是企业销售净利润率的基础。毛利率的高低可反映企业生产经营商品市场竞争力的高低。一般来说，技术含量高、质量好、品牌产品的毛利率比较高。

（二）营业利润率

1.营业利润率的概念及计算

营业利润率是指营业利润与营业收入的比值。其计算公式为：

$$营业利润率 = \frac{营业利润}{营业收入} \times 100\%$$

根据表 3-2 的有关数据，该公司 2010 年营业利润率为：

$$营业利润率 = \frac{109445}{633679} \times 100\% = 17.27\%$$

2. 营业利润率分析

营业利润率反映每百元营业收入中所获取的利润数，相比较而言，营业利润率更好地说明了企业经营业务的获利情况，从而能全面、完整地体现销售获利能力。显然，该指标越高，说明企业的营业获利能力越强，反之较弱。

（三）销售净利润率

1. 销售净利润率的概念及计算

销售净利润率是净利润与营业收入的百分比，其计算公式为：

$$销售净利润率 = 净利润 \div 营业收入 \times 100\%$$

根据表 3-2 的有关数据，该公司 2010 年销售净利润率为：

$$销售净利润率 = （70379 \div 633679） \times 100\% = 11.11\%$$

2. 销售净利润率分析

销售净利润率反映每实现 100 元营业收入带来多少净利润。企业在增加营业收入的同时，必须相应地获得更多的净利润，才能使销售净利润率保持不变或有所提高，这就要求企业在扩大销售的同时，还要注意改进经营管理，加强成本费用控制，提高盈利水平。

三、总资产报酬率、资产净利润率、净资产收益率

（一）总资产报酬率

1. 总资产报酬率的概念及计算

总资产报酬率是息税前利润总额与平均资产总额之比，也称总资产息税前利润率，其计算公式为：

$$总资产报酬率 = （息税前利润总额 \div 平均总资产额） \times 100\%$$

其中：

息税前利润总额=利润总额+利息费用

平均总资产额=（期初总资产+期末总资产）÷2

根据表 3-1、表 3-2 的有关数据，该公司 2010 年总资产报酬率为：

$$总资产报酬率 = \frac{108724 + 0}{(726173 + 826278) \div 2} \times 100\% = 14.01\%$$

2. 总资产报酬率分析

总资产报酬率反映了企业利用全部经济资源的盈利能力。一个企业的总资产报酬率越高，表明其资产管理的效益越好，企业的财务管理水平越高，企业整体资产的投资报酬也越高。反之，则相反。

（二）资产净利润率

1. 资产净利润率的概念及计算

资产净利润率是指净利润与平均资产总额的比值，计算公式为：

资产净利润率=（净利润÷平均总资产额）×100%

根据表 3-1、表 3-2 的有关数据，该公司 2010 年资产净利润率为：

$$资产净利润率 = \frac{70379}{(726173 + 826278) \div 2} \times 100\% = 9.07\%$$

2. 资产净利润率分析

把企业一定时期的净利润与企业的资产相比较，可反映企业资产利用的综合效果。该指标越高，表明资产的利用效率越高，说明企业在增加收入和节约资本使用等方面取得了良好的效果，否则相反。该指标是一个综合指标，企业的资产是由投资人投入或举债形成的。

净利润的多少与企业资产的多少、资产结果、经营管理水平有着密切的关系。在分析时，可以进行横比和纵比，比较出差异找出其原因。资产净利润率可以分解为销售净利润率与总资产周转次数，资产净利润率是这两个指标的乘积。

（三）净资产收益率

1.净资产收益率的概念及计算

净资产收益率是指企业一定时期内的净利润同平均净资产的比率，也称权益利润率。其计算公式为：

$$净资产收益率 = \frac{净利润}{平均净资产} \times 100\%$$

其中：

$$平均净资产 = （期初净资产 + 期末净资产）÷ 2$$

根据表 3-1、表 3-2 的有关数据，该公司 2010 年净资产收益率为：

$$净资产收益率 = \frac{70379}{(532209 + 602589) ÷ 2} \times 100\% = 12.40\%$$

2.净资产收益率分析

净资产收益率是评价所有者投入资本获取报酬水平的最具综合性与代表性的指标，反映企业资本运营的综合效益。该指标通用性强，适应范围广泛，不受行业限制，在我国上市公司业绩综合排序中，该指标居于首位。一般认为，该指标越高，企业权益资本获取收益的能力越强，运营效益越好，对企业投资者保证程度越高。

第三节　偿债能力分析

偿债能力是企业清偿全部到期债务的现金保证程度。按债务偿还期限的不同（通常以1年为限），企业的偿债能力可分为短期偿债能力和长期偿债能力。短期偿债能力一般取决于企业资产变现能力及企业再融资或现款筹措能力，它与企业一定时期的获利能力大小关系不大；长期偿债能力，由于债务是长期的，所以其能力强弱不仅取决于当时的现金净流量，而且与企业的获利能力密切相关。

一、短期偿债能力分析

短期偿债能力是企业流动资产对流动负债及时足额偿还的保证程度，是企业当前财务能力，特别是流动资产变现能力的重要标志。反映企业短期偿债能力指标主要有流动比率、速动比率、现金比率、现金到期债务比率和现金流动负债比率等。

（一）流动比率

1. 流动比率的概念及计算

流动比率是流动资产与流动负债的比值，其计算公式为：

$$流动比率 = \frac{流动资产}{流动负债}$$

根据表3-1的有关资料，该公司2010年的流动比率为：

$$流动比率 = \frac{267522}{223439} = 1.20$$

2. 流动比率分析

一般而言，流动比率越大，其偿债能力就越强，对债权人也越有保障。一般认为，流动比率为2是较理想的。流动比率过高，表示流动资产积压太多，没有充分利用，反之，则有可能出现偿还短期债务困难，甚至可能导致破产。在分析流动比率时，要注意几个问题：

（1）流动比率为2的较理想的观点，是从全社会企业平均水平而言的，具体到各行业又有其行业的不同特点，如加工业和制造业的平均流动比率一般要高于商业、旅游业和服务业。所以考察此比率时须与同一行业其他企业相比较，才能得出较为合理的解释。

（2）孤立地看这一企业某个时点的流动比率，往往只能得到片面的现象，而如果把它同去年同期或前几年的数据进行比较，则可能会更进一步地了解到企业短期偿债能力改善或恶化的情况，从而采取相应的措施。

（3）流动比率反映企业短期偿债能力，仅仅是一个粗略的估计，它并没有考虑流动资产各项目的流动性，而流动资产中各项目流动性并不是一样的，例如存货、预付账款、待摊费用是不一定能立即变现的，所以要更准确地分析企业偿还短期债务能力，应扣除这些因素，即利用速动比率作进一步分析。

（二）速动比率

1. 速动比率的概念及计算

速动比率是指速动资产与流动负债的比率，是衡量企业在某一时点上运用随时可变现资产偿付到期债务的能力，它是对流动比率的补充。其计算公式为：

$$速动比率 = \frac{速动资产}{流动负债}$$

从理论上讲，前面所谈到的流动性不强或者若在短时间内变现则可能会有很大折价的资产都不属于速动资产。在流动资产中，短期投资（有价证券）可以立即在证券市场上出售而变现，应收票据和应收账款通常也能在较短时间内变为现金，属于速动资产，而存货则流动性较差，变现时间长、而且有可能发生冷、背、残、次，不属于速动资产；预付账款、待摊费用等在流动资产中一般比重较小，可忽略考虑（如比重较大也可以在速动资产中扣除）。因此按资产变现速度快慢进行划分：速动资产＝流动资产－存货。

根据表 3-1 的有关资料，该公司 2010 年的速动比率为：

$$速动比率 = \frac{267522 - 109252}{223439} = 0.71$$

2. 速动比率分析

一般情况下，正常的速动比率是 1。与流动比率一样，速动比率过高也可能说明企业投资过于保守，而过低则会被认为是短期偿债能力偏低。当然，要注意的是不同的行业速动比率不完全一样，有的甚至差别很大。如大量采用现金销售的零售商店，几乎没有应收账款，大大低于 1 的速动比率是很正常的；相反，一些应收账款较多的企业，速动比率大于 1，才可能是正常的。所以，一般要参考同行业资料和本企业历史情况进行分析。

（三）现金比率

1.现金比率的概念及计算

现金比率是企业现金类资产与流动负债的比率。现金类资产包括企业所拥有的货币资金和持有的短期有价证券，也可用速动资产扣除应收款项后的余额来计算。由于应收款项存在着发生坏账的可能。因此，速动资产扣除应收款项后计算出来的金额，最能反映企业偿还短期债务的能力。其计算公式为：

$$现金比率 = \frac{货币资金 + 短期有价证券}{流动负债}$$

2.现金比率分析

现金比率高，说明企业即刻变现能力强，就是随时可以偿还短期债务。如果这个指标很高也不一定是好事，它可能反映该企业不善于充分利用现金资源，没有把现金投入经营以获取更多的利润。在评价企业变现能力时，现金比率重要性不大，因为不可能要求企业用货币资金和短期有价证券来偿还全部流动负债，企业也没有必要总是保持足够还债的货币资金和短期有价证券。但是，当发现企业的应收账款和存货的变现能力存在问题，现金比率就显得很重要了。它的作用是表明在最坏情况下短期偿债能力。

（四）现金到期债务比率和现金流动负债比率

通过计算流动比率、速动比率以及现金比率，可以反映出企业的短期偿债能力。但它们都是根据资产负债表中流动资产、速动资产以及现金类资产的账面数计算出来的，有一定的局限性。许多企业账面上有大量的流动资产、速动资产，但因没有足够的可用于偿债的现金，而导致企业不能偿还到期债务，严重的话企业会宣布破产。真正能用于偿还债务的是现金流量，尤其是经营活动产生的现金净流量,所以,在计算出流动比率、速动比率以及现金比率后,还要计算现金流量与负债的有关比率,使分析更全面。

1. 现金到期债务比率

它是指经营活动现金流量净额与本期到期债务的比值,其计算公式为:

$$现金到期债务比率 = \frac{经营活动现金流量净额}{本期到期债务}$$

本期到期债务,是指本期到期的长期债务和本期应付票据。通常这两种债务是不能展期的,必须如数偿还。

2. 现金流动负债比率

它是指经营活动现金流量净额与流动负债的比值,其计算公式为:

$$现金流动负债比率 = \frac{经营活动现金流量净额}{流动负债}$$

现金到期债务比率和现金流动负债比率分别反映出经营活动产生的现金流量净额偿还到期债务和流动负债的保证程度。计算出的两个比率要与企业同行业平均水平相比较进行分析,不能片面说某个比值数高就绝对好,低就不好。

根据表 3-1、表 3-3 的有关资料,该公司 2010 年的现金流动负债比率为:

$$现金流动负债比率 = \frac{104466}{223439} = 0.47$$

二、长期偿债能力分析

长期偿债能力是指企业偿还长期负债的能力。企业的长期负债,一般包括长期借款、应付债券、长期应付款等。反映长期偿债能力指标主要有:

(一) 负债比率

1. 负债比率的概念及计算

负债比率也称资产负债比率或举债经营比率,是企业负债总额与资产总额的比率,用于衡量企业负债水平的高低,其计算公式为:

$$负债比率 = \frac{负债总额}{资产总额} \times 100\%$$

根据表 3-1 的有关资料，该公司 2010 年的负债比率为：

$$负债比率 = \frac{223689}{826278} \times 100\% = 27.07\%$$

2.负债比率分析

该指标表示企业对债权人资金的利用程度。该指标对不同信息使用者的意义不同：

（1）从债权人的立场看，他们强调企业负债比率要低，总希望把钱借给那些负债比率比较低的企业，因为如果一个企业负债比率比较低，钱收回的可能性就会大一些。他们非常关心企业每 1 元钱背后由多少资产作为坚实后盾，到期能否收回本息。因此，对债权人来说，负债比率越低越安全。

（2）从所有者的角度看，因为企业通过举债筹措的资本与所有者提供的资本在经营中发挥同样的作用，所以，所有者关心的是全部资本利润率是否超过借入资本利息率。因为，在这种条件下，所有者得到的利润就会加大，如果相反，则对所有者不利。因此，从所有者的立场看，在全部资本利润率超过借入资本利息率时，负债比率越大越好，否则反之。

（3）企业经营者对负债比率强调的是负债要适度，因为负债比率太高，风险就大，负债比率低，又显得太保守。负债比率适度既能保证企业进行经营活动所需的资金，又能保证债权人提供的资金的安全性。

在负债比率基础上，可派生出与负债比率相关的几个比率：如股东权益比率、权益乘数、产权比率。

（1）股东权益比率＝股东权益总额÷总资产×100%，股东权益比率与负债比率之和等于 1。负债比率越低。股东权益比率也就越大，偿债能力就越强。

（2）权益乘数是股东权益比率的倒数，权益乘数＝资产总额÷股东权益总额。负债比率越大，权益乘数就越大，偿债能力越弱。

（3）产权比率是负债总额与股东权益总额的比率，反映出企业股东权益对债权人权益的保障程度。负债比率越低，产权比率越低，偿债能力越强。

股东权益比率、权益乘数和产权比率从不同角度反映企业长期偿债能力，其经济意义与负债比率相同，对负债比率起补充作用。

根据表 3-1 的有关资料，该公司 2010 年的股东权益比率、权益乘数和产权

比率分别为:

$$股东权益比率=602589÷826278×100\%=72.93\%$$

$$权益乘数=826278÷602589=1.37$$

$$产权比率=223689÷602589×100\%=37.12\%$$

(二)已获利息倍数

已获利息倍数也称利息保障倍数,是息税前利润与债务利息的比值。其计算公式为:

$$已获利息倍数 = \frac{息税前利润}{债务利息}$$

已获利息倍数反映了企业获利能力对债务利息偿还的保障程度。是企业举债经营的前提,也是衡量企业长期偿债能力大小的重要标志。一般来说已获利息倍数至少大于1,且比值越大越好,如比值过小,则企业面临亏损,偿债风险增大。在利用已获利息倍数指标时要注意以下三点:

(1)利润总额指正常的经营利润,由非正常项目带来的收支净额应当扣除;

(2)债务利息应包含短期债务与长期债务利息在内,若单独分析长期偿债能力,只需将"债务利息"改为长期债务利息即可;

(3)若已获利息倍数小于1,企业在短期内也有可能支付到期债务利息,主要是因为有些费用属于非付现成本(如折旧、待摊费用的摊销等),所以在评价企业短期偿还债务利息的能力时可将上述公式调整为下式:

短期已获利息倍数=(利润总额+利息费用+非付现成本)÷债务利息

根据表3-1、表3-2、表3-3的有关资料,该公司2010年没有利息支出,也就没有必要计算已获利息倍数,事实上该公司2010年偿债能力非常强。

(三)现金债务总额比

现金债务总额比是指经营活动现金流量净额与债务总额的比值,其计算公式为:

现金债务总额比=经营活动现金流量净额÷债务总额

根据表3-1、表3-3的有关资料,该公司2010年的现金债务总额比为:

现金债务总额比＝104466÷223689×100％＝46.70％

现金债务总额比率越高，企业承担债务能力越强。该公司最大的付息能力是46.70％，即利息率高达46.70％时企业仍能按时付息。只要能按时付息，就能借新债还旧债，维持债务规模。假设市场利率是15％，那么该公司最大的负债能力是104466÷15％＝696440（万元）。仅从付息能力看，企业还可借债472751万元（696440-223689），可见该公司举债能力是非常好的。

三、影响企业偿债能力的表外因素

上述偿债能力指标，都是从财务报表中取得资料的。还有一些因素财务报表资料中没有反映出来，也会影响企业的偿债能力，甚至有时影响力相当大。

（一）影响企业短期偿债能力的表外因素

1. 增强短期偿债能力的表外因素

（1）可动用的银行贷款额度：银行已同意、企业未办理贷款手续的银行贷款限额，可以随时增加企业的现金，提高支付能力。

（2）准备很快变现的长期资产：由于某些原因，企业可能将一些长期资产很快出售变为现金，增强短期偿债能力。

（3）长期偿债能力的声誉：如果企业的长期偿债能力一贯很好，有一定的声誉，当短期偿债方面出现困难时，可以很快地通过发行债券和股票等办法解决资金短缺问题，提高短期偿债能力。

2. 减弱短期偿债能力的表外因素

主要是或有负债，对于或有负债，按我国《企业会计准则》和《企业会计制度》的规定，只有预计很可能发生损失并且金额能够可靠计量，才可在财务报表中予以反映，否则只需作为报表附注予以披露。这些没有记录的或有负债一旦成为事实上的负债，将会加大企业的偿债负担。

（二）影响企业长期偿债能力的表外因素

1. 经常性的经营租赁

当企业的经营租赁量比较大、期限比较长或具有经常性时，就形成了一种长期性筹资，这种长期性筹资虽然不包括在长期负债之内，但到期时必须支付租金，会对企业的长期偿债能力产生影响。

2. 担保责任

担保项目的时间长短不一，有的涉及企业的长期负债，有的涉及企业的短期负债。在分析企业长期偿债能力时，应根据有关资料判断担保责任带来的潜在的长期负债问题。

3. 或有负债

或有负债一旦发生，不仅对短期偿债能力有影响，对长期偿债能力也会产生影响。因此，在评价企业长期偿债能力时不得不对或有负债予以足够的重视。

第四节　营运能力分析

企业营运能力是指企业对自身资源（包括人、财、物）运用的效率。显然，企业营运能力直接表现为企业效率的高低，是影响企业不断发展的决定性因素，是企业获利能力与偿债能力提高的关键。营运能力分析包括人力资源营运能力分析和各项资产营运能力的分析。

一、人力资源营运能力分析

人力资源是企业生产经营的主体，是企业财富的直接创造者。任何企业，如果人力资源配置不合理，运用效率不高，则企业的资产营运能力、获利能力、偿债能力都不可能令人满意，相反人力资源运用效率的提高则会促进其他财务指标的好转。可见，对人力资源营运能力的分析非常重要。人力资源的营运能力分析主要采用劳动生产效率指标，即企业营业收入或净产值与平均职工人数的比值。其计算公式为：

$$劳动生产效率 = \frac{营业收入或净产值}{平均职工人数}$$

值得注意的是，劳动生产效率指标在不同行业差别很大，只有在同行业及同类企业中才有较大的可比性。因此，要将本企业与同行业先进企业相比，同时，也要将本企业本期实际劳动生产效率与过去实际劳动生产效率及本期计划劳动生产效率相比，找出差异并分析造成差异的原因，从而采取适当的对策。

二、各项资产营运能力分析

资产营运能力的强弱，关键取决于周转速度，一般来说，周转速度越快，资产的使用效率越高，资产营运能力越强；反之，则其营运能力就越差。资产营运能力的分析可以从以下几个方面进行。

（一）总资产周转率

总资产周转率是指营业收入与平均资产总额的比值。其计算公式为：

$$总资产周转率(次数) = \frac{营业收入}{平均资产总额}$$

$$总资产周转天数 = 计算期天数 \div 总资产周转次数$$

其中：

$$平均资产总额 = （期初资产总额 + 期末资产总额）\div 2$$

该指标反映总资产周转的速度，总资产周转次数值越大、周转天数值越小，反映总资产周转越快，总资产使用效率越高，企业营运能力越强。总资产周转率是考察企业资产营运效率的一项重要指标，反映了企业全部资产的管理质量和使用效率。运用该指标时要注意平均资产总额要按分析期的不同来确定，要与营业收入在时间上保持一致。

同时，平均资产总额一般取期初与期末的平均值，如果资产总额的波动较大，还应分阶段予以平均（如欲得到年平均资产总额，可分别取各月期初与期末平均值，再将这些平均值予以平均而得到）。

根据表 3-1、表 3-2 的有关资料，该公司 2010 年的总资产周转率为：

$$总资产周转率(次数) = \frac{633679}{(726173 + 826278) \div 2} = 0.82（次）$$

（二）流动资产周转情况分析

反映流动资产周转情况的指标主要有流动资产周转率、应收账款周转率和存货周转率。

1. 流动资产周转率

流动资产周转率是指企业在一定时期所实现的流动资产周转额与其对应的流动资产平均占用额之间的比率。以此反映流动资产周转速度的快慢。其计算公式为：

$$流动资产周转率（次数） = \frac{营业收入}{流动资产平均余额}$$

$$流动资产周转天数 = 计算期天数 \div 流动资产周转次数$$

其中：

　　流动资产平均余额＝（期初流动资产余额＋期末流动资产余额）÷2

　　在一定时期内，流动资产周转次数越多，流动资产周转天数越少，表明相同的流动资产完成的周转额越多，或表明完成同样的周转额所需要的流动资产平均占用额越少，流动资产利用效率越高。反之，则相反。

　　根据表 3-1、表 3-2 的有关资料，该公司 2010 年流动资产周转率为：

$$流动资产周转率（次数）=\frac{633679}{(274096+267522)\div 2}=2.34（次）$$

2. 应收账款周转率

　　应收账款周转率是反映应收账款周转速度的指标，有两种表示方式：一种是应收账款周转次数，另一种是应收账款周转天数。其计算公式为：

$$应收账款周转次数=\frac{赊销净额}{应收账款平均余额}$$

$$应收账款周转天数=\frac{计算期天数}{应收账款周转次数}$$

其中：

　　　　　　赊销净额＝营业收入－现销收入

　　　　应收账款平均余额＝（期初应收账款＋期末应收账款）÷2

　　一般来说，应收账款周转次数越大，其周转天数也就越短，说明应收账款周转速度越快。企业应收账款管理工作的效率就越高。反之，则表明应收账款周转速度慢。

3. 存货周转率

　　它是反映存货周转速度的指标，也有两种表示方法：一种是存货周转次数；另一种是存货周转天数。其计算公式为：

　　　　　　存货周转次数＝营业成本÷存货平均余额

　　　　　　存货周转天数＝计算期天数＝存货周转次数

其中：

　　　　　　存货平均余额＝（期初存货＋期末存货）÷2

　　在一般情况下，存货周转次数越大，存货周转天数就越短，表明存货周转速度就越快；反之，表明其周转速度越慢。存货周转速度的快慢，不仅反映企业的销售能力，而且能用以衡量企业生产经营中的各有关方面运用和管理存货的工作水平；不仅可以衡量存货的储存是否适当，而且可以反映存货结构是否合理与质量的合格状况。存货是流动资产中重要的组成部分，往往达到流动资产总额一半以上。因此，存货的质量和流功性对企业的流动比率具有举足轻重的影响，并进而影响了企业的短期偿债能力。存货周转速度这些重要作用，使其成为综合评价企业营运能力的一项重要指标。

第五节 财务综合分析

财务报表分析的最终目的在于全面了解企业的经营状况、财务状况以及现金流量状况，并藉以对企业经营效益的优劣做出系统的、合理的评价。这样单独分析任何一项财务指标或一张财务报表，都难以全面地评价，只有进行综合分析。所谓综合分析就是将企业财务活动看作是一个大系统，对系统内的相互依存、相互作用的各种因素进行综合分析，从而对企业的经营状况、财务状况以及现金流量的优劣做出准确的评价和判断。

一、杜邦财务分析系统

杜邦财务分析系统是利用几种主要的财务比率之间的内在联系，来综合分析企业财务状况的一种方法。它由美国杜邦公司最先采用，故称杜邦财务分析系统。在分析时，首先把几个主要财务比率绘制成杜邦财务分析图（图 3-1），然后利用它们之间的内在联系进行层层分析。

图 3-1 反映了有关财务指标之间的内在关系，其主要意义如下。

1.净资产收益率是杜邦财务分析系统的核心，它直接代表了企业净资产的盈利能力。因为，净资产即所有者财富的不断增加，体现了企业经营活动的最终成果。从图 3-1 可以看出，净资产收益率的变化，不但受资产净利润率的影响，而且还取决于权益乘数的影响。因此，净资产收益率是总资产盈利水平和权益乘数（资本结构）的综合体现。

2.资产净利润率是销售净利润率与总资产周转率的综合体现，它是确保获得较好的净资产收益率的重要前提。因此，要进一步分析销售净利润率和总资产的营运情况。

3.销售净利润率反映了营业收入与净利润的关系。要提高销售净利润率就必须一方面增加营业收入，另一方面降低各种成本费用水平。增加营业收入不仅直接有利于提高销售净利润率，同时它也是提高总资产周转率的必要前提；降低成本费用水平，要研究成本费用水平、结构是否合理，加强成本费用水平预测和控制。

4.总资产周转率指的是企业生产经营期间，总资产从投入到实现销售周而复始的周转速度。影响总资产周转速度的因素主要有营业收入、总资产水平以及资产结构。要加速总资产周转，必须合理配置各种资产，尤其是流动资产与长期资产的结构，以最少的资产占用实现尽可能多的销售收入。

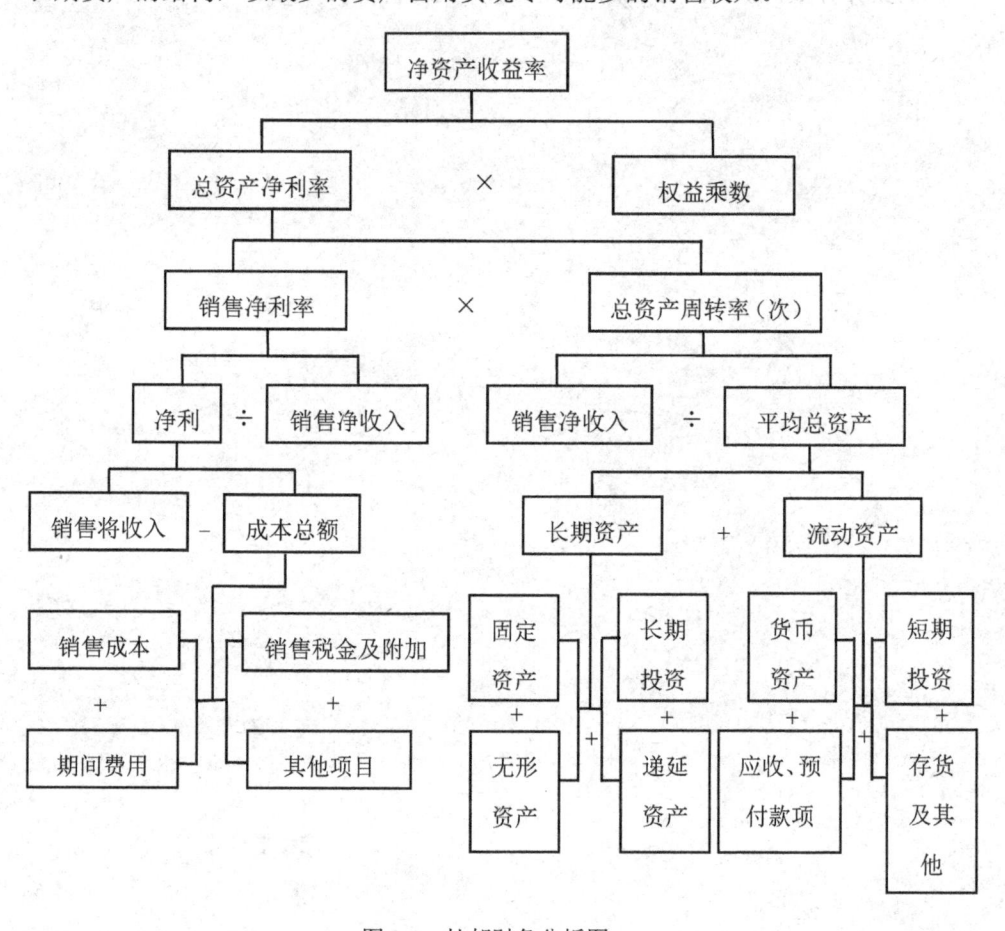

图 3-1　杜邦财务分析图

二、沃尔比重评分法

财务分析的主要困难就是计算出财务比率之后，无法判断它是偏高还是偏低。将财务比率与企业以往历史财务比率比较，也只能看出自身的变化，难以评价其在市场竞争中的优劣地位。为了弥补这些缺陷,亚历山大·沃尔在其 20 世纪初出版的《信用晴雨表研究》和《财务报表比率分析》两书中,提出了信用能力指数概念。他选择了 7 项财务比率并用线性关系结合起来,分别给定各自的比重权数,然后通过与标准比率进行比较,确定各项指标的得分及总体指标的累计分数,从而对企业的信用水平作出评价。

第四章　筹资行为管理

第一节　筹资概述

筹资是企业根据其生产经营、对外投资和调整资本结构的需要，通过金融市场，运用筹资方式，有效地筹措和集中资本的财务行为。资本筹集是企业资本运动的起点，也是财务管理创造企业价值的必要条件。

企业筹资的基本目的是为了自身的生存与发展，企业具体的筹资活动通常受特定动机的驱使，包创建、发展、偿债和外部环境变化等原因而需要筹资。企业筹资需要通过一定的渠道并采用一定方式来完成。

一、筹资的类型

（一）股权资本与债务资本

（1）股权资本，又称权益资本或自有资本，是指企业依法筹集并长期拥有、自主支配的资本来源。其内容包括实收资本（股本）、资本公积、盈余公积和未分配利润，可分别划入资本金和留存收益两大类。其特点有：

①股权资本所有权归属于企业的所有者，所有者籍此参与企业管理并取得收益，同时承担相应的责任；

②股权资本是法人财产权的体现和企业负债的载体，在企业存续期内，投资者除依法转让外无权抽回其投入的资本，因而被视为企业的"永久性资本"；

③企业无须还本付息，股权资本是一种高成本、低风险的资本来源。

（2）债务资本，又称负债或借入资本，是指企业依法筹措并依约使用、按期偿还的资本来源。其内容主要包括银行或非银行金融机构的各种借款、应付债券、应付票据等。其特点有：

①债务资本是企业债务，体现了企业和债权人之间的债权债务关系；

②到期必须还本付息；

③债务资本是一种低成本、高风险的资本来源，也是财务风险的主要根源。

（二）长期资本与短期资本

（1）长期资本，是指期限在 1 年以上的资本。其内容包括长期负债和权益资本，主要通过吸收直接投资、发行股票、发行长期债券、银行长期借款、融资租赁等方式来筹集。相对于短期资本，它是一种高成本、低风险的资本来源。

（2）短期资本，是指期限在 1 年以内的资金，为短期债务。一般通过短期借款、商业信用等方式来筹集。相对于长期资本，它是一种低成本、高风险的资本来源。

（三）直接筹资与间接筹资

（1）直接筹资，是指企业不通过银行等金融机构，用直接面对资本供应者借贷或发行股票、债券等方式所进行的筹资活动。在直接筹资过程中，筹资者和投资者通过双方都接受的合法手段，直接将资金从所有者转移到资金使用方。

（2）间接筹资，是指企业借助于银行等金融机构进行的筹资，其主要形式为银行借款、非银行金融机构借款、融资租赁等。目前，间接筹资是我国企业最为重要的筹资方式，具有筹资效率高、交易成本低等优点，但这种形式的筹资范围较窄。

（四）表内筹资与表外筹资

（1）表内筹资，是指所筹资本在资产负债表内予以披露的筹资行为。

（2）表外筹资，是指所筹资本未在资产负债表内披露的筹资行为，如经营租赁、应收票据贴现等。

二、筹资渠道与筹资方式

（一）筹资渠道

筹资渠道是指企业资本来源的方向与通道。在我国现阶段，企业筹资渠道主要有以下八种：

（1）国家财政资金。这是国有企业的主要筹资渠道。现有国有企业的资本金大部分是过去由国家财政拨款方式投资形成的。国家财政资金具有广阔的源泉和稳固的基础，今后仍然是国有企业筹资的重要渠道。

（2）银行信贷资金。银行一般分为商业性银行和政策性银行，前者为各类企业提供商业性贷款，后者为特定企业提供政策性贷款。银行信贷资金实力雄厚，贷款方式灵活，是企业筹资的重要渠道。

（3）非银行金融机构资金。非银行金融机构包括保险公司、信托投资公司、租赁公司、证券公司、企业集团所属的财务公司等。虽然这些非银行金融机构的财力相比银行较小，但它们比较灵活方便，且可为企业提供相关筹资服务，因而具有广阔的发展前景。

（4）其他法人单位资金。其他法人单位资金包括企业法人单位和社会法人单位资金，它们以其可以支配的资产相互投资或企业法人之间购销往来相互融资。

（5）民间资金。民间资金是指企业职工和城乡居民暂时不用的节余货币，可以通过购买股票、债券等方式对企业进行投资。

（6）企业内部形成的资金。企业内部形成的资金，主要是计提折旧及税后利润分配形成的资金。折旧的提取不会使企业资本总额增加，但它可成为企业营运资本的来源。

（7）参加周转。税后利润的形成使企业资本总额增加，它可作为权益资本继续参加周转。

（8）境外资金。境外资金包括境外投资者投入资本和借入资本。从范围上讲，有我国香港、澳门和台湾地区以及其他国家和地区投资者投入的资金；从具体形式上看，有向外国银行或国际金融机构借款，向境外发行股票、债券、租赁、信贷，补偿贸易，与外商合资经营和合作经营等。

（二）筹资方式

筹资方式指企业筹集资本的具体形式，即通过哪些手段取得资本。目前我国企业筹资方式主要有吸收直接投资、发行股票、银行借款、商业信用、发行债券、租赁和留存收益筹资等。

不同的筹资方式，体现着不同的经济关系。如吸收直接投资、发行股票和留存收益筹资，体现所有权关系；银行借款、商业信用、发行债券，体现债权债务关系；租赁筹资，体现债权债务关系，但在一定条件下会发生所有权的转移。因此，企业在筹资时，应认真考虑筹资方式的经济性质及相应的经济利益问题，合理地选择使用。

三、筹资目标和筹资原则

（一）筹资目标

企业筹资的具体目标可表达为两层含义：

1.进行适当的筹资组合，使得所筹资的资本成本最低

筹资是为了投资，满足投资所需资本应当成为筹资的基本目标。由于负债与权益资本从不同程度上影响投资项目的最低可接受收益率和现金流量，确定最合适的筹资组合，降低资本成本是筹资的首要任务。

2.选择适当的筹资种类，使资产与筹资来源间有着良好的匹配

由于不同筹资来源对公司的现金流要求不同，与投资的资产项目也存在着一定的对应关系。因此，筹资种类选择必须考虑财务弹性，以使筹资活动成为公司发展的推动力。

（二）筹资原则

上述目标要求企业在具体筹资过程中必须遵循一定的筹资原则。以最低的资本成本，适量、适时、适度地筹集企业生产经营所需的资本，是企业筹资的总体要求。具体地讲，企业筹资必须遵循以下原则。

1.合理性原则

合理性原则是指筹资的数量应当合理。企业无论从什么渠道、用何种方式筹资，都应首先确定一个合理的资本需要量，使资本的筹集量与需要量达到平衡，防止筹资不足影响生产经营或筹资过量而降低筹资效益。

2.及时性原则

及时性原则是指筹资的时间应当及时。筹资要按照资本的投放使用时间来合理安排，使筹资与用资在时间上衔接，避免因筹资时间过早而造成使用前的闲置，或因筹资时间滞后而贻误有利的投资时机。

3.效益性原则

效益性原则是指应当以尽可能低的成本筹集所需资本。企业从不同筹资渠道和用不同方式筹资的难易程度、资本成本和筹资风险有所不同，因而在筹资时应综合考虑各种筹资方式的资本成本和筹资风险，力求以最小的代价取得生产经营所需的资本。

4.适度性原则

适度性原则是指负债在全部资本中的比重应适度，即负债经营要适度。企业的全部资本由权益资本和负债两部分构成。企业的设立必须首先具有一定的权益资本。一定量的权益资本是企业经营安全性和稳定性的前提条件，并为企业负债提供法律上的保障。企业的权益资本越多，其财务实力越强，财务风险越低，债权人的债权越安全。但仅靠权益资本经营不利于企业的发展和扩张。一个精明的企业家必然会利用别人的资本来发展自己的企业。因而，他们一般都需要利用债权人的资本来发展生产经营。债权人投入企业的资本称为负债或债务资本，利用负债开展经营就是负债经营。通过负债经营为股东创造财富，被认为是一种精明的举动。这是因为负债具有下列明显的优点：

（1）负债可以取得节税利益，降低资本成本。负债利息在税前利润中列支，负债利息的支付可以使企业少缴所得税；债务资本的利息率一般低于权益资本的股息率。因而，负债资本成本一般低于权益资本成本。

（2）负债可以获得财务杠杆利益。当投资报酬率（指总资产报酬率）大于债务资本利息率时，负债比例增加，权益资本的报酬率就会提高，从而给股东带来超额利润。

（3）负债有利于企业经营的灵活性。负债是企业重要的外部筹资来源。债务资本的增加，意味着企业总资本来源的增加，有更多的资本可用于生产经营，从而给企业经营带来较大的灵活性。

（4）负债是提高经营者自律并提高公司投资效益的一种有效管理机制。如果公司存在负债，就会强化经营者的经营自律，因为负债是需要还本付息的，投资收益率的下降会导致公司负债违约而被迫清算或破产。因此，负债增加了对经营者的约束，经营者与股东间目标的分离越大，负债对经营者的制约作用也越大。

此外，负债可以减少货币贬值损失。在通货膨胀比较严重的条件下，利用负债扩大经营，可以把一部分财务风险转嫁给债权人。

然而，负债也增加了企业的财务风险和破产成本。过多的负债会使企业财务风险增加甚至面临破产。当企业的总资产报酬率小于债务资本利息率时，负债经营可能产生逆向财务杠杆作用，负债比率越高，企业的亏损越大，财务风险越大。

第二节　股权资本的筹集

股权资本又称权益资本或自有资本，是指企业依法筹集并长期拥有、自主支配的资本来源。股权资本的筹集方式主要有股票、吸收直接投资、留存收益和认股权证筹资等方式。

一、股票筹资

股票是股份有限公司为筹集权益资本而发行的有价证券，是股东拥有公司股份的凭证。

股份有限公司根据投资与筹资的需要，可发行不同种类的股票。普通股按有无记名，分为记名股票和无记名股票；按是否标明金额，分为面值股票和无面值股票；按投资主体，分为国家股、法人股和个人股；按发行对象和上市地区，分为 A 股、B 股、H 股和 N 股等；股票按股东权利的不同，分为普通股股票与优先股股票。

（一）普通股股东的权利

公司发行普通股股票筹集的资本称为普通股股本，它是股份有限公司的首要资本来源，也是股份有限公司筹集其他资本的基础。普通股股票持有者称为普通股股东。普通股股东在法律上享有的各种权利，以股东认购股份并缴清股款为标志。

一般来讲，普通股股东依法享有下列权利：

1. 表决权

股东有权依据公司章程的规定对股东大会的提案表示同意或不同意的权利，它是基于股东拥有公司股份而产生的，是股东通过股东大会参与公司经营管理决策的一项重要权利，它按照同股同权的原则实行一股一票制。

2. 优先认股权

普通股股东有优先认购公司新股的权利。

3. 收益分配权

股东有权要求公司按照公司法及公司章程的有关规定，结合公司的经营状况分得收益，其收益的多少随公司经营情况而定。

4. 剩余资产分配权

股份公司一旦解散，经财产清算后所剩余的财产，股东有权按所持股份比例参与分配。普通股股东的剩余财产求偿权位于债权人和优先股股东之后。

5. 股份转让权

即股东有权依据有关法律规定，转让其所拥有的股份。

由于上述权利派生，股东还拥有其他一些相关权利，如查阅公司章程的权利、查阅股东大会会议记录的权利、查阅公司财务会计报告的权利、对公司经营提出建议或者质询的权利、诉讼的权利等。同时，股东还须履行与其权利相对应的义务，如遵守公司章程、缴纳股款、对公司债务负有限责任、不得抽回投入资本等。

（二）发行股票的条件

《证券法》和《上市公司证券发行管理办法》规定，公司公开发行新股，应当符合下列条件：

（1）具备健全且运行良好的组织机构；

（2）具有持续盈利能力，财务状况良好；

（3）最近三年财务会计文件无虚假记载，无其他重大违法行为；

（4）经国务院批准的国务院证券监督管理机构规定的其他条件。

公司公开发行股票所筹集的资金，必须按照招股说明书所列资金用途使用。如果要改变招股说明书所列资金用途，必须经股东大会作出决议。

（三）发行股票的程序

1. 设立发行股票的程序

（1）发起人认购全部股份，交付出资。

（2）提出募集股份申请。

（3）公告招股说明书，制作认股书，签订承销协议。

（4）招认股份，缴纳股款。

（5）召开创立大会，选举董事会、监事会。

（6）办理公司设立登记，交割股票。

2.增资发行新股的程序

（1）股东大会作出发行新股的决议。

（2）由董事会向国务院授权的部门申请并经批准。

（3）公告招股说明书，制作认股书，签订承销协议。

（4）招认股份，缴纳股款，交割股票。

（5）召开股东大会改选董事、监事，办理变更登记并公告。

（四）股票发行方式及投资银行在股票发行中的作用

1.股票发行方式

股票发行方式，是指公司通过何种途径发行股票。常见的股票发行方式有两种。

（1）公开间接发行。是指通过中介机构，公开向社会公众发行股票。我国股份有限公司采用募集方式向社会公开发行股票时，须由证券经营机构承销的做法，就属于股票的公开间接发行。这种发行方式的优点是：发行范围广、发行对象多，易于足额募集资本；股票的变现性强，流通性好；有助于提高发行公司的知名度，扩大其影响力。但这种发行方式的手续繁杂，发行成本高。

（2）不公开直接发行。是指不公开对外发行股票，只向少数特定的对象直接发行，因而不需经中介机构承销。我国股份有限公司采用发起式设立方式和以不向社会公开募集的方式发行新股的做法，即属于股票的不公开直接发行。这种发行方式弹性较大，发行成本低；但发行范围小，股票变现性差。

2.投资银行在股票发行中的作用

投资银行是金融市场的重要参与者，它是筹资者与投资者之间的中介。投资银行作为一个行业，其传统业务是证券推销，如摩根斯坦利公司、高盛公司等。现代投资银行除了其传统业务外，还参与咨询业务、并购业务、代理理财等。

投资银行在股票发行过程中主要从事下列业务：

（1）对拟发行股票的发行人进行上市辅导；

（2）与发行人共同协商发行价格；

（3）从事股票报价业务，承销股票；

（4）作为上市公司的保荐人履行相应的责任和义务，等等。

（五）股票发行定价决策

股票发行价格是股票发行时所使用的价格，即投资者认购股票时所支付的价格。股票发行价格的高低直接关系到企业筹资金额的多少。过高的发行价格会影响股票顺利发行，难以及时筹足资本；过低的发行价格会影响发行公司筹资数量。因此，必须认真测算，确定适当的发行价格。

股票发行定价决策是公司上市发行所面临的最主要财务决策之一。从规范的市场运作看，股票定价首先需要测定股票的内在投资价值及价格底线，其次才是根据供求关系来确定其发行价格。

（六）股票增发与配股

股票增发即增资发行股票，它是新股发行后的后续筹资行为。股票增发按投资者是否付出代价可分为有偿增发和无偿增发两种方式。前者是指投资者需按股票面额或溢价，用现金或实物购买股票，有间接公募、向老股东配股及向特定的第三者配股等具体方式；后者是指公司不向股东收取现金或实物财产，而是无代价地将公司发行的股票配与股东，有资本公积转增、送股及股票分割等具体方式，其目的是为了调整资本结构，提高公司的社会地位，增强股东信心。

配股是指按持股的一定比例向现有股东配售股份的行为，它是股票增发的一种主要方式。我国法律法规对上市公司的配股条件进行了严格的限制，其中最主要的是关于公司盈利能力的要求。公司实施配股计划，主要是基于新筹资本能够满足投资需要。在确定配股价格时，除了需要对新股发行进行财务决策外，还要考虑有关法律规定。如配股价格不低于每股净资产等。另外，为了保证配股价格对原股东的吸引力，并考虑承销商的盈利空间，配股价格一般低于现行市价。

（七）股票上市

股票上市,是指股份有限公司发行股票经批准在证券交易所进行挂牌交易。经批准在证券交易所上市交易的股票称为上市股票,其股份有限公司称为上市公司。

（八）普通股筹资的评价

与其他筹资方式相比,普通股筹资具有下列优点:

（1）股本没有固定的到期日,无须偿还。它是公司永久性资本,在公司持续经营期内都无须偿还,除非公司清算解散。

（2）没有固定的股利负担。公司有盈利,并认为适合分配股利,就可以分给股东,公司盈利较少或虽有盈利但现金短缺或有更有利的投资机会,也可以少付或不付股利。

（3）筹资风险小。由于普通股股本没有固定的到期日,一般也不用支付固定的股利,不存在还本付息的风险。

（4）普通股筹资形成权益性资本,能增强公司信誉。普通股股本以及由此产生的资本公积金和盈余公积金等,是公司举债的基础,有利于提高公司的举债能力。

普通股筹资也有其缺点,主要表现在:

①资本成本较高。从投资者的角度讲,投资于普通股风险较高,相应地要求有较高的投资报酬率;对于筹资公司来讲,普通股股利从税后利润中支付,不像债券利息那样作为费用从税前支付,因而不具抵税作用;普通股的发行费用一般也高于其他证券。②可能分散公司的控制权。③可能导致股票价格下跌。

由于新股东对已积累的盈余具有分享权,会降低普通股的每股收益,从而可能引起普通股市价的下跌。

（九）优先股筹资

优先股是相对普通股而言,较普通股具有某些优先权利,同时也受到一定限制的股票。公司发行优先股筹集的资本称为优先股股本,优先股的持有者称为优先股股东。

二、吸收直接投资

吸收直接投资，是指企业以协议合同等形式吸收国家、其他法人、个人和外商等直接投入资本，形成企业资本金的一种筹资方式。它是目前我国有限责任公司筹集股权资本的基本形式。

（一）吸收直接投资的投资主体

吸收直接投资的投资主体，是指企业的投资者（出资人）。在我国现阶段，这种筹资方式的投资主体可以是国家、法人、个人和外商。

（1）国家。它是指有权代表国家投资的政府部门或机构以国有资产向企业的投资，包括国家财政部门和经授权代表国家投资的投资公司、资产经营公司等机构向企业投入的资本等。国家对企业的投资形成国家资本金，被投资的企业称为国有独资企业、国有控股企业和国有参股企业。

（2）法人。它是指其他法人以其有权支配或控制的法人资产对被投资企业的投资。法人对企业的投资形成法人资本金。

（3）个人。它是指本企业职工或社会个人以其合法财产对企业进行的投资。个人对企业的投资形成个人资本金。

（4）外商。它是指我国港澳台地区和外国投资者对企业进行的投资。外商对企业的投资形成外商资本金。

（二）吸收直接投资的出资方式

（1）现金。这是企业最乐于接受的出资方式。现金具有使用上的灵活性，它既可用于购置资产，也可用于支付费用。因而，一些国家规定了现金出资的最低限额。

（2）实物。这是指投资者以房屋、建筑物、设备等固定资产和材料、商品等流动资产作价投资。

（3）无形资产。这是指投资者以专利权、商标权、非专有技术、土地使用权等无形资产作价投资。

投资者以实物和无形资产投资，必须符合生产经营的需要，投入资产必须进行合理估价，并办理产权转移手续。无形资产投资还应符合法定比例。

（三）吸收直接投资的程序

（1）合理确定吸收直接投资的数量。企业的筹资规模应与其生产经营需要相适应，既要避免筹资规模过大而造成资产闲置，又要避免因筹资规模不足而影响资产经营效益。

（2）正确选择出资形式，保持合理的出资结构与资产结构。现金出资与非现金出资间的比例、实物资产与无形资产间的比例、流动资产与长期资产间的比例均应满足资产的流动性和收益性的需要。

（3）签署合同或协议。企业在吸收投资的过程中，必须以合同或协议形式明确投资过程中的产权关系，包括企业与投资者之间、各投资者之间的产权关系。对于企业与投资者之间的产权关系，应以各投资者投入资产并办理产权转移手续为前提；对于各投资者之间的产权关系，应以合同、协议的方式确定投资金额、比例和投资方式，并具法律效力。

（4）取得筹资来源。合同或协议签署所，应按规定取得筹资来源。投资者以现金出资的，应按规定的时间和余额投入指定的账号；以实物和无形资产出资的，应进行合理估价，通过办理产权转移手续取得资产。

（四）吸收直接投资筹资的评价

吸收直接投资具有下列优点：

（1）所筹集资本属于企业股权资本，能提高企业对外负债的能力。

（2）这种筹资方式不仅可筹得现金，而且能够直接取得所需的先进设备和技术，能尽快地形成生产经营能力。

（3）与股票筹资相比，筹资履行的法律程序相对简单，筹资速度更快。

（4）所筹资本是"永久性资本"，财务风险较低。

三、留存收益

留存收益筹资也称为"内源筹资"或"内部筹资"，它是企业将实现利润的一部分甚至全部留下作为资本来源的一种筹资方式。

（一）留存收益筹资的具体形式

留存收益筹资的具体形式有：按法定要求提取盈余公积金、当期利润不分配等。留存收益的实质是所有者向企业追加投资，对企业而言是一种筹资来源。

（二）留存收益筹资的评价

留存收益筹资的优点主要体现在：

（1）不发生筹资费用。

（2）可使企业的所有者获得税收利益。由于资本利得税率一般低于股利收益税率，股东往往愿意将收益留存于企业而通过股票价格的上涨获得资本利得，从而避免取得现金股利应交的较高的个人所得税。

（3）留存收益筹资在性质上属于权益资本，可提高企业信用和对外负债能力。

留存收益筹资的缺点主要体现在：

（1）留存收益的数量常常会受到某些股东的限制，尤其受到依靠股利维持生活的股东的反对。

（2）留存收益过多、股利支付过少，可能会影响今后的外部筹资，同时不利于股票价格的提高，而影响企业在证券市场上的形象。

四、认股权证

（一）认股权证的概念与特征

认股权证是由公司发行的授权其持有者按预定价格优先购买一定数量普通股的权证。这是一种典型意义上的选择权。这种选择权的行使对公司意味着股权资本量的增加。

认股权证所附的证券主要包括普通股与公司债券，即附认股权的普通股筹资与附认股权的债券筹资。在实际经济活动中，它常伴随着债券一同发行，旨在刺激投资者购买公司较低利率的长期债券。

认股权证可以同债券分离，也可联结在一起，可分离的认股权证可与债券分开出售，其债券持有人无须为获得认股权证价值而行使其购股权；不可分离的认股权证则不能与债券分开出售，它只有在债券持有人行使了优先认股权并购买了股票之后才可以与债券分开。

认股权证对持有人而言类似于购买期权，持有人在规定的期限内可以按执行价格购入股票，也可以放弃权力，或者直接转让。执行价格是指认股权证规定购股票购买价格。促使认股权证持有人行使权力的主要原因有：

（1）股票市场价格超过认股权证的行使价格（即股票的执行价格）；

（2）公司增长潜力大，对未来盈利前景看好；

（3）公司提高股票的派息率。

（二）认股权证的理论价值

同其他选择权一样，认股权证也只有在股票市场价格上升的条件下才具有价值。

$$认股权证的理论价值＝N×P-E$$

其中：N——一张认股权证可以购买的普通股股数；

P——普通股票的市场价格；

E——凭一张认股权证购买 N 股普通股的价格。

例如，如果 A 公司普通股的市场价格为 15 元，而该公司认股权证的股票执行价格为 10 元，每张认股权证可以购买 1 股股票，则认股权证的理论价值为 5 元。

一般而言，认股权证的理论价值是出售认股权证的最低价值，即底价。如果认股权证的市场价格低于其理论价值，则套利行为就会产生，即购入认股权证，凭证购买股票，再将买来的股票抛售出去。当套利行为大量发生时，套利的最终收益等于零。

（三）认股权证筹资的评价

利用认股权证筹资的最大优点是可以降低筹资成本。对于增长速度很快的公司而言，利用债券和优先股筹资很可能被要求很高的报酬率，因为潜在投资者只有在高价位的利率水平上才能接受此类风险证券，对公司而言，其筹资成本较高；但是，如果将此类债券附上认股权证，由于收益潜在预期，公司可以降低其证券必要的报酬率。对投资者来说，如果对公司潜在收益的预期非常乐观，也将愿意接受较低的现时收益率和不太严格的市场签约条件。

然而，认股权证的价值都是建立在预期之上的。对投资者而言，由于杠杆作用的存在，使得认股权证的行使成为一种高收益的投资，但需以公司未来股价上升为基础。离开这一基础，选择权将不会被行使，其投资也会造成损失。

第三节 债务资本的筹集

债务资本，又称负债或借入资本，是指企业依法筹措并依约使用、按期偿还的资本来源。债务资本的筹集方式主要有银行借款、债券、商业信用和租赁等方式。

一、银行借款

银行借款是指从银行和非银行金融机构借入的款项，按借款期限的不同分为短期借款与长期借款，按是否有担保分为信用借款与担保借款。

（一）短期借款

短期借款是指企业向银行和其他金融机构借入的期限在一年以内的借款。

1.短期借款的种类

短期借款通常按有无担保分为信用借款和担保借款。

（1）信用借款，是以借款人的信用取得的借款。根据我国相关法律规定，只有那些经商业银行审查、评估，确认借款资信很好并确能偿还贷款的企业，方可取得信用借款。由于信用借款的风险比抵押借款的风险要大，因此利率通常较高，且往往附加一些苛刻的限制条件。

（2）担保借款是以特定的担保物为担保取得的借款。企业到期不能还本付息时，银行等金融机构有权处置担保物。从理论上讲，短期借款中用作担保的资产通常是应收账款和存货等易于变现的流动资产；长期借款中用作担保的资产可以是房屋、建筑物、机器设备等实物资产，也可以是股票、债券等有价证券。但在实务中，我国《担保法》把企业凭自身的信用所得信用借款以外的借款统称为担保借款，并规定担保的主要方式有保证、抵押、质押、留置和定金。目前我国企业常用的担保方式有保证、抵押和质押三种方式。

2.短期借款的信用条件

按照国际惯例，银行在发放短期贷款时，通常会附加一些信用条件，主要有：

（1）信用额度，或称非承诺式信贷额度。它是银行对借款企业规定的无担保贷款的最高限额。通常企业在批准的信贷额度内，可随时按需要向银行申请借款，但银行并不承担必须提供全部信贷限额的义务。如果企业信誉恶化，即使银行曾同意过按信贷额度提供贷款，企业也可能得不到借款。

（2）周转信贷协议，或称承诺式信贷额度，它是银行向大企业提供的、具有法律义务的、不超过一定限额的信用贷款协议。企业享用周转信贷协议，通常要就贷款限额的未使用部分，付给银行一笔承诺费。

（3）补偿性余额，是银行要求借款人在银行中保持按实际借用额的一定比例计算的最低存款余额。补偿性余额的比例，一般在10%～20%之间。其目的是降低银行的贷款风险。但对借款企业而言，补偿性余额，减少了企业借用款项的实际可用金额，从而提高了银行贷款的实际利率。

（4）借款抵押。银行向风险较大的借款人或对其信誉没有把握的借款人提供贷款，有时需要有抵押品担保，以减少蒙受损失的风险。短期借款的抵押品和质押物，通常是应收账款、存货、股票和债券等。银行接受抵押品后，一般按抵押品面值的30%～90%发放贷款。抵押借款的成本通常高于非抵押借款的成本。

（5）偿还条件。贷款的偿还，有到期一次偿还和在贷款期内定期（每月、每季）等额偿还两种。一般来说，借款人不希望采用后一种偿还方式，这是因为此种还款方式会提高借款的实际利率；而银行不希望采用前一种偿还方式，因为它增加了借款人的拒付风险，同时会降低贷款实际利率。

3. 短期借款利息支付方式

一般来说，借款人可以用利随本清法、贴现法等方式向银行支付利息。

（1）利随本清法，又称收款法，是在借款到期时向银行支付利息的方法。银行向工商企业发放的贷款，大都采用这种方法收息。

（2）贴现法，是银行向借款企业发放贷款时，先从本金中扣除利息，而到期时借款企业再偿还全部本金的一种计息方法。采用此法，借款企业可利用的借款额只有本金减去利息部分后的差额，因此贷款的实际利率要高于其名义利率。

4.短期借款筹资的评价

短期借款筹资具有下列优点：

（1）筹资速度快，容易取得。借款取得所需时间短，程序较为简单，可以快速获得现金，较快地满足经营需要。

（2）筹资成本低。短期借款的成本在各种筹资方式中为最低。

（3）借款弹性好。企业可以直接与银行接触，协商借款金额、期限和利率，可随借随还。

（4）可以取得财务杠杆利益。当企业的总资产报酬率大于借款利率时，会提高股东权益报酬率（净资产收益率）。

但短期借款筹资也有财务风险较大、筹资数量有限等缺点。

（二）长期借款

长期借款，是指企业向银行或其他非银行金融机构借入的、使用期限超过一年的借款。

1.长期借款的种类

（1）按照借款用途不同，可分为基本建设借款、更新改造借款、科技开发和新产品试制借款等。

（2）按照提供贷款的机构不同，可分为政策性银行借款、商业性银行借款及其他金融机构借款等。

（3）按照有无担保，分为信用借款和抵押借款。与短期借款不同的是，长期借款的抵押（质押）品通常是房屋、建筑物、机器设备及土地使用权、股票、债券等权利凭证。

2.长期借款的程序

（1）企业提出申请。企业申请借款必须符合贷款原则和条件，填写包括借款金额、借款用途、偿还能力以及还款方式等主要内容的《借款申请书》，并提供以下资料：借款人及保证人的基本情况；财政部门或会计师事务所核准的上年度财务报告；抵押物清单及同意抵押的证明，保证人拟同意保证的有关证明文件；项目建议书和可行性报告；贷款机构认为需要的其他资料等。

（2）贷款机构审批。贷款机构接到企业的申请后，要对企业的申请进行审查，包括对借款人的信用等级进行评估；对借款的合法性、安全性和借款人的盈利性进行调查，核实抵押物、保证人情况，测定贷款风险等，以确定是否发放贷款。

（3）签订借款合同。借款合同是规定借贷各方权利和义务的契约，分为基本条款和限制条款。限制条款不是借款合同的必备条款。基本条款则是借款合同必备条款，其内容一般包括借款种类、借款用途、借款金额、借款利率、借款期限、还款资金来源及还款方式、保证条款、违约责任等。

（4）企业取得借款。借款合同生效后，企业便可取得借款。贷款人不按合同约定按期发放贷款、借款人不按合同的约定用款的，都要偿付违约金。

（5）企业偿还借款。待借款合同到期时，企业应按借款合同的规定，按时足额还本付息。如果企业不能按期归还，应在借款到期之前，向贷款机构申请贷款展期。由贷款机构根据具体情况决定是否展期。

3. 长期借款合同的限制条款

由于长期借款的期限长、风险大，按照国际惯例，贷款机构通常对借款企业提出一些有助于保证贷款按时足额偿还的限制条件，这些条件写进借款合同中，形成了合同的限制条款。归纳起来，限制条款大致有如下三类：

（1）一般性限制条款。一般性限制条款应用于大多数借款合同，但根据具体情况会有不同内容。一般包括：企业需持有一定限度的现金及其他流动资产，保持其资产的流动性及支付能力；限制支付现金股利和股票回购；限制资本支出现模；限制借款企业借入其他长期债务等。

（2）例行性限制条款。它作为例行常规，在大多数借款合同中都会出现，主要包括：借款企业定期向银行报送财务报表；不准在正常情况下出售较多的资产，以保持企业正常的生产经营能力；不得为其他单位或个人提供担保；限制租赁固定资产规模，以防止过多的租金支付；及时清偿到期债务（特别是短期债务）；禁止应收账款的转让，等等。

（3）特殊性限制条款。特殊性限制条款是针对某些特殊情况，而出现在少数借款合同中的。如贷款专款专用；不准企业投资于短期内不能收回资金的项目；限制企业高级职员的薪金和奖金总额，要求企业主要领导人在合同有效期间担任领导职务；要求企业主要领导人购买人身保险等。

4.长期借款筹资的评价

长期借款筹资具有下列优点：

（1）筹资速度快。借款的手续比发行证券筹资简单得多，得到借款所需要的时间较短，可以迅速地筹资。

（2）筹资成本较低。与股票筹资相比，其利息可在所得税前支付，故可减少企业实际负担的成本；与债券相比，无需支付大量的发行费用。

（3）借款弹性好。借款时企业与贷款机构直接交涉。容易就借款的时间、数量、还款方式、利率达成协议。用款期间，如企业情况发生变动，也可与贷款机构再协商修改部分合同条件，因而比债券筹资方便得多。

（4）可以发挥财务杠杆的作用。只要投资报酬率大于借款利率，企业所有者将会因财务杠杆的作用而获得更多的收益。

但长期借款也有筹资风险较高、限制条款较多和筹资数额有限等缺陷。

二、债券

债券是债务人为筹集债务资本而发行的、约定在一定期限内向债权人还本付息的有价证券。它是一种借款人同意在未来一定时期内将本金和利息付给债券持有人的长期契约。本节涉及的债券系指公司债券。公司债券有三个基本要素：债券面值、期限和利率。

按照保证条件，债券可分为信用债券、抵押债券；按照按债券是否记名，分为记名债券和无记名债券；按利率不同，分为固定利率债券和浮动利率债券；按能否转换为公司普通股票，分为可转换债券和不可转换债券，按债券是否上市交易，分为上市债券和非上市债券；按债券是否可赎回，分为可赎回债券与不可赎回债券。投资机构将评级低于标准普尔 BB 级或低于穆迪 Ba 级债券标注为垃圾债券，垃圾债券的特点是高风险和高收益并存。

（一）发行债券的条件

按照国际惯例，发行债券需要符合规定的条件，一般包括发行债券最高限额、发行公司净资产最低限额、公司获利能力、债券利率水平等。我国《证券法》规定，公开发行公司债券，应当符合下列条件：

（1）股份有限公司的净资产额不低于人民币 3000 万元、有限责任公司的净资产额不低于人民币 6000 万元；

（2）累计债券余额不超过公司净资产的 40%；

（3）最近三年平均可分配利润足以支付公司债券一年的利息；

（4）筹集的资金投向符合国家产业政策；

（5）债券的利率不超过国务院限定的利率水平；

（6）国务院规定的其他条件。

公开发行公司债券筹集的资金，必须用于核准的用途，不得用于弥补亏损和非生产性支出。有下列情形之一的，不得再次发行公司债券。

（1）前一次发行的公司债券尚未募足的；

（2）对已发行的公司债券或债务有违约或延迟支付本息的事实，且处于持续状态的；

（3）违反证券法，改变通过公开发行公司债券所募得资金的用途。

（二）发行债券的程序

我国企业发行公司债券必须遵循《公司法》规定的条件和程序。公司发行债券的一般程序如下：

1. 作出发行债券的决议或决定

公司发行债券由董事会制订方案，股东大会决议。决议的具体内容包括公司债券发行总额、票面金额、发行价格、募集办法、债券利率、偿还日期及方式等。

2. 提出发行债券申请

公司发行债券由国务院证券管理部门批准。公司申请时应提交公司登记证明、公司章程、公司债券募集办法、资产评估报告和验资报告等文件。

3. 公告债券募集办法

发行公司债券的申请经批准后，公开向社会发行债券，应当公告债券募集办法。其主要内容包括发行债券总额和债券面额、债券利率、还本付息的期限与方式、债券发行的起止日期、公司净资产额、债券的承销机构等。若是可转换债券，还应规定具体的转换办法。

4. 募集债券资金

公司债券的发行方式有直接向社会发行（私募发行）和由证券经营机构承销发行（公募发行）两种。我国公司债券一般采用公募发行，即通过证券承销机构，向社会发售债券，投资者直接向承销机构付款购买，承销机构收缴债券并结算预付的债券款。

（三）债券的发行价格

债券的发行价格是债券发行时所使用的价格，即投资者购买债券时所实际支付的价格。

1. 影响债券发行价格的因素

影响债券发行价格的因素包括债券面额、票面利率、市场利率、债券期限、利息支付方式等。其中主要的影响因素是票面利率与市场利率的一致程度。债券的票面利率在债券发行时已参照市场利率确定下来，并载明于债券票面，无法改变，但市场利率经常发生变动。在发售债券时，如果票面利率与市场利率不一致，为了协调债券购销双方在债券利率上的利益，就需要调整发行价格。当票面利率高于市场利率时，债券的发行价格高于其面额，以溢价发行债券；当票面利率低于市场利率时，债券的发行价格低于其面额，以折价发行债券；当票面利率与市场利率一致时，债券的发行价格等于其面额，则以平价发行债券。

2. 债券发行价格的确定方法

债券的投资价值由债券到期还本面额按市场利率折现的现值与债券各期债息的现值两部分组成。因此，债券发行价格的计算公式为：

$$P = \sum_{t=1}^{n} \frac{i \times F}{(1+k)^t} + \frac{F}{(1+k)^n}$$

其中：P——债券发行价格；

  i——债券票面利率；

  F——债券面值；

  n——债券期限；

t——付息期数；

k——贴现率，一般取市场利率。

（四）债券评级

公司公开发行债券通常需要由债券评信机构评定信用等级。债券的信用等级对于投资者和发行公司都很重要。对投资者而言。购买债券需承担一定的风险，需要通过有权威的中介评级机构对发债公司的信用作出判断。对发行公司而言，债券等级越低就意味着越高的利息成本，提高债券等级可降低筹资成本，在公司自身信用较好、盈利能力较强的时候评定信用等级，可提升筹资能力和市场财务形象。

标准普尔（Standard&Poor's）和穆迪投资者服务公司（Moody's Investor Service）是两家权威性债券评级公司。国际上流行的债券等级是三等九级。AAA为最高级，AA为高级，A为上中级，BBB为中级，BB为中下级，B为投机级，CCC为完全投机级，CC为最大投机级，C为最低级。信用评级公司划分债券等级的主要依据有：公司的财务比率，如流动比率、负债比率、利息保障倍数等，评价公司的偿债能力或付现能力；债券有无担保或抵押；债券求偿权的次序；有无偿债基金；公司经营的稳定性；债券期限等。

（五）债券筹资的评价

债券筹资具有下列优点：

（1）筹资成本较低。与股票筹资相比，债券的利息在所得税前支付，发行公司可取得节税利益，因而其筹资成本相应较低。

（2）可利用财务杠杆作用。由于债券的利息一般固定，不会因企业利润增加而增加持券人的收益，能为企业带来杠杆收益，增加股东财富。

（3）保障股东控制权。债券持有人一般无权参与发行公司的管理决策，公司发行债券不会像增发新股那样可能分散股东对公司的控制权。

（4）便于调整资本结构。在公司发行可赎回和可转换债券的情况下，便于调整资本结构。

但债券筹资也有下列缺点：

（1）财务风险较高。债券需到期还本付息，在公司经营不景气时，会给公司带来较大的财务压力，有时甚至导致破产。

（2）限制条件较多。发行债券的限制条件一般要比借款筹资和租赁筹资的限制条件多。从而限制了这种筹资方式的使用范围。

（3）筹资数量有限。公司利用债券筹资一般要受发行金额的限制。

（六）可转换债券

可转换债券是指按事先约定在一定时间内可转换成普通股票的公司债券。这种债券的转换并不增加公司资本总量，但改变公司的资本结构，增强公司实力。它是一种在发行当时签订的契约中明文规定附有可以转换为普通股票选择权的公司债券。该选择权的行使条件是：当该公司的股票市场价格上升到契约中事先规定的转换价格以上时，公司债券持有人可能行使其转换权，从而成为该公司的股东。

三、商业信用

商业信用是商品交易中延期付款所形成的借贷关系，是企业之间的一种直接信用关系。

（一）商业信用筹资的形式

1. 应付账款

应付账款是企业因购买货物而发生的应付未付的款项。卖方利用这种方式促销，对买方而言，延期付款相当于向卖方借用资金购进商品，可以满足短期资金的需要。应付账款由赊购商品形成，产生于商品交换之中，是一种"自发性筹资"，它是最典型、最常见的商业信用形式。

应付账款按其是否有代价可分为三种信用形式：免费信用，指买方企业在规定的折扣期限内享受折扣而获得的信用；有代价信用，指买方企业放弃折扣需要付出代价而取得的信用；展期信用，指买方企业在规定的信用期限届满以后推迟付款而强制取得的信用。

应付账款筹资量的大小取决于信用额度、信用期限、现金折扣期、现金折扣率等因素。信用额度越大、信用期限越长，筹资的数量越多；同时由于现金折扣期及现金折扣率的影响，使得企业在享有信用免费资本的同时，增加了因未享有现金折扣而产生的机会成本。因此，如何就扩大筹资数量、免费使用他人资本与享有现金折扣、减少机会成本间进行比较，是应付账款管理的重点。

2. 应付票据

应付票据是买方根据购销合同，向卖方开出或承兑的商业票据，从而延期付款的一种信用。这种票据可由购货方或销贷方开出，并由购货方承兑或请求其开户银行承兑，是一种正式的凭据。其付款期限由交易双方商定。我国一般为 1～6 个月，最长不超过 9 个月。

3. 预收货款

预收账款是指销货企业按照合同或协议规定，在交付货物之前向购货企业预先收取部分或全部货物价款的信用形式。一般在销售生产周期长、成本售价高的轮船、电梯、房产等产品中采用。

（二）在有现金折扣条件下利用商业信用的成本

在购买方企业利用商业信用筹资时，一般不会发生成本，但在销售方允许购买方在交易发生后一段时间内付款，若购买方提前付款时，在销售方可以给予一定现金折扣的信用条件下，如果购买方放弃现金折扣的机会，利用商业信用将成为一种成本较高的短期筹资方式。

其成本的计算公式为：

$$现金折扣成本 = \frac{折扣率}{1-折扣率} \times \frac{360}{信用期-折扣期}$$

计算公式表明，放弃现金折扣的成本与折扣率的大小、折扣期的长短呈同方向变动，与信用期的长短呈反方向变化。

（三）利用现金折扣的决策

在附有信用条件的情况下，由于获得不同信用要付出不同的代价，买方企业便要在利用哪种信用之间作出决策。一般来说，存在以下四种情况：

（1）如果能以低于放弃现金折扣成本的利率借入资金，企业应在现金折扣期内用借入的资金支付货款，享受现金折扣。

（2）如果折扣期内，将应付账款用于短期投资的报酬率高于放弃现金折扣的成本，则企业应放弃折扣而去追求更高的投资收益。

（3）如果企业因缺乏资金而逾期付款，随着逾期时间的增加，其放弃折扣的成本会相应降低，但这种成本的降低是以失去企业信誉为代价的，会导致将来失去更多的收益。因此，企业需在降低的成本与逾期付款带来的损失之间作出选择。

（4）如果有多家提供不同信用条件的卖方，在其他情况相同的条件下，买方企业应通过计算放弃折扣成本的大小，选择信用成本最小的一家。

（四）商业信用筹资的评价

商业信用筹资具有下列优点：

（1）筹资便利。利用商业信用筹资非常方便，因为商业信用与商品买卖同时进行，是一种自然性筹资。

（2）筹资成本低。如果没有现金折扣，或企业不放弃现金折扣，则利用商业信用筹资没有实际资本成本。

（3）限制条件少。如果企业利用银行借款筹资，银行往往对贷款的使用规定一些限制条件，而利用商业信用则限制较少。

但商业信用筹资的时间一般较短，如果企业取得现金折扣，则时间会更短；如果放弃现金折扣。则存在较高的机会成本。

四、租赁

（一）租赁的种类

租赁是承租人和出租人之间的一项契约性协议。协议中规定承租人拥有使用租赁资产的权利，同时必须定期向资产所有者——出租人支付租金。出租人可以是制造商，也可以是独立的租赁公司。如果出租人是独立的租赁公司，它必须先向制造商购买有关设备，再把资产交付给承租人，租赁才能生效。租赁有两种类型：经营租赁和融资租赁。

（二）融资租赁的形式

从出租人角度，按其所出租资产的投资来源不同，融资租赁分为以下三种具体形式：

1. 直接租赁

它是承租人直接向出租人承租所需的资产，并向出租人交付租合的形式。直接租赁的出租人可以是制造商、租赁公司或金融机构等。除制造商外，其他出租人都向制造商或供应商购买租赁资产后，再出租给承租人。这是融资租赁最典型的形式。

2. 售后回租

它是承租人根据协议将其资产卖给出租人，然后又将其租回使用并按期向出租人支付租金的一种租赁形式。在这种形式下，承租人可获得出售资产的现金，同时又获得资产的使用权。

3. 杠杆租赁

这是国际上比较流行的一种融资租赁形式。它一般要涉及承租人、出租人和贷款人三方当事人，从承租人的角度看，它与其他融资租赁形式并无区别，同样是按合同的规定，在租期内获得资产的使用权，按期支付租金。但对出租人却不同，出租人只垫支购买资产所需现金的一部分（一般为20%～40%），其余部分（为60%～80%）则以该资产为担保向贷款人借资支付。因此，在这种情况下，租赁公司既是出租人又是借资人，据此既要收取租金又要支付债务，并要求其租赁收益大于借款成本支出。由于出租人借款购物出租可获得财务杠杆利益，故被称为杠杆租赁。

（三）融资租赁的程序

融资租赁业务具有融资与融物的双重性质，其业务程序要比一般信贷业务复杂得多。融资租赁的一般程序是：

（1）选择租赁公司。企业决定采取融资租赁方式筹取某项设备时，要在多家租赁公司之间进行比较，了解各公司经营的范围、业务能力、资信情况、融资条件、租赁费率等情况，择优选定。

（2）办理租赁委托。企业选定租赁公司后，便可向其提出申请，办理委托。筹资企业需填定"租赁申请书"，说明所需固定资产的具体要求，并提供企业财务状况文件，如财务报表等。

（3）签订购货协议。由承租企业与租赁公司的一方或双方合作组织选定设备制造厂商，并与其进行技术和商务谈判，签订购货协议。

（4）签订租赁合同。租赁合同由承租企业与租赁公司签订，它是租赁业务的重要法律文件。融资租赁合同的内容可分为一般条款和特殊条款两部分。

（5）办理验货和投保。

（6）依约支付租金。

（7）处理租赁期满的固定资产。租赁期满，承租人付清租金及有关手续费后，对租赁固定资产可以按合同规定续租、退租或留购。租赁期满的固定资产通常都以低价卖给承租企业或无偿赠送给承租企业。

（四）融资租赁的租金

租金的数额和支付方式对承租企业的未来财务状况具有直接的影响，也是租赁筹资决策的重要依据。

1. 融资租赁税金的构成

（1）设备价款。这是税金的主要内容。它由设备的买价、运杂费和途中保险费构成。

（2）租息。又可分为租赁公司的融资成本和租赁手续费两部分。融资成本是指租赁公司为购买租赁设备所筹资金的成本，即设备租赁期间的利息；租赁手续费包括租赁公司承办租赁设备的营业费用和一定的盈利。租赁手续费的数额一般由租赁公司和承租企业协商而定。

2. 租金的支付方式

租金的支付方式也影响到租金的计算。支付租金的方式一般有以下种类：

（1）按支付时间长短，可以分为年付、半年付、季付和月付等方式。

（2）按支付时间先后，可分为先付租金（期初支付）和后付租金（期末支付）两种。

（3）按每期支付的金额，可分为等额支付和不等额支付两种。

3. 租金的计算方法

在我国融资租赁业务中，计算租金的方法大多采用平均分摊法和等额年金法。

（1）平均分摊法。平均分摊法就是先以商定的利息率和手续费率计算租赁期间的利息和手续费，然后连同设备成本按支付次数进行平均。这种方法没有充分考虑资金的时间价值因素。平均分摊法下每次应付租金的计算公式为：

$$A = [(C-S) + I + F]/N$$

其中：A——每次支付的租金；

C——租赁设备的购置成本；

S——租赁设备的预计残值；

I——租赁期间的利息；

F——租赁期间的手续费；

N——租期。

（2）等额年金法。等额年金法是利用年金现值的计算公式经变换后计算每期支付租金的方法。

假如承租企业与租赁公司商定的租金支付方式为后付等额租金，则从 $P = A \cdot (P/A, i, n)$，可推导出后付租金方式下每年年末支付租金数额的计算公式：

$$A = P/(P/A, i, n)$$

假如承租企业与租赁公司商定的租金支付方式为先付等额租金，则从 $P = A \cdot [(P/A, i, n-1) + 1]$，可推导出先付租金方式下每年年初支付租金数额的计算公式：

$$A = P/[(P/A, i, n-1) + 1]$$

（五）租还是买：租赁决策

任何可能发生的租赁都必须经过出租人和承租人的估价。承租人必须确定租赁一项资产是否比直接购买成本更低，而出租人必须确定出租该项资产是否能够获得比较合理的收益。这里只从承租人的角度分析，而出租人的资产是否该出租则属于投资决策问题。

租赁决策是对借款购买还是租赁进行决策。计算步骤如下：

（1）计算借款购买方案的税后现金流出量。对于借款人购入设备而言，借款要求还本付息构成现金流出，借款利息和设备折旧可抵减税收，减少了现金流出。设备维护成本增加现金流出，但也可抵税。如果设备有残值，其收回也构成现金流入。

（2）计算租赁方案的税后现金流出量。对于租赁设备而言，每期租金引起现金流出，租金在税前列支，抵税效应又减少了现金流出。

（3）以税后债务利率为贴现率，计算与比较借款购买和租赁成本现值，作出决策。

（六）租赁筹资评价

租赁尤其是融资租赁，作为一种特殊的筹资方式，近年来已得到迅速的发展。这主要是由于租赁筹资具有下列优点：

（1）租赁能迅速获得所需的资产。租赁比借款筹资购买设备更迅速、更灵活，因为它以融物代替了融资、使筹资与设备购买同时进行，缩短了设备的购进与安装时间，使企业尽快形成生产经营能力。

（2）租赁筹资限制条件较少。企业采用发行股票、债券和银行借款等筹资方式，往往都有相当多的条件限制和条款限制。相比之下，租赁可避免债务上的限制性契约条款。

（3）租金的分期支付，可适当减低企业不能偿付的风险；并且全部租金的支付可根据租赁资产带来收益的时间周期来安排，使企业现金流入与现金流出同步，有利于现金调度与协调，增加资金调度的灵活性。

（4）租金的支付可为承租企业带来节税利益。经营租赁租金费用的支付直接减少税前利润，融资租赁租金费用通过计提折旧的方式抵减税前利润，它们在不同程度上减少企业应纳所得税额，为企业带来节税利益，

第五章 项目投资

第一节 项目投资概述

投资决策是企业最重要的财务决策，重大项目投资决策的成功与否直接关系企业业绩的好坏，甚至决定整个企业的存亡。延缓决策会丧失发展机会，而仓促上马也可能给企业带来灭顶之灾。因此，企业必须审时度势，运用科学的方法，做出正确决策。

一、项目投资的概念和特点

所谓项目投资，是指以特定建设项目为投资对象的一种长期投资行为。它是一种直接性投资，表现为企业通过购买固定资产、无形资产，直接投资于企业本身生产经营活动或企业外部投资项目的一些行为，如厂房的新建、改建、扩建，设备的购置、更新，资源的开发利用，现有产品的改造和新产品的试制等。

与其他形式的投资相比，项目投资具有如下特点：

（1）投资金额较大。项目投资额往往在全部资产中所占比重较高。尤其是工业企业，固定资产作为生产的技术装备及物质技术基础，往往需要投入大量的资金。

（2）影响期限较长。项目投资一般都在一年以上才能完成，一旦实施，很难改变用途，对企业的生产经营活动会产生持续、长久的影响。

（3）投资风险较大。投资项目一经完成，会长期地影响企业的生产和经营，而在这较长的时期内，市场环境和企业的供、产、销、人、财、物等因素都会经常发生变化，因此投资风险较大。

项目投资的上述特征决定了项目投资决策在企业财务管理中占有十分重要的地位。决策正确与否，将对公司未来的财务状况、现金流量产生重大而深远的影响。因此，项目投资决策必须在调查研究的基础上，制定正确的投资战略，运用特定的程序、采用专门的方法，以保证决策的科学性。

二、项目投资的种类

（1）根据项目未来情况的可预测程度，投资项目可分为确定性投资项目、风险性投资项目和不确定性投资项目三类。

确定性投资项目，是指在未来情况稳定或已知的投资项目。如购买政府发行的国库券，由于国家实力雄厚，到期肯定可以按照事先规定的债券利息率给予兑现。

风险性投资项目，是指未来情况不能完全确定，但各种情况发生的概率为已知的情况下所作的投资。如已知某企业在经济繁荣、一般、萧条三种状况下发生的概率分别为50%、20%、30%，而对应三种状况的投资收益率分别为50%、20%、-10%，则对该企业的投资就属于风险性投资。

不确定性投资项目，是指未来情况不能完全确定，各种情况发生的可能性也不十分清楚时所进行的投资。如投资于海上石油勘探项目，若项目开发顺利，可以获得100%的收益率，若找不到理想的油田，则将发生亏损；至于能否找到理想的油田，获利与亏损的可能性各有多少，事先都很难预测，这种投资就属于不确定性投资。

完全的确定性投资项目是比较少见的，大多数投资特别是长期投资通常带有一些不能确定的因素。从理论上讲，不确定性是无法加以计量的，但在财务管理中，通常可以为不确定性投资规定一些主观概率，以便进行定量分析。不确定性投资有了主观概率后，与风险投资就没有多大差异。因此，在财务管理中对风险与不确定性不作严格的区分，往往将两者统称为风险性投资项目。

（2）根据项目对企业前途的影响，投资项目可分为战术性投资项目和战略性投资项目。

战术性投资项目，是指只涉及企业某一局部经营业务的投资项目，如为扩大产品品种、提高产品质量、降低产品成本、改善工作环境等而进行的投资。

战略性投资项目，是指涉及企业的发展方向和整体规模的投资项目，即对企业的全局会产生重大影响的投资项目，如新建投资、转产投资、增加新产品投资等。

（3）根据项目间是否相关，投资项目可分为相互独立项目、相互排斥项目和相互依存项目。

相互独立项目，是指某个项目的接受或拒绝并不影响另一个项目的接受或拒绝，不存在项目间优选的情况。

相互排斥项目，是指投资项目间不能同时并存，必须选择其一的项目。

相互依存项目，是指某一投资项目的经济效益大小受另一个项目的接受或拒绝影响的情况。对于相互依存项目，又可分为两种情况：如果一个项目的接受会提高另一项目的获得能力，则称它们为"互补项目"；如果一个项目的接受会降低另一个项目的获得能力，则称它们为"替代项目"。

（4）根据项目与企业未来经营活动的关系，投资项目可分为维持性投资和扩大生产能力投资。

维持性投资项目，是指企业为了维持正常生产经营、保持现有生产能力等而进行的投资。

扩大生产能力投资项目，是指企业为了扩大生产规模，增加生产能力或者改变经营方向，对企业未来的经营与发展有重大影响的各种投资。

三、项目投资决策程序

项目投资决策的程序一般包括以下几个步骤：

（一）投资项目的提出

根据公司总体发展战略确定项目投资战略规划。对各投资机会进行分析，对所投行业的成长性、竞争情况等进行分析。投资方向初步确定以后，在投资方案设计前应进行广泛的信息收集与分析工作，从财务决策支持网络中调出并补充收集有关总市场规模、年度增长率、主要或潜在对手的产品质量、价格、市场规模等信息，分析企业自身的优劣势，选择合适的投资时间、投资规模、投资方式，制定出可行的投资方案。企业的股东、董事、经营者都可提出新的投资项目。

（二）评价投资项目的可行性

可行性是指一项事物可以做到、行得通、有成功把握的可能性。投资项目的可行性是指对环境的不利影响最小，技术上具有先进性和适应性，产品在市场上能够被容纳或者被接受，财务上具有合理性和较强的经济性，对国民经济有贡献，能够创造社会效益。

广义的可行性研究是指在现代环境中，组织一个长期投资项目之前，必须进行全面考察与系统分析，对该项目在技术、财务乃至国民经济等方面能否实现其投资目标进行综合论证与科学评价。广义的可行性研究包括机会研究、初步可行性研究和最终可行性研究三个阶段，具体又包括环境与市场分析、技术与市场分析和财务可行性评价等内容。

（三）项目的比较与选择

在可行性评价的基础上，对多个可供选择的投资项目进行比较并从中选择最佳方案。一般投资额较小的项目，由企业高层或中层管理者决策；投资额较大的项目一般由董事会决策；投资额特别大的项目，要由股东大会投票表决。

这一阶段主要是综合论证投资项目在技术上的先进性、可行性和经济上的合理性、盈利性。一般由企业的经营者来组织各方面专家完成，其论证所形成的可行性报告是整个投资项目的基础，应确定建设方案，包括建设规模、建设依据、建设布局和建设进度等内容。项目评估一般是委托建设单位或投资单位以外的中介机构，对可行性报告进行再评价，作为项目决策的最后依据。项目评估以后，将项目投资建议书报相关主管部门审议批准。

（四）投资项目的执行

投资项目执行中控制的关键点包括：①项目质量的控制，这是项目成功的关键。企业应规定工作质量标准并以此为尺度来衡量项目的目标，同时监督这些目标达成的进度。②项目成本的控制。企业应把预算和实际的项目进度、成本和工作状况结合起来，组成成本控制系统；采用关键路线法控制施工时间进度；并设立一个项目成本控制机构来监督，检查工程进度和成本支出。③对项目施工时间的控制。利用时间安排进度表，安排好各项工作。

（五）投资项目的再评价

在投资项目的实施过程中和实施后，都要对项目的效果进行评价，以检查项目是否按照原先的计划进行，是否取得了预期的经济效益，是否符合企业的总体战略及投资战略。

在投资项目建成投产后，要评价投资项目是否实现预期目标。主要内容包括：①项目的总结评价。一般是在项目建成投产后一定时期，检查投资项目决策是否合理、正确，一旦出现新情况，要随时根据变化的情况做出新的评价。如果发生重大变化，原投资决策已变得不合理，就要对是否中止投资做出决策，以避免更大损失。②投资回收及其分析。为了保证投资能顺利回收，要建立一整套规章制度，在项目投资前，就应签订投资贷款偿还的合同和协议，规定投资的回收期限、回收额以及风险防范措施。

第二节 项目投资决策参数的估计

在项目投资决策中，与投资项目决策相关的基本参数有两个：现金流量和贴现率。

一、现金流量估算

（一）现金流量概念

现金流量，是指一个投资项目引起的现金流入量和现金流出量的总称。它是计算项目投资决策评价指标的主要依据。投资项目在未来一定时期（通常是一年）内的现金流入量和现金流出量的差额称为净现金流量，它是投资决策分析的基础。

项目投资决策使用现金流量而不是现成的利润作为评价项目可行性的依据。其原因主要有以下三个方面：

1. 现金流量比利润更具可靠性

利润按权责发生制计算，其数额在各年的分布受折旧方法、存货计价方法、费用分配方法、成本计算方法等人为因素的影响，而现金流量是按收付实现制计算，其数额在各年的分布基本上不受这些因素的影响，而是强调收付的现实凭据，以此保证项目评价的客观性和科学性。

2. 采用现金流量有利于合理考虑货币时间价值因素

根据货币时间价值的原理，不同时点上的现金具有不同的价值。在项目评价中，只有弄清楚每笔现金流入、流出的具体时间，才能运用货币时间价值原理并借助于一定的评价指标进行合理的评价，而利润是一定时期的指标，不可能考虑现金流入、流出的具体时点。

3. 在投资项目的整个寿命期内，利润总计与净现金流量总计应该相等

一般情况下，项目投资的收入最终是能够收回的，只是在各年中可能存在权责发生制和收付实现制确认收入的时间差，所以用现金流量取代利润有可靠的基础。

（二）现金流量估算应注意的问题

对投资项目所需的初始投资以及该项目每年能产生的现金净流量，会涉及很多影响因素，并且需要企业有关部门的积极参与。例如，销售部门负责预测售价和销量，涉及产品价格弹性、广告效果、竞争者动向等；产品研发和技术部门负责估计投资方案的资本支出，涉及研制费用、设备购量、厂房建筑等；生产、采购和财务部门负责估计制造成本，涉及原材料采购价格、生产工艺安排、产品成本等。财务部门的主要工作是：为销售、生产等部门的预测建立共同的基本假设条件，如物价水平、贴现率、可供资源的限制条件等；协调参与预测工作的各部门人员，使之能相互衔接与配合；防止预测者因个人偏好或部门利益而高估或低估收入和成本。

为了正确计算投资方案的现金流量，需要正确判断哪些支出会引起企业总现金流量的变动，哪些支出不会引起企业总现金流量的变动。在进行判断时，要注意以下六个方面的问题：

1.只有增量现金流量才是与项目相关的现金流量

所谓增量现金流量，是指接受或拒绝某个投资方案后，企业总现金流量因此发生的变动。只有那些由于采纳某个项目引起的现金支出增加额，才是该项目的现金流出；只有那些由于采纳某个项目引起的现金流入增加额，才是该项目的现金流入。

2.区分相关成本和非相关成本

相关成本是指与特定决策有关的、在分析评价时必须加以考虑的成本。例如，差额成本、未来成本、重量成本、机会成本等都属于相关成本。与此相反，与特定决策无关的、在分析评价时不必加以考虑的成本是非相关成本。例如，沉没成本、过去成本、账面成本等往往是非相关成本。如果将非相关成本纳入投资方案的总成本，则一个有利的方案可能会因此变得不利，一个较好的方案可能变为较差的方案，从而造成决策错误。

3.不要忽视机会成本

在投资方案的选择中，如果选择了一个投资方案，则必须放弃其他投资机会。其他投资机会可能取得的收益，是实行已选择方案的一种代价，被称为该项投资方案的机会成本。机会成本不是我们通常意义上的"成本"，它不是一种实际的支出或费用，而是失去的收益。这种收益不是实际发生的，而是潜在的。机会成本总是针对具体方案的，离开具体的方案就无从计量确定。机会成本的意义在于：它有助于在决策中全面考虑可能采取的各种方案，以便为既定资源寻求最为有利的使用途径。

4. 注意对新项目的附属或连带现金流量效果

当我们采纳一个新的项目后，该项目可能对企业的其他部门造成有利或不利的影响。如新建车间生产的产品上市后，企业原有产品的销售可能减少，企业的整体销售额也许不增加甚至会减少。

5. 关注对净营运资金的影响

所谓净营运资金，是指增加的流动资产与增加的流动负债之间的差额。在一般情况下，当企业开办一个新业务并使销售额扩大后，对于存货和应收账款等流动资产的需求也会增加，企业必须筹措新的资金以满足这种额外需求；另一方面，企业扩充的结果，应付账款与一些应付费用等流动负债也会同时增加，从而降低企业流动资金的实际需要。

当投资方案的寿命周期快要结束时，企业将与项目有关的存货出售，应收账款变为现金，应付账款和应付费用也随之偿付，净营运资金恢复到原有水平。通常，在进行投资分析时，都是假定开始投资时筹措的净营运资金在项目结束时收回。

6. 不考虑利息费用

在对投资项目进行分析时，项目各年的现金流量不应该包括利息费用，因为项目评价中需要采用各年的现金流量折现的方法来计算，折现的过程还原了表示项目资本成本的现金流量，如果再在各年的现金流量中扣除利息费用，将使债务成本被双重计算，因此在确定项目的现金流量时，不应该再减去利息费用。

（三）现金流量的构成内容

为了便于方案的评价，通常把投资项目整个时期的现金流量划分为三个部分，即初始现金流量、营业现金流量和终结现金流量。

1. 初始现金流量

即在项目投资开始至项目正常运行之前发生的现金流量，一般是流出量。具体包括以下几项内容：

（1）固定资产上的投资，包括购建费、运输费、安装费等。对于因该项投资引起的原有固定资产的变价收入，可作为现金流出量的减项处理。

（2）营运资金的垫支额，是为了维持正常的生产经营活动而追加的周转性资金，一般在营业终了时才能收回。

（3）无形资产上的投资，包括在专利权、商标权、非专利技术、商誉等方面的投资。

（4）其他投资，包括筹建费用、试车费用、职工培训费用等。

2. 年营业现金净流量

是指在整个项目寿命期内正常生产经营活动产生的现金流入量和现金流出量的差额。包括：

（1）营业收入。按权责发生制所确认的收入，虽不能在当期全部收到现金，但为了简便起见，在实际估算现金流量时，可以把某个时期的营业收入直接看作现金流入。

（2）付现成本，是指需要支付现金的成本。营业成本中不需要支付现金的部分称为非付现成本，主要是折旧与无形资产、开办费的摊销成本。

$$付现成本＝营业成本－折旧－摊销额$$

（3）税金及附加，是指投资项目引起的营业税金及附加和所得税，但不包括代收代缴的增值税。

以上三项中，第一项减去后两项，即为营业现金净流量。通常，企业要确定的是每年营业现金净流量，这就要求分年度测算、估计相关数据。每年营业现金净流量的计算公式为：

$$年营业现金净流量＝年营业收入－年付现成本－年税金及附加$$
$$＝年营业收入－（年营业成本－年折旧－年摊销）－年税金$$
$$及附加$$
$$＝年净利润＋年折旧＋年摊销$$

3.终结现金流量

是指投资项目寿命期结束时发生的现金流量。主要包括：

（1）固定资产残值的变价净收入。

（2）收回垫支的营运资金。

二、贴现率的确定

在财务可行性评价中,贴现率是计算动态评价指标所依据的一个重要参数,因此选择时必须首先在理论上明确一下三个问题：

第一，这里的贴现率与金融业务中未到期票据贴现时使用的贴现率是根本不同的概念，两者不得混淆；第二，贴现率与利息率是两个不同的概念，在确定贴现率时，往往需要考虑投资风险因素，而反映货币时间价值的利息率通常不考虑风险因素；第三，贴现率不应该也不可能根据单个投资项目资本成本计算出来，因为在财务可行性评价时，不是以筹资决策和筹资行为的实施为前提，筹资是为了投资，只有具备财务可行性的投资项目才有进行筹资决策的必要，所以投资决策与筹资决策在时间顺序上一般不能颠倒，除非假定进行投资决策时项目所需资金已全部筹措到位，否则，连是否具备财务可行性都不清楚的投资项目，根本没有进行筹资决策的必要，也无法算出其资本成本。

在明确上述三个问题的基础上，财务可行性评价指标中所用的贴现率可以按以下五种方法选择确定：

（1）以拟投资项目所在行业（而不是单个投资项目）的权益资本必要收益率作为贴现率。该种方法的实质是以资本资产定价模型作为计算工具，其基本模型为：

$$R_i = R_f + \beta_i (R_m - R_f)$$

上式中，R_m 减去 R_f 部分，称为市场风险溢价，而 β 系数表示该投资项目的风险相对于市场平均风险的比价程度。如某一投资项目处于企业或行业的平均风险水平，β 系数可看作 1；如某一投资项目无任何风险，则 β 系数为 0；如某一投资项目风险大于企业或行业的平均风险水平，则 β 系数取值大于 1。风险越大，β 系数取值越大。尽管 β 系数的取值大小有一定的主观性，但通过分析影响投资的有关因素（包括政治、经济、环境等方面），可以从总体上反映投资风险的全貌，从而判断确定其风险值。风险系数β值的确定，一般可借助于专业机构对投资风险的评估。

按资本资产定价模型所确定的贴现率，既考虑了无风险的投资报酬率，又比较恰当地反映了不同投资项目的风险程度。因此，以此作为项目评价的贴现率标准就比较合理。该方法适用于资金来源单一的投资项目。

（2）以拟投资项目所在行业（而不是单个投资项目）的加权平均资本成本作为贴现率。使用此种贴现率，应具备两个条件：一是项目的风险与企业当前资产的平均风险相同，二是公司将继续采用相同的资本结构为新项目筹资。该方法适用于相关数据齐全的行业。

（3）以社会的投资机会成本率作为贴现率：该方法适用于已经持有投资所需资金的项目。

（4）以国家或行业主管部门定期发布的行业基准资金收益率作为贴现率。该方法适用于投资项目的财务可行性研究和建设项目评估中净现值和现值指数的计算。

（5）完全人为主观确定。该方法适用于按逐次测试法计算的内部收益率指标。

第三节 项目投资决策方法

投资项目根据未来情况事先可预测程度分为确定性投资项目、风险性投资项目和不确定性投资项目三类。而不确定性投资可以人为确定主观概率后，与风险投资就没有多大差异，因而对应的投资决策的类别就分为确定性投资决策和风险性投资决策。

一、确定性投资决策方法

投资项目决策是通过一定的经济评价指标来进行的。进行投资项目决策的评价方法分为两类：非贴现的评价方法与贴现的评价方法。

（一）非贴现的评价方法

非贴现的评价方法又称为静态评价方法，即不考虑时间价值，把不同时间的货币收支看成是等效的。非贴现评价方法具体包括回收期法和总投资收益率法，这些方法在方案选择时只起辅助作用。

1. 回收期法

投资回收期是指在不考虑货币时间价值的情况下，投资引起的现金流入量累计到与投资额相等所需要的时间，即收回原始投资所需要的年限。用投资回收期来评价方案优劣与可行性的方法就叫回收期法。

（1）若原始投资系一次支出，每年营业现金净流入量相等，则可以采用以下公式计算：

$$回收期 = \frac{原始投资额}{每年营业现金入量}$$

（2）若营业现金净流入量每年不相等，或原始投资是分几年投入的，则可使用下式成立的 n 为回收期：

$$\sum_{k=0}^{n} I_k = \sum_{k=0}^{n} O_k$$

式中：n——回收期；

　　I$_k$——第 k 年的营业现金净流入量；

　　O$_k$——第 k 年的投资额。

2.总投资收益率法

总投资收益率，是指达产期正常年份的税后利润或营业期年平均税后利润占原始投资额的百分比。

$$总投资收益率 = \frac{年均净利润}{原始投资额} \times 100\%$$

总投资收益率的优点是计算公式简便，应用范围很广；缺点是没有考虑货币时间因素，不能反映建设期长短以及投资方式不同等对方案的影响，分子、分母计算口径的可比性差，不能直接利用净现金流量信息。

理论上说，该指标越大越好，只有总投资收益率大于或等于基准投资收益率的投资项目才具有可行性。但目前，该指标也只是作为辅助方法使用。

（二）贴现的评价方法

贴现的评价方法，又称动态评价方法，是指考虑货币时间价值的分析方法。

1.净现值法

净现值，是指特定方案未来现金流入的现值与未来现金流出的现值之间的差额。使用净现值指标作为评价方案优劣的方法称为净现值法。按照这种方法，所有现金流入和流出都要按预定贴现率折算为现值，然后再计算它们的差额。如净现值为正数，即贴现后现金流入大于贴现后现金流出，则该投资项目的报酬率大于预定的贴现率；如净现值为零，即贴现后现金流入等于贴现后现金流出，则该投资项目的报酬率相当于预定的贴现率；如净现值为负数，即贴现后现金流入小于贴现后现金流出，则该投资项目的报酬率小于预定的贴现率。

计算净现值的公式为：

$$净现值 = \sum_{k=0}^{n} \frac{I_k}{(1+i)^k} - \sum_{k=0}^{n} \frac{O_k}{(1+i)^k}$$

式中：n——投资涉及的年限；

　　I$_k$——第 k 年的现金流入量；

O~k~——第 k 年的现金流出量；

i——预定的贴现率。

2. 现值指数法

现值指数法是现金流入现值与现金流出现值的比率，亦称现值比率、获利指数、贴现后收益、成本比率等。使用现值指数指标作为评价方案的方法称为现值指数法。

计算现值指数的公式为：

$$现值指数 = \sum_{k=0}^{n} \frac{I_k}{(1+i)^k} / \sum_{k=0}^{n} \frac{O_k}{(1+i)^k}$$

3. 内含报酬率法

内含报酬率法是根据方案本身内含报酬率来评价方案优劣的一种方法。

内含报酬率是指投资项目实际可望达到的收益率。实质上，它是能够使未来现金流入量现值等于未来现金流出量现值的贴现率，或者说是使投资项目的净现值为零的贴现率。

二、风险性投资决策方法

对风险性投资项目的处理方法有两种：一种是风险调整贴现率法，另一种是调整现金流量法。前者扩大净现值模型的分母，同时也可以使净现值减少；后者缩小净现值模型的分子，使净现值减少。

（一）风险调整贴现率法

风险调整贴现率法是更为实际、更为常用的风险处置方法。这种方法的基本思路是对高风险的项目，应当采用含有风险报酬较高的贴现率来计算净现值。

$$调整后净现值 = \sum_{t=0}^{n} \frac{预期现金流量}{(1+风险调整贴现率)}$$

风险调整贴现率是风险项目应当满足投资人要求的报酬。投资方案的风险越大，要求的报酬率越高。这种方法应用的关键是贴现率的确定，其理论根据是资本资产定价模型。

（二）调整现金流量法

调整现金流量法又称为肯定当量法，它是用一个确定的当量系数把存在风险的现金流量调整为无风险的现金流量，然后再用无风险的报酬作为贴现率计算净现值，以决定投资方案的取舍。

$$风险调整后净现值 = \sum_{t=0}^{n} \frac{a_t \times 现金流量期望值}{(1+无风险报酬率)^t}$$

式中：a_t 是第 t 年现金流量的肯定当量系数，取值在 0～1 之间。

肯定当量系数是指不肯定的一元现金流量期望值，相当于使投资者满意的、肯定的金额的系数。它可以把各年不肯定的现金流量换算为肯定的现金流量。

肯定当量系数的确定，首先应计算出变异系数，再根据变异系数与肯定当量系数之间的经验数值确定肯定当量系数。

变异系数与肯定当量系数关系的经验数值如下：

表 5-1　变异系数与肯定当量系数关系的经验数

变异系数	肯定当量系数
0.00～0.07	1
0.08～0.15	0.9
0.16～0.23	0.8
0.24～0.32	0.7
0.33～0.42	0.6
0.43～0.54	0.5
0.55～0.7	0.4

通常，肯定的一元比不肯定的一元更受欢迎。不肯定的一元，只相当于不足一元的金额。两者的差额，与现金流量的不确定程度的高低有关。肯定当量系数是预计现金流入量中使投资者满意的无风险的份额。利用肯定当量系数，可以把不肯定的现金流量折算成肯定的现金流量，或者说去掉了现金流中有风险的部分，使之成为"安全"的现金流。去

掉的部分包含了各种风险，既有特殊风险也有系统风险，既有经营风险也有财务风险，剩下的是无风险的现金流量。由于现金流中已经消除了全部风险，相应的贴现率应当是无风险的报酬率。无风险的报酬率可以根据国库券的利率确定。

第四节　项目投资决策的其他问题

一、固定资产更新决策

固定资产更新是对技术上或经济上不宜继续使用的旧资产，用新的资产更换或用先进的技术对原有设备进行局部改造。

更新决策不同于一般的投资决策。与新建项目相比，固定资产更新决策的最大难点在于更新项目的净现金流量不易估算。

在估算更新项目的净现金流量时，需要注意以下几点：第一，项目计算期不是按新设备的使用年限，而是按旧设备可以继续使用的年限；第二，需要考虑在建设起点旧设备可能产生的变价净收入，并以此作为估计旧设备至期满时净残值的依据；第三，由于以旧换新决策相当于在使用新设备和继续使用旧设备两个原始投资额不同的备选方案中作出比较与选择。因此，所估算出来的是差量现金流量；第四，在此类决策中，采用税后现金流量比采用税前现金流量更有意义。因此，一般采用税后现金流量来进行决策。税后现金流量计算的有关公式如下：

$$税后成本＝支出金额×（1－税率）$$

$$税后收入＝收入金额×（1－税率）$$

$$税负减少＝折旧×税率$$

因此，现金流量应当按下式计算：

$$营业现金流量＝税后收入－税后成本＋税负减少$$

$$＝收入×（1－税率）－付现成本×（1－税率）＋$$

$$折旧×税率$$

固定资产更新决策主要研究两个问题：一是决定是继续使用旧资产还是更换新资产，二是决定选择什么样的资产来更新。实际上，这两个问题是结合在一起考虑的，如果市场上没有比现有设备更适用的设备，那么就继续使用旧设备。由于旧设备总可以通过修理继续使用，因此，更新决策是继续使用旧设备与购置新设备的选择。

固定资产更新决策可以利用差额投资内部收益率法，当更新改造项目的差额内部收益率大于或等于基准折现率（或设定折现率）时，应当进行更新；反之，就不应当更新。

二、资本限量决策

投资项目在资金来源有限的情况下，就需要将有限的资金与投资项目的安排有机地结合起来，把有限的资金用于良好的投资项目。通常，在资金有限和各项目投资额大小不同的情况下，评价投资项目的标准不应该是项目的预计净现值，而应该是项目的预计现值指数，因为只有现值指数较高项目，才能保证单位资本带来的净现值最大。基本方法是将所有备选项目按现值指数的高低排出优劣顺序；再按优劣顺序组合项目，使项目配置方案的投资额等于或接近资金限额。

第六章　金融投资

第一节　金融投资概述

一、金融投资的概念

（一）金融投资与实业投资

经济生活中存在两种投资形式：一种是投资主体为获得经济效益或社会效益而进行的实物资产购建活动，例如国家、企业、个人出资建造公路、机场、工业厂房和购买生产用的机械设备等，这种投资行为被称为直接投资，也称为实业投资；另一种是企业或个人用货币资金购买股票、债券等有价证券或其他金融资产，期望获得投资收益的行为，这种行为被称为间接投资，又称为金融投资。两者既有区别又有联系，对企业扩大生产和经济社会的发展具有极其重要的意义。

（二）金融投资与实业投资的联系

1.金融投资是实业投资活动进行到一定阶段的产物

18 世纪工业革命之前，几乎所有的投资都是实业投资。工业革命之后，社会化大生产迅速发展，技术设备更新加快，整个社会的实业投资加快。这时有无巨额资金来建造大型的厂房、购置足够的技术设备以及生产要素已经成为实业投资的关键，而单纯依靠实业投资收回资金来积累资金，无论是资金的数量和收回周期都不能满足这些需要。为了在短期内聚集大量的资金，借助股票、债券、基金等金融工具来筹集社会上大量闲散的资金就成为金融投资发展的起点。随着商品经济高度发展，实业投资越来越依赖金融工具为其筹集资金，并且将实业投资的收益分配给拥有金融工具的出资者，使得金融投资者逐渐占据社会经济关系的主导地位，金融投资也成为一种普遍的社会现象。

2.实业投资是金融投资获利的基础

考察整个社会价值创造的过程，实业投资通过生产环节创造出了新的产品，实现了投资的利润，而金融投资的获利来自实业投资的收益分配。因此，金融投资是依托于实业投资而存在的。

（三）金融投资与实业投资的区别

金融投资与实业投资除了投资对象和收益获得方式不同之外，还有以下的不同之处：

1.投资的独立程度不同

金融投资的独立性较强，投资者可以独立地依据自己的资金实力、市场行情和相关法规制度，自主决定投资与否、投资多少以及投资的具体对象和时间等，很少受到其他客观条件的限制。而实业投资则不仅受到资金实力和市场需求状况的限制，还要受到诸多客观因素如投资环境、行业壁垒、专业知识、经营能力、人员素质、协作条件等多方面的制约，因此投资不易实现。

2.投资的工作内容不同

金融投资的工作内容，主要是搜集各方面可能影响市场行情的信息，据此对证券发行主体的生产经营状况和发展动向进行分析，判断市场状况、宏观政策走向及整体经济的发展趋势。实业投资的工作内容则更复杂。首先要进行市场调研，分析产品市场的现状与未来，研究国内外市场的特点以及消费者的需求和偏好。其次，要研究国家的产业政策和其他经济政策，比较不同的投资方案。再次，如果资金不足，投资者还要开辟筹资渠道，选择筹资方案。最后，项目决策之后还要报有关部门审查，沟通与各协作单位的关系等。

3.投资的回收方式和时间长度不同

实业投资所投入的资金，通常采用逐年提取折旧的方式回收。由于固定资产的使用寿命通常在3～5年，甚至二三十年。因此，实业投资的回收速度比较慢。而金融投贷投入的资金，只要卖出相关金融资产就可以收回，回收时间可以根据金融资产买卖的方便程度和投资的目的来定，有些金融投资在一两天内就能收回资金，实现投资收益。

4.投资的风险程度不同

一般而言，金融投资的风险比实业投资的风险要大。由于实业投资是经过周密的分析调查，充分考虑后做出决策的，投资后出现不可控风险因素的可能性比较小。同时，投资后直接形成实物资产，具有一定的价值量，可以防范投资损失。因此，实业投资风险较小。而金融投资是一种间接性投资，投资者本身不直接参与被投资主体的经营活动，投资者获取信息的渠道有限，一般不可能获得充分的投资决策信息，使投资决策隐含较大的不确定性。同时金融市场受到世界政治、经济、文化因素以及投资者本身心型预期的影响，市场价格变动很大，使人防不胜防。金融投资的风险较大，如果判断失误，有可能在短时间内就遭到巨大损失，甚至遭遇投资的金融资产血本无归的结果。

二、金融投资的对象

金融资产是金融投资的对象。它是指能够代表一定价值的对财产或所得具有索取权的无形资产，主要以凭证或契约的形式来体现。能够在金融市场进行买卖交易的标准化契约凭证，又称为"金融工具"。它具有比其他金融资产更高的流动性，是金融投资的主要对象。

常见的金融工具主要有以下几类：

（一）债券

债券是指依照有关法律发行，赋有一定票面利息率和本息偿付日期，反映债权与债务关系的凭证。债券发行人是债务人，债券投资者是债权人，因此，债券是一种债权性的证券，它表示投资者可以在约定的期限从发行人处索取本金和利息。一般债券本金和利息的支付时间和金额都是事先约定的，因此债券又被称为"固定收益证券"。

（二）股票

股票是股份公司发给股东投资入股的证明，也是股东据此取得股息和红利的凭证。与债券不同，股票投资不能偿还本金，所获得的股息和红利也不确定，完全取决于公司经营利润的高低。但股东是公司的所有者，股份公司创造的利润都归股东所有，结束经营时清算所剩余的资产也归股东所有。因此，股票是一种权益性证券，收益高，风险也大。

股票和债券这两种有价证券被认为是最基本的金融工具。

（三）基金

基金是一种建立在信托契约关系或权益关系上，实现集中资金专业投资，持有人共担风险、共享收益的有价证券。基金由机构发起人发起设立，吸收社会上个人和其他主体的资金，集中委托专业的基金管理公司管理，进行债券、股票、外汇、衍生金融工具、实业项目等投资来获取投资收益。基金持有人可按持有基金份额享有所有权、资产收益权和剩余资产分配权。从投资者角度来看，基金具有权益证券的特点，但与股票不同的是一些基金在设立时已明确其终止时间或者本金偿还方式，且基金持有人不能直接参与基金的管理。

（四）期货合约

期货合约简称期货，是一种由期货交易所统一制定的，规定在将来其一特定时间和地点交割一定量商品的标准化合约。期货合约约定的交割标的物可以是实物商品（如大豆、石油等），也可以是金融资产（如股票、外汇等）。

（五）期权合约

期权合约简称期权，是一种建立在期货合约基础上并附有一定选择权的金融工具。它与期货合约最大的不同在于期权合约的持有人到期可以放弃期权的执行，而期货合约必须执行。由于期货和期权合约的交易都必须以其他某种商品的交易作为依托，所以它们被称为衍生金融工具。

（六）外汇

外汇是指在国际结算时能被各国接受的、在国际金融市场上可以自由买卖的货币凭证。它主要包括美元、日元、欧元、英镑、港币、外汇有价证券、外币支付凭证和其他外汇资金。

（七）其他

如票据、存单、保险单、贷款合约、互换合约、黄金等也被当作合融投资的对象。

三、金融投资的目标

金融投资可以帮助投资者灵活运用资金，获得更多的投资收益投资企业而言，进行金融投资，有助于企业获得以下的好处：

（一）存放暂时闲置的资金

企业在生产经营中，需要维持一定的现金余额。但现金余额太多是一种浪费，因为现金这种资产没有收益性，持有现金并不能增加企业财富。在日常的现金管理中，除了留出必要的现金外，财务管理人员都选择将闲置的资金进行金融投资。选择流动性好、有稳定收益的证券来投放资金，既能获得投资收益，又能在企业需要现金的时候，快速地将证券卖出，换回现金以满足企业的资金需要。因此，企业可以利用暂时闲置的现金进行短期证券投资。这种目的的投资，往往是将投资的证券看作是现金的替代物，在投资品种的选择上更注重选择流动性好、风险低的短期债券。

（二）投机获取高额收益

金融市场并不是完全理性的，有时由于某些突发事件或者投资者预期的变化会引起金融工具价格的剧烈波动。这时就出现了可供投机的机会。投机就是投资者预期某种（些）金融工具在短期内价格会大幅度上升，在价格较低时大量购买，在价格较高时卖出，赚取很高的差价收益。因此，出于投机目的的金融投资也是短期投资常见的行为。但是由于投机行为的风险很大，可能会获得巨额的投资收益，也可能带来巨大的投资损失，所以企业应对出于投机目的的短期金融投资做出慎重的决策。

（三）获得长期稳定的收益

有时企业拥有大量闲置资金,而且在较长时间内没有大量的现金支出计划,也没有收益能力强的投资项目，就可以利用这笔资金进行长期投资。与短期投资不同，长期投资的收益主要来自投资期内现金形式的利息、股利和证券的价值增长，因此长期证券投资更注重对证券本身投资价值的分析，慎重考虑投资风险，这样才能在较长的投资期内获得稳定的收益。

（四）与企业长期资金计划相配合

企业进入成长期后，需要多次发行证券来进行大规模的筹资。但是发行长期证券获得资金不可能在短期内使用完毕，而是配合企业投资项目的进度分次投入。这样企业就可将暂时不用的资金投资于金融资产，按照项目投资的需要合理选择不同兑现期限的金融工具，以获得较高的投资收益。

（五）获得对被投资企业的控制权

持有公司一定量的股票就可以影响甚至控制该公司的经营决策。因此，通过长期投资股票，可以达到控制被投资企业的目的。很多企业在发展过程中，需要控制与其处于同一产业或者相关产业链上的企业，往往就采用长期投资目标企业的股票来实现。

（六）利用衍生金融工具规避经营风险

基本的衍生金融工具有期货、期权和互换合约等。这些衍生工具以商品和股票、债券等基本证券为基础，组合成多种新的投资工具。除了获取超额收益之外，企业也可以配合商品和基础证券的投资，利用这些衍生工具防范风险的功能，来消除投资的风险。例如，利用套期保值等操作模式，实物商品的期货、期权交易可以帮助企业规避这些商品现货交易的经营风险。

第二节 债券投资

一、债券的特征及分类

（一）债券的特征

债券是政府、金融机构、公司企业等社会经济主体为筹集资金而向投资者发行的、承诺按约定条件支付利息、偿还本金的一种债权债务凭证。债券包括期限、面值、票面利息率、抵押与担保、求偿等级、限制性条款等构成要素。期限指的是债券从发行到本息偿付为止的时间期限。面值是指债券票面的价值，表明债券的币种和每份金额，但不一定等于发行价格。票面利息率是按面值计算支付利息的利率，其高低主要受银行利率、发行者的资信级别、偿还期限、利息计算方法和资本市场供求关系等因素影响。抵押与担保是对债券持有人收回本息的额外经济保证。求偿等级是向一发行人发行的不同债券的清偿顺序。限制性条款是发行人对减少债券投资风险的额外保证，比如限制发行人的债务规模等条款。债券的这些因素无不影响债券投资的收益和风险，是债券投资决策关注的基本信息。

从债券构成要素的内容来看，债券具有以下四种投资特征：

1. 偿还性

偿还性是指债券发行人在约定的期限向债券持有人偿还本金的特性。

2. 收益性

收益性是指债券具有给投资者带来一定收益的特性。债券收益主要来源于利息收入和投资者买卖债券的价差收益。由于债券的利息收益是构成其投资价值的基础，而债券利息的现金流又比较固定，所以，债券也被称为固定收益证券。

3. 安全性

安全性与投资风险相对应，是指债券持有人所获得的收益相对固定，能够按期收回本金，发行人破产清算的清偿顺序居前的特性。债券发行一般都要经过严格的资信审查，获得一定担保并经有关部门批准才能发行，从而降低了债券投资的风险。其次，大多数债券都是固定利率的，未来收益现金流比较明确，风险相对较小。再次，债券利息也不随发行人经营状况的变动而变动，具有较高的稳定性。债券明确规定本金的偿还期限，投资者可按期收回本金。因此，债券与股票相比有较高的投资安全性，投资风险低。

4. 流动性

流动性是指债券持有人可根据自己的需要在证券市场上卖出债券收回投资的特性。证券的流动性强弱取决于债券交易的时间长短和价格损失，能在短时间内以市场价格交易的证券流动性较强。大部分债券都可通过交易所、银行柜台或证券经纪人进行交易，因此债券是流动性较高的金融工具。决定和影响债券流动性的主要因素有发行人的信誉、债券的利率和期限、债券市场的发达程度等。

（二）债券的类型

1. 按发债主体不同可分为政府债券、金融债券和公司债券

政府债券是指中央政府、政府机构和地方政府发行的债券。其中，中央债券又称为国债，一年期以下的债券为国库券，一年以上的债券为国债（或称公债）；地方政府债券又称为市政债券。金融债券是指商业银行或其他金融机构为筹集资金而发行的债券。公司债券是公司为筹措资金而发行的债券，又称为企业债券。

2. 按债券期限不同可分为短期债券、中期债券和长期债券

短期债券的资金借贷期限为 1 年以内，中期债券的资金借贷期限为 1～5 年，长期债券的资金借贷期限为 5 年以上。债券期限越长，投资风险越高。

3. 按是否有抵押担保可将债券分为担保债券、抵押债券和信用债券

担保债券是指由一定单位或经济实体为债券发行人提供担保而发行的债券。抵押债券是指债券发行人以一定资产作为抵押而发行的债券。信用债券是指债券发行人没有任何财产进行抵押或担保，仅凭自身信用发行的债券。

4. 按支付利息方式不同可分为一般付息债券、分期付息债券、附息票债券、零息债券

一般付息债券是指到期一并还本付息的债券；分期付息债券是指按发债时规定的利率标准每年支付利息的债券；附息票债券是指凭借债券所附息票在其

到期日内领取利息的债券，又称附息债券；零息债券是指以低于债券面值发行，持有期不支付利息，到期日按面值兑付的债券，又称贴现债券。

5. 按票面利率是否固定可分为固定利率债券和浮动利率债券

固定利率债券是指在偿还期内利率固定的债券。无论市场利率如何变化，债券持有人只能按照约定的利率获取利息。一般情况下，当市场利率上升（下降）时，固定利率债券的持有人就要承担债券价格下降（上升）和投资收益率相对上升（下降）的风险。浮动利率债券是指在偿还期内利率可以变动的债券。这种债券利率一般会根据债券的资信等级，以国债利率或市场利率为基准上浮一定的百分点，因此与市场利率的变动直接相关。投资浮动利率债券可避免因市场利率变动而带来的利率风险，但对投资者来说，持有期的利息收入就不能完全确定了。

6. 按发行区域或支付币种不同可分为国内债券、外国债券和欧洲货币债券

国内债券是在本国境内发行，以本国货币标明面额，并以本国货币偿还本息的债券；外国债券是指以发行地所在国家货币为面值并计息支付的债券，欧洲货币债券是指以欧洲货币为面值并计息支付的债券。欧洲货币是指在货币发行国境外流通使用的货币，而非欧元。

7. 按照债权人享受的权益不同，有可转换债券、可赎回债券、卖权债券、附新股认购权债券、参加公司债券和收入公司债券

可转换债券是指发行人依照法定程序发行，债券持有人有权在一定时期内，依据约定价格将债券所含利息和本金折合成公司股票的债券。可赎回债券是指在债券合约包含可赎回条款的债券，这种条款允许发行人在债券到期日前按事先约定的价格收回债券。当市场利率下降时，发行人为减少已发行的高利率债券的利息费用，可将债券赎回，同时发行新的低利率债券来进行筹资。卖权债券正好与可赎回债券相反，其提前由发行人兑付的决定权在债券持有人手中，一般投资者会选择在市场利率升高时执行卖权。附新股认购权债券是指附有投资者按一定比例和价格购买一定数量该公司股票权利的债券。参加公司债券是投资者除了拥有到期收回本金和利息的权利外，还拥有在一定程度上参与公司收益分配的债券。收入公司债券是指债券的利息收入随公司盈利变化的债券。

二、债券的估价

（一）债券的价值及其影响因素

债券的价值有债券面值、债券市场价格和债券内在价值三种表现形式。其中，债券内在价值代表其未来相关现金流量的现值，是真实价值，也是构成债券市场价格的基础。决定债券内在价值的因素主要是债券投资期间的现金流量和贴现率。

债券提供给投资者的现金流量取决于债券本金和利息的支付方式。常见的债券本息支付有：①每年付息一次，到期一次性归还本金。比如某公司发行的5 年期债券，票面金额 1000 元，票面利息率 5%。按这种方式支付本金和利息，则一张债券连续 5 年每年获得现金利息 50 元（1000×5%＝50），5 年后还可获得 1000 元本金。②平时不支付利息，到期一次性归还本金和全部利息。同样 5 年期面值 1000 元、利息率 5% 的债券，在到期之前没有现金流入量，只有在第 5 年到期以后一次性获得 1250 元（1000＋1000×5%×5＝1250）的现金流入量。③平时不支付利息，到期一次性归还本金。此外，债券有时还有极少数这样的本息支付形式：每半年支付一次利息，到期一次性还本；每年支付数额相等的本金和利息；每期按固定的数额支付利息，没有到期日，也不归还本金，等等。

评估债券价值时采用的贴现率，理论上应该是投资者的必要投资报酬率。在市场处于均衡状态时，债券市场利率是投资者必要投资报酬率的无偏估计，因此一般采用评估时的市场利率作为贴现率。

债券投资决策就是在估算债券内在价值，比较内在价值和市场价格的基础上做出的。当内在价值大于市场价格，就进行投资，否则就放弃；两者相等时则意味着投资获得等同于市场利率的预期投资收益率。当市场利率变化时，债券的价值也会发生相应的变化。债券价值是其市场价格的基础，债券市场价格的波动也正是由于投资者对市场利率的预期发生变化导致的结果。因此，当一些非理性因素影响了投资者对市场利率的预期后，就可能出现偏离债券价值的市场价格。当市场价格低于债券价值时，就提供了获得超过市场利率的投资收益率的机会。

（二）债券估价模型

对债券的内在价值进行估算简称债券估价。债权估价的具体模型有：

1. 每年年末付息，到期一次还本的债券估价模型

这是债券估价的基本模型，它是指按复利方式，通过贴现计算在债券投资现金流入量的现值的估价模型。其计算公式为：

$$P = \sum_{t=1}^{n} \frac{F \times i}{(1+K)^t} + \frac{F}{(1+K)^n}$$

其中：P——债券内在价值；

  i——债券票面利率；

  F——债券面值（本金）；

  K——贴现率，或投资者要求的必要报酬率；

  n——投资起至债券到期的剩余期数。

2. 一次性归还本息且单利计息的债券估价模型

一次性归还本息的债券是我国常见的债券类型，也称为"利随本清"债券。其估价公式为：

$$P = \frac{F + F \times i \times N}{(1+K)^n}$$

其中：P——债券内在价值；

  i——债券票面利率；

  F——债券面值（本金）；

  N——债券总计息期数；

  K——贴现率，或投资者要求的必要报酬；

  n——投资起至债券到期的剩余期数。

3. 纯贴现债券的股价模型

零息债券到期日只获得本金，之前不支付任何利息，所以又称为纯贴现模型。其价值估算的计算公式为：

$$P = \frac{F}{(1+K)^n}$$

其中：P——债券内在价值；

　　　F——债券面值（本金）；

　　　K——贴现率，或投资者要求的必要报酬；

　　　n——投资起至债券到期的剩余期数。

三、债券的投资风险

尽管大多数债券的利率是固定的，但债券投资和其他金融投资一样是有风险的。债券的风险越大，投资者投资的必要报酬率越高。债券的投资风险主要来源于以下几个方面：

（一）违约风险

违约风险是指债券的发行人不能履行合约规定的义务，无法按期支付利息和偿还本金的风险。不同种类的债券，其违约风险不同。一般而言，政府债券以财政收入作为偿债担保，发生违约的可能性极小，可看作是无违约风险的债券。除了政府债券外，金融企业发行的债券违约风险也要小于一般工商企业债券。而工商企业之间，不同企业的债券违约风险差异仍然很大。

（二）利息率风险

利息率风险是指由于市场利率的变动而引起的证券价格波动使投资者遭受损失的可能性。由债券的估价模型可知，决定债券价值的重要因素是预期市场利率。当市场利率变动时，基于内在价值的债券市场价格也会随之变动，这就带来了投资风险。我国银行利率上升时债券价格就上升，银行利率下降时债券价格就下降，就是这个道理。此外，由于对近期的市场利率预测往往比远期的市场利率准确，使得短期证券的利率风险小于长期证券。因此，不同期限的证券，利息率风险不同，期限越长，利息率风险越大。

（三）购买力风险

购买力风险是指由于通货膨胀的存在，而使证券到期或者出售时所获得的货币资金购买力降低的风险。大部分债券采用固定利率，每期支付的利息金额是一样的。当经济环境出现通货膨胀时，这种固定利益收益的实际购买力会下降，从而导致投资者实际收益的损失。因此，在通货膨胀情况下，采用固定利率的债券比采用浮动利率的债券要承受更大的购买力风险。相对而言，普通股被认为是比公司债券和其他固定收益的债券能更好地避免购买力风险。然而，如果发生过度的通货膨胀，任何证券市场都无法避免购买力风险，投资者会将资金转向房地产、黄金等保值性较强的实物资产，从而证券市场资金供应不足，造成证券价格下降，加大了投资的风险。

（四）流动性风险

流动性风险是指债券持有人无法在短期内将债券以合理的价格出售的风险。如果债券持有人现在有一个收益更高的投资项目，想通过出售债券换回现金来投资这个项目，但由于在短时间内无法以合理的价格出售，就会丧失更好的投资机会；或者以低于理想价格出售不能得到足够的现金，从而遭受损失，这就是流动性风险。证券的流动性同时取决于出售的时间快慢和价格损失。一种能在较短时期内按市价大量出售的证券，是流动性较高的证券，这种证券的流动性风险较小。反之，如果不能在短时期内按市场价格大量出售，就属于流动性低的证券，这种证券的流动性风险较大。证券市场的成熟度和市场参与者的数量直接决定这个市场中证券的流动性风险大小。组织完善、成熟的证券市场，每天有大量的参与者进行证券交易，投资者承担的流动性风险就小。另外，证券的流动性还可以直接从交易的连续性来判断，交易零散，买卖价格差异大的证券，参与者少，证券的流动性就差。一般来说，政府债券及一些规模大的上市公司的债券流动性强，而那些投资者不了解的小公司或非上市公司的债券流动性差，流动性风险就高。

四、债券投资的评价

（一）债券投资的优点

首先，债券投资的本金安全性高。与股票相比，债券投资风险比较小，特别是政府发行的债券，有国家财政收入做后盾，本金安全性非常高。而法律赋予企业债券持有人对资产的优先求偿权，当企业破产时，可以优先于股东参与企业剩余资产的分配。因此，其本金损失的可能性很小。而股票没有到期日，破产清算时只拥有剩余资产的所有权，无法保证投资本金的安全收回。

其次，债券投资收入稳定性强。债券是一种必须按时还本付息的债权性证券，这就意味着债券可以定时获得现金收益。而且绝大多数债券具有固定的利率，收到的金额固定，这就保证了投资债券能获得较为稳定的收入。采用浮动利率计息的债券，利息数量虽然变动，但是能减少市场利率变动和通货膨胀因素带来的损失，是保证实际收益不变的理想方式。因此，总体上看，债券比不定时定量分红的股票收入稳定性强。

再次，债券的流动性较好。许多债券都可以通过交易所或者金融机构出售，因此具有较强的变现能力。特别是上市交易的国债和企业债券，常常能满足大额资金短期投资的需要。

（二）债券投资的缺点

与股票投资相比，债券投资的缺点主要体现在：

第一，债券购买力风险大。由于债券的本金和利息在债券发行时常常已经确定，如果投资期间通货膨胀加剧，则债券未来得到的本金和利息的实际购买力会大大下降，甚至使投资者受到损失。因此，采用浮动利率的债券比固定利率的债券承受的购买力风险要小。

第二，债券持有人不能参与企业经营管理。投资债券只能获得一定的收益，债权人不能像股东一样参与经营管理决策。这样，债权人丧失了对资金使用的直接监管，只能委托股东和经营者进行，这就带来代理成本和风险，股东有可能为了自身的利益损害债权人利益。

第三节　股票投资

一、股票特征及分类

（一）股票及其特征

股票是股份有限公司发行的、作为股东投资入股的证明，也是股东取得股息和红利的凭证。股票有三个基本要素，即发行主体、股份份额以及持有人。股票可标注面值，也可不标注面值。目前我国公开发行的股票面值为每股1元人民币。作为投资工具，股票的面值意义不大，股票价值主要取决于发行公司的盈利能力和股利支付能力，并通过股票市场价格表现出来。

与债券不同，股票作为投资工具具有以下特征：

1. 无偿还性

这是指投资者一旦认购股份公司发行的股票，除非公司破产清算，股东不得要求股份公司退还其投资入股的资本。这是股票与债券的重要区别。无偿还性并不意味着投资者无法收回资本，他可以通过股票市场的交易把股票转让出去，收回资本。

2. 参与性

根据《公司法》和《证券法》的规定，股东有权出席股东大会进行投票表决，选举公司董事，参与公司的经营决策，从而股东的投资意愿和经济利益可通过行使股东表决权得到实现。股东参与经营决策权利的大小取决于其持有股票份额的多少。在公司经营的实践中，股东持有的股票数额达到决策所需要的实际多数时，就能控制股份公司的决策。股票的参与性，可以调动股东投资的积极性，使股份公司建立起良性的经营决策机制。

3. 拆合性

股票的拆合性是指在遵循法律规定，并通过董事会和股东大会的决议，股份公司的股票数量可以拆细和合并。拆细股票就是将原来的1股股票拆分为若干股，再按股东的持股比例进行分配。股票拆细后，股票总数增加，会使公司的每股收益和每股价格即刻下降。合并股票与拆细股票相反，是将原来若干股股票合并成为较少的几股或 1 股，并发行新股，再按原来股东持股比例分配，如 2 股并 1 股等。合并股票有利于提高股票的每股价格和每股收益。研究表明，股票的价格偏高或偏低都不利于股票的交易，所以可通过拆合股票提高股票的流动性。

另外，股票与债券一样具有流通性，可在证券市场上进行交易转让。在交易所上市交易的股票比不能上市交易的流动性强。

（二）股票的分类

（1）按股票所代表的股东权利划分，可分为普通股股票和优先股股票。

普通股股票是最基本也是最重要的股票，持有普通股的股东享有表决权、优先认股权、收益分配权、剩余资产分配权和股份转让权。优先股是具有优先分配收益和剩余资产权利的股票，但同时其表决权和优先认股权会受到限制。此外，视公司需要，优先股发行时还可能附加被调换成公司债券或普通股及被公司赎回的股票。

（2）按股票的持有主体划分，股票可以分为国家股、法人股、个人股和外资股等。我国对不同主体的股票在权利行使上有不同的法规要求。

（3）按股票票面是否记载股东的姓名划分，分为记名股票和无记名股票。两者在交易转让方面有所不同。

（4）按股票有无票面价值划分。分为无面值股票和面值股票。

二、股票的估价

通常，表示股票价值的形式有股票面值、账面价值（即每股净资产）、股票市场价格和股票内在价值等。股票内在价值是投资股票期间获得的相关现金流量的现值，是股票的真实价值，也是形成股票市场价格的基础。因此，估算股票内在价值就能预测股票价格，对投资决策有重要意义。估算股票内在价值的基本方法是贴现现金流量法。

（一）贴现现金流量法的参数和基本模型

该方法采用现金流量贴现模型计算股票内在价值，其主要参数有两个：一是投资期内的各期现金流入量，包括各年的现金股利和卖价收入。根据现金股利不稳定的特点，我们可用 D_t 表示投资期内第 t 年获得的现金股利（t＝1、2、3……n，n 表示投资期的长短），用 P_n 表示第 n 年投资退出时的股票卖出价格。另一个参数是贴现率，一般用特定股票的必要投资报酬率 k 作为计算该股票价值的贴现率。这样，股票内在价值 P 的计算公式就是：

$$P = \frac{D_1}{(1+K)} + \frac{D_2}{(1+K)^2} + ... + \frac{D_n}{(1+k)^n} + \frac{P_n}{(1+K)^n}$$ （1）

$$= \sum_{t=1}^{n} \frac{D_t}{(1+K)^t} + \frac{P_n}{(1+K)^n}$$

股票被交易时，总是从一个投资者手中转移到另一个投资者手中，本身提供现金股利的能力不会改变。如果不考虑交易中的税费支出，股票的价格对交易双方来说，一方是投资的收入，另一方是投资的成本。从长远来看，暂时的股票价格对确定股票价值没有意义。我们可以把所有的投资者看作是一个，这个投资者投资股票后一直持有，他获得的投资现金流入量就是各期现金股利。在企业持续经营的假设下，投资期是没有止境的。这样，股票的投资价值计算公式就是：

$$P = \sum_{t=1}^{\infty} \frac{D_t}{(1+K)^t}$$ （2）

股票估价时，公式（1）适用于短期持有，未来准备出售的股票投资项目，公式（2）适用于长期持有，不准备出售的股票投资项目。实际上，公式（1）和公式（2）是一致的。在完全有效的资本市场中，股票内在价值是市场价格的无偏估计，即股票价格应等于其内在价值。因此在理论上，第 n 期股票价格就等于当时的内在价值,也就是发行公司未来所有现金股利在第 n+1 年初的现值。

将其代入公式（1）得

$$P = \sum_{t=1}^{n} \frac{D_t}{(1+K)^t} + \frac{P_n}{(1+K)^n}$$

$$= \sum_{t=1}^{n} \frac{D_t}{(1+K)^t} + \frac{1}{(1+K)^n} \sum_{t=1}^{\infty} \frac{D_t}{(1+K)^t}$$

$$= \sum_{t=1}^{n} \frac{D_t}{(1+K)^t} + \sum_{t=n+1}^{\infty} \frac{D_t}{(1+K)^t}$$

$$= \sum_{t=1}^{\infty} \frac{D_t}{(1+K)^t}$$

这是我们计算股票内在价值的一般估算模型。它表明，投资者在股票市场买卖股票的行为并不影响股票的内在价值，股票的内在价值只取决于该股票获得的现金股利流入量和投资者要求的必要投资报酬率。

进行股票内在价值估算时，遇到的主要困难是预计每年的现金股利和贴现率。每年现金股利的多少，取决于公司每股收益和股利支付率。可利用历史资料进行统计分析，例如回归分析、时间序列分析等。理论上，投资者的必要投资报酬率是股票估价的贴现率，一般可借助资本资产定价模型来确定。

（二）基本模型的简化形式

股票估价的基本模型要求无限期预计历年的股利，实际上不可能做到，但可以根据实际情况提出几种模型，简化价值计算过程。

1. 零增长股票估价模型

如果公司每年都发放固定的股利给股东，即假定预期股利的增长率为零，这种股票就称为零增长股票。这样每年的现金股利 D_t 就是一个固定常数 D，其股票价值可按永续年金现值公式计算：

$$P = \frac{D}{K}$$

比如某公司实行固定股利政策，每年都发放每股 2 元的现金股利，长期保持不变。投资者要求的必要投资报酬率为 10%。则该公司股票的价值为 5 元。

常见的零增长股票是固定股利的优先股。因此该模型适用于估算固定股利的优先股的内在价值。

2. 固定增长股票模型

固定增长股票模型，又称为戈登模型，它是由戈登（M.J.Gordon）于1962年提出的。该模型假定企业处于生命周期的上升阶段，盈利能力逐年增长，并假定每年的股息以一个固定的增长率 g 增长，则其估价模型为：

$$P = \frac{D_0(1+g)}{K-g}$$

或

$$P = \frac{D_1}{K-g}$$

其中：D_0——企业现在发放的股利；

D_1——企业第一年发放的股利；

g——现金股利的年增长率。

戈登模型是由股票内在价值估算的一般模型推导而来的。其推导过程如下：

$$P = \frac{D_0(1+g)}{(1+K)} + \frac{D_0(1+g)^2}{(1+K)^2} + ... + \frac{D_0(1+g)^n}{(1+K)^n}$$

把式①两边同乘以 $\frac{(1+K)}{(1+g)}$ 再减去式①后得

$$\frac{P(1+K)}{(1+g)} - P = D_0 - \frac{D_0(1+g)^n}{(1+K)^n}$$

假设 K＞g，当 n→∞时，则有：$\frac{D_0(1+g)^n}{(1+K)^n} \to 0$，因此得到：

$$\frac{P(1+K)}{(1+g)} - P = D_0$$

整理后得到

$$P = \frac{D_0(1+g)}{K-g} = \frac{D_1}{K-g}$$

运用这一模型时，估计现金股利增长率 g 是个难题，可利用以下公式估计：

g＝留存收益比率×净资产收益率

三、股票的投资风险

与债券投资相比，股票投资风险大得多。股票的风险表现为投资期间现金股利和股票价格的变动，而引起现金股利和股价变动的影响因素是很多的。现金股利的多少取决于公司盈利和股利政策。公司的盈利又受公司的行业特征、竞争能力、管理水平、发展阶段和投资规模等各种因素的影响。股利政策的制定也要受到法律、投资者和公司方面各种因素的影响。股票价格是股票内在价值的反映，当然和公司的经营业绩和发展实力密不可分，但也要受到宏观环境的影响。因此，影响股票投资收益的不确定因素是多不可数的。

我们根据风险的来源和性质将它们分成两大类：一类是市场风险。它们源于企业之外的诸多原因，比如通货膨胀、利率波动、国家政策调整、经济发展趋势等方面。这些因素对所有公司都产生影响，表现为整个股票市场平均报酬率的变动，所以又称为系统风险。另一类是和公司直接相关，影响公司经营业绩变化的因素，比如公司本身的经营活动和财务活动、管理水平、产品竞争力、行业发展状况等。它们表现为公司特有的风险，仅影响本公司股票的投资收益水平，使得单个股票的投资报酬率偏离股票市场平均投资报酬率的变动。这种风险由于不影响或仅影响部分其他股票，因此又称为公司特有风险或非系统风险。

衡量股票风险大小的方法有很多，目前使用最多的是β（贝塔）系数。它表示单个股票的收益相对于市场平均风险收益的变动程度，即可衡量股票的市场风险大小。投资组合理论告诉我们，股票的公司特有风险可通过投资组合（同时投资多个股票）分散掉，因此对股票投资影响最大的是不能分散的市场风险。股票投资分析时，投资者关注的主要是股票的市场风险。因此，β系数成为股票投资决策的重要依据。

β系数可用直线回归方程求得：

$$Y_i = \alpha + \beta_i X + \varepsilon$$

其中，Y_i——某种股票的投资收益率；

X——市场平均投资收益率；

α——与 Y 轴的交点；

β_i——某种股票收益回归线的斜率；

ε——随机因素产生的剩余收益。

根据 X 和 Y 的若干历史资料，可以求出β系数。目前，股票市场有很多专业的信息咨询机构，专门计算各种股票的β系数和市场平均的投资报酬率。这样，我们就很容易借助这些信息确定股票投资的风险大小。

分析股票投资的风险因素和衡量风险的大小，对投资决策都很重要。前者可以让我们明确了解风险产生的原因，便于投资操作中规避风险，减少投资损失出现的机会。后者让我们可以确认风险的大小，借助各种定价工具（如资本资产定价模型）确定投资的必要报酬率，进行科学决策。

四、股票投资的评价

（一）股票投资的优点

股票投资被认为是一种高风险、高收益的投资方式，常常激发投资者的投资热情。它的优点主要表现在：

首先，股票投资收益高。股票的价格波动频繁，可以给投资者提供很多短期内获取超额收益的投资机会。长期来看，实力强大呈上升趋势的公司发行的股票总能在股价上获得较大的涨幅，使长期投资者的财富获得大量增值。因此，只要投资决策得当，股票投资就能取得优厚的投资收益，这是债券投资所不能比的。

其次，股票的购买力风险较低。股票的价值来源于公司股利，由企业的利润决定。当通货膨胀严重时，由于物价普遍上涨，股份公司的盈利也会随之增加，支付的股利增加的同时，股票价格也会随之水涨船高。因此，股票投资所取得的收益能够及时根据通货膨胀的程度进行自发的调整，这样投资股票的购买力风险显然要比固定收益的证券小得多。

再次，股东拥有表决权，可影响甚至控制企业的经营决策。普通股股东是股份公司的所有者，可通过股东大会和董事会等形式，监督和控制企业的生产经营活动。这样，股票投资就提供了控制目标企业的捷径。如果想控制一家企业，就可以收购这家企业的股票，进行股权投资。此外，股东直接参与经营决策，能直接保证企业的经营活动不偏离增加股东投资价值的目标，这在一定程度上说明股票比债券对收益的取得有更多的影响力。

（二）股票投资的缺点

相对债券投资而言，股票最大的缺点就是投资风险大，主要就是由于股票的收益不稳定。具体表现在：

其一，股利收入不稳定。普通股股利的多少，视企业经营状况和财务状况而定，法律对此没有规定。

其二，股票价格波动大。影响股票价格变动的因素有很多，政治、经济、市场效率、投资者心理因素、企业自身因素、利率变动等因素都会影响股票价格，而这些风险因素大部分是股票投资者无法控制的，因此股票投资风险很大。

其三，股东求偿权居后，无法保证投资本金的最终收回。法律规定一旦认购公司发行的股票，除非公司破产或股东集体同意缩股，否则不能自由地从公司退出投资本金。即使企业破产清算时，股东获得剩余资产也必须先满足企业清偿全部债务的条件，因此股东原先的投资不能获得全部补偿，甚至有时一无所获。

此外，不能上市交易的股票流动性很弱，投资这样的股票只能获得股利收入，股票出售的价格也无法保证，并且有很高的交易成本。因此，这样的股票流动性风险非常大。

第四节　基金和期权投资

一、基金投资

（一）基金的概念和特征

基金包括证券投资基金、产业投资基金和创业投资资金。由于这些基金的投资对象和投资环境完全不同，因此投资管理的方法也不同。

1. 证券投资基金的概念

证券投资基金的概念有两种理解：一种认为证券投资基金是一种投资工具，另一种认为它是一种投资组织。从投资者的角度来说，证券投资基金就像股票、债券一样，是一种投资工具。但仅把证券投资基金看作是一种投资工具，就不能说明基金与股票、债券的区别。

证券投资基金本质上是一种投资组织，它是按照共同投资、共担风险、共享收益的基本原则，运用现代信托关系的机制，通过发行证券投资基金单位，将投资者分散的资金集中起来投资于有价证券以实现预期投资目的的一种投资组织。

2. 证券投资基金的特点

与个人投资者直接参与证券买卖相比，投资基金具有以下特点：

（1）集合性。投资基金将众多投资者大小不等的资金集中起来，根据投资组合原理进行专业化投资，可起到分散风险、降低成本、提高收益的效果。投资基金比众多投资者分散投资更具有规模效应。投资者不用花费大量时间和精力去研究特种证券和市场行情，只要付少量的费用，就可以分享专业化的投资成果。

（2）专业性。投资基金由专业的基金管理人负责经营，投资者购买基金证券后，即可享受管理人的专业性服务。基金管理人是专业投资机构，它由经验丰富的投资专家组成，和金融市场联系密切，拥有先进的设备和完备的信息资料，分析手段科学合理，投资经营管理水平远高于一般投资者。

（3）组合性。为分散投资风险，投资基金多采取组合投资的策略。按照国际惯例，单个基金在一种股票上的投资额不得超过基金资产的10%，同时拥有某家公司的股份不得超过公司总股本的10%。所以，大多数投资基金会同时投资30～50家公司的股票、债券等证券，最大限度分散风险。投资者通过投资基金证券，可以间接达到组合投资的目的。

（4）利益共享、风险共担。证券投资基金进行投资取得的收益，在扣除各种费用后，按基金投资者的出资比例进行分配。因此，投资基金的投资风险是由投资者按出资比例共同承担的。基金管理人定期收取固定比例的佣金，但不参与投资收益的分配，也不承担投资风险。

（二）证券投资基金的类型

投资基金最早起源于英国，盛行于美国。第二次世界大战后随着全球经济、金融的发展，投资基金这种组织形式得到了全面发展，目前已经在欧洲、美洲、亚洲的20多个国家和地区发展起来了。随着各国金融市场的发展和法律法规的完善，各国投资基金的组织和运作也不尽相同，投资基金呈现出多种形式、多种类型。我国的证券投资基金起步于20世纪90年代，在最近10年中得以迅速发展。这里介绍几种最常见的证券投资基金类型。

1. 根据投资基金组织运作的模式不同，分为契约型基金和公司型基金

契约型基金又称信托型基金，它是按照信托契约原则，在签订信托契约的基础上发行收益凭证、募集资金并进行投资运作的投资基金。契约型基金通常涉及受益人、委托人、受托人等三个当事人。受益人即基金的持有人，投资者通过购买基金成为受益人，对基金享有所有权和投资收益分配权。委托人即基金管理公司，开始是基金的发起人或设定者，基金成立后则按照信托契约负责基金资产的实际投资经营，并按契约订立的比例从基金资产中提取一定的基金管理费作为酬劳。受托人即基金托管公司，一般由商业银行担任，负责保管基金财产，具体办理基金名下的证券、现金管理和有关代理业务，包括会计核算等，并同样按比例收取一定的基金托管费。可以看出契约型基金的三方当事人存在清晰的委托代理关系：依照信托契约，投资者享受投资收益、承担投资风险，委托人运用基金资产进行投资，受托人负责保管基金资产。契约型基金主要分布在英国、日本、中国香港和台湾地区。目前，我国内地的证券投资基金均是契约型基金。

公司型基金是按照《公司法》组成的以盈利为目的的具有独立法人资格的股份有限公司，它通过发行股票来筹集资金。公司型基金涉及基金公司、基金管理公司、托管公司和承销公司四方。基金公司是公司型基金的主体，是按照股份公司形式建立起来的投资公司，在美国叫投资公司，其股东就是基金的受益人。基金管理公司是投资和管理的专业人士组成的独立公司，它与基金公司签订契约，负责基金资产的实际管理和经营。基金托管管理由基金公司指定银行或信托公司担任，负责基金资产的保管，办理基金资产净值的核算以及分红、过户等业务。基金承销公司则主要负责基金股份的销售、赎回和转让等事宜。基金的管理公司、托管公司以及承销公司都不分享基金投资收益，而是向基金公司收取一定比例的费用作为报酬。

2. 根据基金单位是否可以赎回，可分为封闭式基金和开放式基金

我国《证券投资基金法》定义："采用封闭式运作方式的基金（即封闭式基金），是指经核准的基金份额总额在基金合同期限内固定不变，基金份额可以在依法设立的证券交易所交易，但基金份额持有人不得申请赎回的基金。"简而言之，封闭式基金是有一定期限的规模不变的投资基金，其交易必须在基金上市的二级市场进行，其价格随行就市，由基金的供求关系、业绩和市场行情等因素决定。封闭式基金具有股份权益和债券权益的特点，其具有期限的这一特点和债券类似，但其基金红利并不固定，投资风险大于固定收益的债券。

我国《证券投资基金法》中定义："采用开放式运作方式的基金（即开放式基金），是指基金份额总额不固定，基金份额可以在基金合同约定的时间和场所申购或者赎回的基金。"简而言之，开放式基金是没有固定期限和规模的，投资者可以随时申购和赎回的投资基金，投资者买卖开放式基金一般在规定的地点进行柜台交易，其价格是根据基金净值加上一定的手续费来确定。开放式基金具有股份权益和活期存款权益的特点，但是活期存款的收益比较稳定，开放式基金投资风险较大。

（三）证券投资基金的收益和风险

1. 证券投资基金的收益

证券投资基金的投资收益主要包括两个方面：一是基金持有期间获得的分红，二是基金买卖的价差收益。基金的红利收益取决于基金的投资业绩，包括现金红利和再投资红利。再投资红利是将对应数额的现金红利折合成基金单位发放给基金持有人，直接增加投资者拥有的基金单位份额，其价值由基金单位的价值决定。基金买卖的价差收益则与基金的卖价收入、买价成本和投资费用有关。

2. 基金的投资风险

与其他金融工具相似，基金的投资风险也主要包括系统性风险和基金个别风险。

系统性风险就是基金市场风险，它是由于基金之外的因素，如政治、经济、政策或者法律的变动导致市场行情波动产生的投资风险。由于基金是一种间接性的投资工具，基金的系统性风险也是其他金融市场风险的间接反映。由于基金实现专业化的组合投资策略，已经适当地分散了投资风险，因而基金的系统性风险要比其他有价证券的风险小。

基金个别风险就是由于单个基金自身的因素导致基金资产价值变动的可能性。它主要是由基金投资组合的策略、投资对象的风险、基金管理公司的经营能力、基金托管公司的可靠程度、基金经理的才干和经验等因素决定的。每个基金都有自己独特的投资策略、投资对象，基金经理的才干也不相同，基金管理公司的经营能力也不同，导致基金的风险不同。

一般来说，基金的投资风险可分为三个档次：低风险、中等风险和高风险。低风险基金主要投资风险较低的金融产品；如债券基金，主要投资于政府债券和优质公司债券。这些债券有固定的利息收入，到期还能收回本金，虽然债券收益不高，但风险也比较小。中等风险基金主要投资于风险中等的金融产品。如蓝筹股基金、股票指数基金和国际证券基金等。蓝筹股基金的投资对象主要是蓝筹股，蓝筹股是一些经营业绩较好且能长期派发现金红利的公司股票，包括一些公用事业股票，其股票价格也比较稳定。股票指数基金以市场股票指数的成分股为投资对象，投资收益接近市场平均水平，风险也能得到极大的分散。国际证券基金投资目标为世界各大证券市场，总体风险也比较低。高风险基金主要投资风险较高的金融工具，如期货、期权、竞争性成长公司的股票等。

由于基金投资对象的范围很大，具体到各个基金风险各不相同，投资者在投资之前必须要了解自身的投资目标和风险承受能力，了解基金的收益和风险，再做出投资决策。

（四）基金投资的评价

1. 基金投资的优点

从非专业的投资者角度看，投资基金比其他证券更安全可靠，是比较理想的投资选择。

（1）专家管理，分散风险。证券投资基金是由专业化知识和丰富投资经验的投资专家进行管理，他们善于利用各种金融工具、收集各种信息，运用先进的技术手段对各种投资机会进行分析。在此基础上将资金分散投资于不同种类和不同行业的证券上，通过组成有效的投资组合，较大限度地降低非系统风险，从而获得较高且稳定的投资收益。

（2）变现灵活，流动性好。投资基金一般可通过柜台交易，或者直接在证券交易所挂牌交易。投资者可买进后取得基金分红收益或者随时进行买卖，套取价差收益。基金流通方便，流动性较高。

（3）投资选择多样化，易于变化。随着金融工具的创新，基金也在不断地发展。国内外的基金品种很多，收益和风险各不相同，投资者可以根据自己的分析判断决定购买或变换手中的基金品种。比如，股票市场下调时，如果期货市场和黄金市场处于上升时期，投资者就可将手中的股票基金转换成投资期货、黄金的基金；又如，在不具备直接投资国外金融市场的条件下，也可购买投资国外金融市场的基金来达到间接投资国外资本市场的目的。通过投资基金，投资者可以间接介入更多的投资领域。

（4）节省时间和精力。投资基金可免除投资者花费大量时间和精力去研究各种证券的价值和市场行情，从而可以腾出精力干好本职工作，有利于降低机会成本。

2.基金投资的用限性

（1）风险规避的局限性。通过精心规划投资组合可以有效降低投资风险，但可以消除的只是非系统风险，对系统风险则无能为力。当系统风险释放时，投资基金也会遭到不可避免的损失。另外，即使是证券的非系统风险，也会由于基金管理人投资策略、投资才能以及职业道德的不足而不能完全消除。因此，投资基金只能在一定程度上降低风险。

（2）投资领域的局限。投资基金在设立时要在招募说明书中明确其投资目标、投资范围等问题，以利于投资者选择适合自己的证券投资基金。这些内容是基金日后运作中应当追求的目标和遵循的原则，从另一角度看，这也限制了证券投资基金的投资领域。无论是哪个投资领域，都有自身的发展周期。因此，这种投资领域的局限性也在一定程度上限制了证券投资基金追逐收益的灵活性，从而影响其收益率。

（3）基金治理的局限。证券投资基金是基于现代信托关系运作的，其三方当事人的利益并不完全一致。投资者作为基金受益人，追求基金投资收益最大化和流动性，而基金管理人按照基金资产净值的一定比例收取管理费，投资者的当期收益与管理人的管理费收入相关度不高。有时基金经理为了追求基金资产净值，可能会损害受益人的当期收益。

托管人原则上应担负监管基金管理人的责任，但是由于基金管理人往往是基金的发起人，会影响基金托管人的选择，二者存在利益勾结的可能性。此外，基金管理人的发起人是金融市场的其他主体，如证券公司、信托投资公司等，这也就难免基金管理人的大股东为了自身利益，要求基金管理公司在二级市场上暗送利益，从而损害基金持有人的利益。因此，证券投资基金虽然是基于严格的"委托－代理"信托关系建立的，但由于产权和制度上的安排，使其治理上仍然存在许多难题。

二、期权投资

（一）期权的概念、分类与特征

1.期权的概念

期权也称为选择权，是一种选择权合同，它赋予持有人在指定日期或该日期之前的任何时间以约定价格购进或售出一种资产的权利。最为人熟悉的期权是股票期权，它是购进或售出股票股份的期权。

期权是一种独特类型的金融合约，因为它赋予购买者的是权利而不是义务。购买者仅在执行期权有利时才会利用它；否则期权将被弃之不顾。

2.期权的分类

（1）根据期权购买者的权利，分为看涨期权与看跌期权

看涨期权，也称买入期权或称买权，是指期权购买者可在期权有效期内以事先确定的协定价格向期权出售者买进一定数量某种期权合约的权利。一般来说，期权购买者之所以买进这种期权，是因为他们预计该期权合约之标的物市场价格将上涨，买进后行使权力，就可以较低的协定价格买入该期权合约之标的物，从而获利，故称为看涨期权。例如，某份股票期权合约，其期权费为每股 0.6 元，数量为 1000 股，协定价格每股 10 元，在期权有效期限内，股票市价涨至 20 元时，期权购买者行使购买权，净获利 9400 元；如果股票市价下跌至 7 元，期权购买者放弃购买权，所遭受的损失不过 600 元。只要股票市价高于 10.6 元，期权购买者就可获利。

看跌期权，也称卖出期权或称卖权，是指期权购买者可在期权有效期内以协定价格向期权出售者买进卖出一定数量期权合约的权利。一般地说，期权购买者之所以买进这种期权，是因为他们担心自己持有的某种期权合约之标的物的市场价格下跌。买进这种期权后，他们可在日后市场价格下跌后仍以较高的协定价格卖出他们所持有的期权之标的物。在市场价格的下跌中获取盈利，故称为看跌期权。

（2）根据期权履约的时间，分为欧式期权与美式期权

欧式期权，是指期权购买者只能在期权到期日执行的期权。

美式期权，是指期权购买者在期权有效期内任何一天都可以行使其权利，即既可在期权到期日这一天行使其权利，又可在期权到期日之前的任何一个交易日行使其权利。

（3）根据期权合约之标的资产，分为现货期权与期货期权

现货期权，是指以各种现货商品、各种金融工具作期权合约之标的物的期权，如商品期权、股票期权、债券期权等。

期货期权，是指以各种期货合约作期权合约之标的物的期权，如外汇期货期权、股价指数期货期权、利率期货期权等。

3. 期权的特征

期权是单向合同，风险收益机制是非对称性的，这是期权运作的最大特征。期权的非对称风险收益机制主要表现在以下几个方面：

（1）权利义务不对称。在支付了期权权利金以后，期权的买方有权履约合同，也有权放弃合同；而期权的卖方只有履约的义务，并无放弃的权利。

（2）风险与收益的不对称。期权买方的风险是已知的，仅限于支付的期权费，不存在追加义务，而潜在的收益在理论上是无限的；期权卖方的收益是已知的，仅限于收到的期权费，而风险损失在理论上说也是无限的。

（3）获利概率的不对称。由于期权卖方承受的风险很大，为取得平衡，设计期权时通常会使期权卖方获利的可能性远大于期权买方。不论期权买方是否履约，期权卖方都能获得权利金利益。

（二）期权交易的基本策略

期权有看涨期权与看跌期权两种基本类型，而在期权交易中，投资者又可分为期权购买者和期权出售者这两类基本交易者。把期权的两种基本类型与期权交易的两种基本交易者结合起来形成组合，就产生了期权交易的四种基本策略：购买看涨期权、出售看涨期权、购买看跌期权、出售看跌期权。

这四种基本策略的盈亏情况如图 6-1 所示。

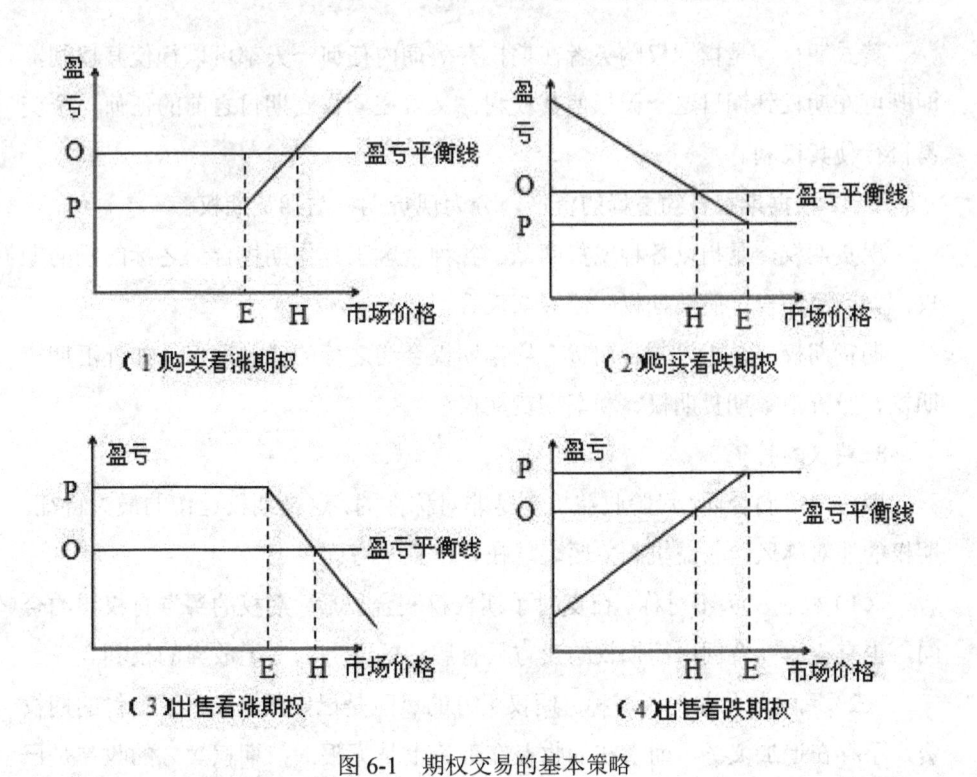

图 6-1　期权交易的基本策略

在图 6-1 中，各图的 E 点表示协定价格，P 点表示期权价格（期权费），H 点表示盈亏平衡点。

（1）在购买看涨期权的策略中：当期权之标的物市场价格一直低于协定价格 E 时，期权购买者会放弃期权，其最大损失为 P；当市场价格涨到高于协定价格 E 时，期权购买者有可能盈利，盈亏平衡点 H 为 E+P；当市场价格继续上涨，超过 H 点时，期权购买者盈利越来越大，在理论上市场价格可无限上涨，期权购买者盈利无穷大，见图 6-1 中的（1）。

（2）在购买看跌期权的策略中：当期权之标的物的市场价格一直高于协定价格 E 时，期权购买者会放弃期权、最大损失为 P；当市场价格下跌低于 E 点，期权购买者有可能盈利，盈亏平衡点为 H＝E-P；当市场价格继续下跌超过 H 点时，购买者盈利越来越大，在理论上，期权之标的物市场价格下跌是有限的，至多为零。因此，购买看跌期权的最大盈利是有限的，即只限于协定价格与期权价格之差，见图 6-1 中的（2）。

（3）在出售看涨期权的策略中：当期权之标的物市场价格一直低于协定价格 E 时，期权出售者可获收益 P；当市场价格涨到高于协定价格 E 时，期权出售者还可盈利，盈亏平衡点 H 为 E+P；当市场价格继续上涨超过 H 点时，期权出售者出现亏损，在理论上市场价格可无限上涨，因而，这时期权出售者的损失会无穷大，见图 6-1 中的（3）。

（4）在出售看跌期权的策略中：当期权之标的物的市场价格一直高于协定价格 E 时，最大收益为 P；当市场价格下跌低于 E 点时有可能产生亏损。盈亏平衡点 H 为量-P；当市场价格继续下跌低于 H 点时，期权出售者的损失会越来越大，在理论上，期权之标的物的市场价格下跌是有限的，市场价格最小为零。因此，出售看跌期权的最大损失也是有限的，即只限于协定价格与期权价格之差，见图 6-1 中的（4）。

第七章　营运资本管理

第一节　营运资本管理概述

一、营运资本的有关概念

（一）营运资本

营运资本是指投入日常经营活动（营业活动）的资本。它包括三个具体概念：

1. 广义的营运资本

广义的营运资本，也称总营运资本，通常是指流动资产的资本来源，例如短期借款、应付账款等。"流动资产"通常是指营运资本的各种占用形态，例如现金、应收账款和存货等。有时广义的营运资本与流动资产作为同义词使用，因为它们的数额相等，营运资本＝流动资产。

2. 狭义的营运资本

狭义的营运资本也称为净营运资本，是指流动资产和流动负债的差额，也称营运资本净额。净营运资本＝流动资产-流动负债。

当流动资产大于流动负债时，净营运资本是正值，表示流动负债提供了部分流动资产的资本来源，另外的部分是由长期资本来源支持的，这部分金额就是净营运资本。净营运资本也可理解为长期筹资用于流动资产部分，即长期筹资净值。

3. 经营性营运资本

经营性营运资本是指用于经营性流动资产的资金，包括现金、应收账款和存货等占用的资本。这里的现金，是指经营周转所必需的现金，不包括超过经营需要的金融资产（有价证券）。经营性营运资本有时作为经营性流动资产的同义词使用。

经营性净营运资本是指经营性流动资产与经营性流动负债的差额，也称为经营性营运资本净额。经营性净营运资本＝经营性流动资产-经营性流动负债（自发性负债）。

经营性流动负债是指应付职工薪酬、应付税费、应付账款等依据法规和惯例形成的负债。它们是在经营活动中自发形成的，不需要支付利息，也被称作自发性负债。经营性流动负债虽然需要偿还，但是新的经营性流动负债又不断出现，具有不断继起、滚动存在的长期性，因此被视为一项长期资本来源。经营性流动负债可以抵减公司对于流动资产的投资额。

二、营运资本投资管理

营运资本投资管理也就是流动资产投资管理，它包括流动资产投资政策和流动资产投资日常管理等内容。

（一）流动资产的种类

为了便于对流动资产进行有效的管理，需要对流动资产进行适当的分类。

1.按资产的占用形态，流动资产分为现金、短期投资、应收及预付款项和存货

现金是指可以立即用来购买物品、支付各项费用或用来偿还债务的交换媒介或支付手段。短期投资是指各种准备随时变现的有价证券以及不超过 1 年的其他投资，其中主要是指有价证券投资。应收及预付款项是指企业在生产经营过程中所形成的应收未收的或预先支付的款项。存货是指企业在生产经营过程中为销售或者耗用而储存的各种资产。

2.按资产的变现情况，流动资产分为速动资产和非速动资产

速动资产是指能迅速转化为现金的流动资产，主要包括现金、应收账款、短期投资等；非速动资产是指不能迅速转化为现金的流动资产，主要是存货。

3. 按投资需求的时间长短，流动资产分为永久性流动资产和临时性流动资产

永久性流动资产是指那些即使企业处于经营淡季仍然需要保留的、用于满足企业长期、稳定运行的流动资产；临时性流动资产是那些受季节性、周期性影响的流动资产，如季节性存货、销售旺季的应收账款等。

（二）流动资产投资的特点

流动资产投资又称经营性投资，是指企业采用购置或资产形态转化方式进行流动资产的再生产活动。与项目投资相比较，流动资产投资具有以下特点：

1. 回收时间较短

企业投资在流动资产上的资金，周转一次所需时间较短，通常会在 1 年或 1 个营业周期内收回，对企业影响的时间比较短。

2. 变现能力较强

短期投资、应收账款等流动资产一般具有较强的变现能力，如果遇到意外情况，企业出现资金周转不灵、现金短缺时，便可迅速变卖这些资产，以获取现金。

3. 数量波动很大

流动资产的数量会随企业外部条件的变化而变化，时高时低，波动很大。

4. 资金占用形态经常变动

流动资产投资的资金占用形态是经常变化的，一般在现金、材料、在产品、产成品、应收账款、现金之间顺序转化。

5. 投资次数比较频繁

为了经营上的需要，在 1 个月内就可能需要多次追加对现金、应收账款和存货等方面的投资。

（三）流动资产的投资政策

1. 流动资产投资的总规模

在决定流动资产投资的总规模时，可以根据企业管理当局的管理风格和风险承受能力，分别采用"保守型""稳健型"与"进取型"的流动资产投资政策。

为了说明这三种类型的流动资产投资政策，我们假定一家企业在现有固定资产投资水平不变，再假定该企业在所考察期间内的生产经营能持续进行，并在考察期间内有一个特定的产出水平。对于每一个产出水平，企业都可以有许多不同的流动资产投资总规模。假设该企业在流动资产投资总规模上有三种不同的方案，这些方案的产出和流动资产投资总规模的关系如图 7-1 所示。

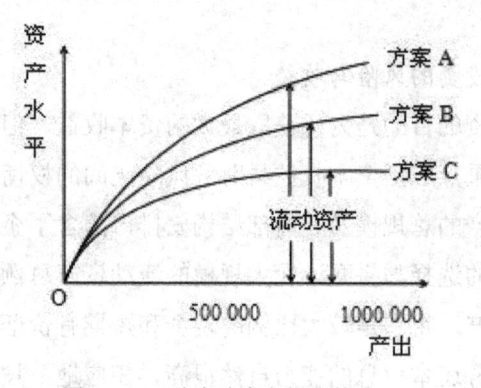

图 7-1　三种流动资产投资策略

从图 7-1 中我们可以看到，产量越大，为支持这一产量所需进行的流动资产投资总规模也就越高。但它们之间并非是线性关系，流动资产投资总规模以递减的比率随产量而增加。出现这一非线性关系，主要是规模经济的作用。

在图 7-1 中，方案 A 的流动资产投资总规模要高于其他两个方案。在净利润一定的情况下，由于方案 A 的流动资产总规模最高、风险最小，但其总资产回报率的分母最大，其总资产回报率最低，这是一种保守型的流动资产投资策略。相反，方案 C 是三种方案中最激进的，其流动资产投资总规模最低、风险最高，但其总资产回报率的分母最小，其总资产回报率最高，它显然属于进取型的流动资产投资策略。相比之下，方案 B 是一种稳健型的流动资产投资策略，其流动性、获利能力和风险性均介于方案 A 和方案 C 之间。

2. 流动资产的内部结构

企业在流动资产的内部结构安排上，必须遵循资本运动规律即时间上的依次继起和空间上的同时并存，只有这样才能确保企业正常的生产经营。

在流动资产的构成内容中，应收账款是企业在一定生产经营规模下的必然结果。此外，应收账款的数额大小还取决于企业所采用的信用政策，而信用政策的调整在相当大的程度上会影响企业产品销售的市场份额。因此，现金、短期有价证券和存货是流动资产结构调整的主体。在实际工作中，保守的流动资产投资策略往往预留较多的现金储备或以有价证券的方式储备，也可能预留较多存货安全储备；而激进的流动资产投资政策在流动资产的各项目中，往往保持最低储备量，以便将节省下来的资本投入到收益能力更高的固定资产或其他长期投资方面。

3.流动资产投资的风险与收益

流动资产投资的目的是为了获取最大的资本收益。但是，就企业流动资产的投资而言，其重点应是资本收益与财务风险之间的权衡问题。

企业流动资产的总规模及其内部结构安排，隐含了企业管理当局对于资本收益和财务风险的选择与搭配。较大规模的流动资产总额以及流动资产内部较大比例的速动资产，特别是较大比例的现金和短期有价证券，其资产的流动性自然很强，对债务还本付息的能力自然很高，相应地，技术性无力偿债的风险也较小。但是，与固定资产等长期资产相比，流动资产的收益性较差，而且，现金等流动资产越多，收益能力越小。反之，较小规模的流动资产总额以及流动资产内部较小比例的速动资产，特别是较小比例的现金和短期有价证券，其资产的流动性自然很差，对债务还本付息的能力自然很低。相应地，技术性无力偿债的风险也较大。但是，由于可以将节约资金用于固定资产等长期资产，其资产的收益能力较强。因此，无论是从流动资产的总体规模来看，还是就流动资产的内部结构而言，企业都应寻求一个合理的甚至是最佳的持有额度。

三、营运资本筹资管理

营运资本筹资理包括营运资本筹资政策和营运资本筹资日常管理。

（一）营运资本筹资政策

营运资本筹资政策，是指总体上如何为流动资产筹资。营运资本投资政策决定了流动资产投资的总规模，也就是流动资产筹资的总规模。因此，制定营运资本筹资政策，关键是确定流动资产所需资本中短期资本来源和长期资本来源的比例结构。从投资需求上看，永久性流动资产是长期需求、永久需求，应当用长期资本来满足；只有季节性变化引起的资本需求才是真正的短期需求，可以用短期资本来满足。如何安排临时性流动资产和永久性流动资产的资本来源，一般可以分为配合型筹资政策、激进型筹资政策和稳健型筹资政策三种。

1. 配合型筹资政策

配合型筹资政策的特点是：对于临时性流动资产，运用临时性负债满足其资本需要；对于永久性流动资产和非流动资产（统称为永久性资产，下同），运用长期负债、自发性负债和权益资本满足其资本需要。

配合型筹资政策要求企业临时负债筹资计划严密，实现现金流动与预期安排相一致。在季节性低谷时，企业除了自发性负债外没有其他流动负债；只有在临时性流动资产的需求高峰期，企业才举借各种临时性债务。

这种筹资政策的基本思想是将资产与负债相配合，以降低企业不能偿还到期债务的风险，尽可能降低债务的资本成本。但是，事实上由于资产使用寿命不确定性，往往达不到资产与负债的完全配合。因此，配合型筹资政策是一种理想的、对企业有着较高资本使用要求的营运资本筹资政策。

2. 激进型筹资政策

激进型筹资政策的特点是：临时性负债不但满足临时性流动资产的资本需要，还解决部分永久性流动资产的资本需要。该筹资政策如图 7-2 所示。

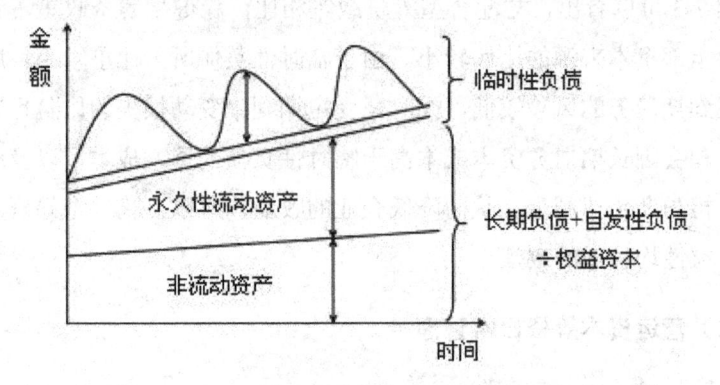

图 7-2　激进型筹资政策

从图 7-2 可以看到，激进型筹资政策下，临时性负债在企业全部资本来源中所占比重大于配合型筹资政策。由于临时性负债（如短期银行借款）的资本成本一般低于长期负债和权益资本的资本成本，临时性负债所占比重又较大，所以该政策下企业的资本成本较低。但是另一方面，为了满足永久性资产的长期资本需要，企业必须要在临时性负债到期后重新举债或申请债务展期，这样企业便会更为经常地举债和还债，从而加大筹资困难和风险；还可能面临由于短期负债利率的变动而增加企业资本成本的风险。所以激进型筹资政策是一种收益性和风险性均较高的营运资本筹资政策。

3.稳健型筹资政策

稳健型筹资政策的特点是：临时性负债只满足部分临时性流动资产的资本需要，另一部分临时性流动资产和永久性资产，则由长期负债、自发性负债和权益资本作为资本来源，如图 7-3 所示。

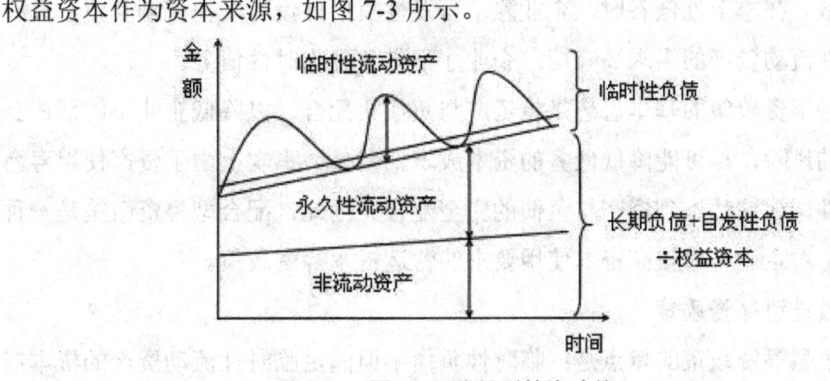

图 7-3　稳健型筹资政策

从图 7-3 可以看出，与配合型筹资政策相比，稳健型筹资政策下临时性负债占企业全部资本来源的比例较小。由于临时性负债所占比重较小，所以企业无法偿还到期债务的风险较低，同时蒙受短期利率变动损失的风险也较低。另一方面，却会因长期债务资本成本高于临时性负债的资本成本，以及经营淡季时仍需负担长期负债利息，从而降低企业的收益。所以，稳健型筹资是一种风险性和收益性均较低的政策。

（二）营运资本筹资日常管理

营运资本筹资日常管理主要是流动负债筹资，详见本书第四章第三节的有关内容。

第二节 现金管理

狭义现金指库存现金，广义现金包括库存现金、活期银行存款和一些其他货币资金。财务管理学讲的现金，一般指广义现金。现金是流动性最强而盈利性最弱的资产。从现金的收益能力看，企业应该拒绝持有现金，但事实上任何一个企业都持有了一定量的现金。

一、持有现金的动机与成本

（一）持有现金的动机

1. 交易性动机

交易性动机也称支付性动机，是指为满足企业日常交易需要而持有现金，如用于支付职工工资、购买原材料、缴纳税款、支付股利、偿还到期债务等。企业在日常经营活动中，每天发生的现金流入量与现金流出量在数量和时间上通常都存在一定的差异，因此，企业必须持有一定数量的现金才能满足企业日常交易活动的正常进行。一般来说，满足交易活动持有现金的数量主要取决于企业的生产经营规模。生产经营规模越大的企业，交易活动所需要的现金越多。

2. 预防性动机

预防性动机是指为应付意外事件的发生而持有的现金，如为了应付自然灾害、生产事故、意外发生的财务困难等。企业的现金流量受市场情况和企业自身的经营状况影响较大，一般很难被准确地预测，因此，企业必须在正常的现金持有量基础上追加一定数量的现金，以防不测。预防性现金持有量的多少主要取决于以下三个因素：①企业对现金流量预测的准确程度；②企业承担风险的意愿程度；③企业在发生不测事件时的临时筹资能力。

3. 投机性动机

投机性动机是指为投机获利而持有的现金,如在证券市场价格剧烈波动时,进行证券投机所需要的现金；为了能随时购买到偶然出现的廉价原材料或资产而准备的现金等。投机性现金的持有量主要取决于企业对待投机的态度以及市场上的投机机会有多少。

（二）现金的持有成本

现金的持有成本是指企业为了持有一定数量的现金而发生的费用或者现金发生短缺时所付出的代价。现金的成本主要由以下四个部分构成：

1. 机会成本

这是指企业因持有现金而丧失的再投资收益。企业持有现金就会丧失其他方面的投资收益，如不能进行有价证券投资，由此所丧失的投资收益就是现金的机会成本。它与现金的持有量成正比，持有量越大，机会成本越高。通常可以用有价证券的收益率来衡量现金的机会成本。

2. 管理成本

这是指企业因持有一定数量的现金而发生的管理费用，如现金保管人员的工资、保管现金发生的必要的安全措施费用等。现金的管理成本具有固定性，在一定的现金余额范围内与现金的持有量关系不大。

3. 转换成本

这是指企业用现金购入有价证券以及转让有价证券换取现金时付出的费用，即现金同有价证券之间相互转换的成本，如委托买卖佣金、委托手续费、证券过户费、证券交割手续费等。转换成本并不都是固定费用，有的具有变动成本的性质，如委托买卖佣金或手续费，这些费用通常是按照委托成交金额计算的。在证券总额既定的条件下，无论变现次数多少，其委托成交金额都是相同的。因此，那些依据委托成交金额计算的转换成本与证券变现次数关系不大，属于决策无关成本。这样，与证券变现次数密切相关的转换成本，只包括其中的固定性交易费用。转换成本与现金持有量的关系是：在现金需要量既定的前提下，现金持有量越少，证券变现的次数越多，相应的转换成本就越大；反之，就越小。

4. 短缺成本

这是指企业在发生现金短缺的情况下所造成的损失，如在现金短缺时，因不能按时缴纳税款而支付的滞纳金、因不能按时偿还贷款而支付的罚息等。现金的短缺成本与现金的持有量成反比，现金持有量越大，短缺成本就会越小。

如果企业不允许现金发生短缺，则不发生现金短缺成本。

二、现金管理的目标与内容

（一）现金管理的目标

现金是企业的一项重要流动资产，企业缺少现金，日常的交易活动就会发生困难，但是，现金这种资产的收益性很差。所以，企业现金管理的目标就是在保证正常生产经营活动所需现金的同时，尽可能节约现金，减少现金的持有量，而将闲置的现金用于投资以获取一定的投资收益。现金管理就要在降低企业风险与增加收益之间寻求一个平衡点，确定最佳现金余额。

（二）现金管理的内容

1.编制现金预算

现金预算是现金管理的一个重要方法，企业应当在合理预计现金流量的基础上，编制现金预算，提高现金的利用效率。

2.确定最佳现金余额

在理论上，现金存在一个最佳余额，企业为了充分利用现金，降低现金的成本，应当根据自身情况，确定一个最佳现金余额。

3.现金的日常管理

现金的日常管理主要是现金日常收支管理，在日常经营活动中，企业要尽可能快地收回款项，增加现金流入量；同时，尽可能使用各种信用工具，延迟现金流出。

三、现金预算

现金预算是企业财务预算的一个重要组成部分，是现金管理的一个重要方法。现金预算应在对企业现金流量进行合理预测的基础上编制，其主要目的是利用现金预算规划现金收支活动，充分合理地利用现金，提高现金的利用效率。现金预算可按年、月、旬或日编制。现金预算的编制方法主要有现金收支法和调整净收益法两种。这里主要介绍现金收支法。

采用现金收支法编制现金预算的主要步骤是：

1. 预测企业的现金流入量

据销售预算和自身的生产经营情况等因素，测算预测期的现金流入量。现金流入量主要包括经营活动的现金流入量和其他现金流入量。

2. 预测企业的现金流出量

根据生产经营的目标，预测为实现既定的经营目标所需要购入的资产、支付的费用等所要发生的现金流出量。现金流出量包括经营活动的现金流出量和其他现金流出量。

3. 确定现金余缺

根据预测的现金流入量与现金流出量，计算出净现金流量，然后在考虑期初现金余额和本期最佳现金余额的因素下，计算出本期的现金余缺。表 7-1 是按月编制的某企业现金预算的基本格式。

表 7-1　现金预算

现金收支项目	1 月	2 月
期初现金余额	100	220
加：现金流入量		
1.经营活动现金流入量	2600	2500
产品现销的现金收入	2000	1800
收回前期应收账款的现金收入	500	500
提供劳务的现金收入	100	200
2.其他现金流入	200	320
可供使用现金	2900	3040
减：现金流出量		
1.经营活动现金流出量	1980	2880
材料采购支出	1600	2500
其中：支付当月的材料购货款	750	1550
支付前期的材料购货款	850	950
工资支出	80	80

续表：

现金收支项目	1月	2月
管理费用支出	100	110
销售费用支出	110	100
财务费用支出	90	90
2.其他现金出量：	460	460
减：最佳现金余额	220	220
现金余缺	240	-520
现金融通计划：		
向银行借款		280
变卖有价证券		240
偿还银行借款		
购买有价证券	240	

四、现金的日常管理

企业在确定了现金最佳余额后，还应采取措施加强日常管理，其主要目的是尽快收回现金，延迟支付现金，提高现金的周转速度。现金日常管理主要包括以下两个方面内容：

（一）现金回收管理

企业在生产经营过程中，要尽可能加速现金回收，以提高现金的使用效率。一般来说，企业收取货款的时间主要包括票据邮寄时间、票据在企业停留时间以及票据结算时间。为了加速现金的回收，就必须尽可能缩短收款时间。因此，企业必须考虑如下三个问题：①如何减少客户付款的票据邮寄时间？②如何缩短票据在企业停留的时间？③如何加快现金存入企业银行账户速度？

企业加快收款速度通常采用以下方法：

1.集中银行法

集中银行法是指在收款比较集中的若干地区设立多个收款中心来代替通常

只在公司总部设立的单一收款中心，并指定一个主要银行（通常是公司总部所在地的银行）作为集中银行，以加快账款回收速度的一种方法。采用集中银行法可以缩短收款时间，提高收款的效率。企业的客户只需将款项交到距其最近的收款中心即可，不必交到企业总部，各个收款中心的银行再将扣除补偿性余额后的多余现金汇入企业总部的集中银行账户。采用集中银行法的主要优点是：①由各个收款中心向各地区客户寄发付款账单，客户付款直接邮寄到最近的收款中心，因此，可以大大缩短账单和货款的邮寄时间。②各个收款中心收到客户交来的支票，可以直接存入当地银行，这样可以缩短支票兑现的时间。但是，这种方法也存在缺点，主要有：①各个收款中心的地方银行都要求有一定的补偿性余额，这样就增加了企业闲置的现金。②设定收款中心需要一定的管理费用。因此，企业在采用集中银行法收取现金时，既要考虑到其加快收款速度的优点，也要考虑到其缺点，权衡利弊，才能取得更好的效果。

2. 锁箱法

锁箱法也称邮政信箱法，是指企业在业务比较集中的地区租用专门的邮政信箱，并通知客户将款项直接邮寄到指定的邮政信箱，然后授权当地银行每天开启信箱，并及时进行票据结算的方法。由于客户直接将票据寄到当地指定的邮政信箱而不是企业总部，这样，就可以大大缩短票据的邮寄时间，加快款项回收速度。同时，也免除了企业办理收款及款项存入银行等手续，缩短了票据在企业停留的时间。但是，采用锁箱法的成本较高，租用邮政信箱需要支付租金，授权当地银行开启邮政信箱，银行要收取额外的服务费用。同时，银行还要扣除一定数量的补偿性余额，这也增加了企业的费用支出。所以，企业在采用锁箱法时，也要充分考虑到其优缺点，权衡利弊，以取得较好的效果。

（二）现金支出管理

企业在加强现金回收管理的同时，还应当严格控制现金支出。与现金回收管理的加快速度相反，现金支出管理应当尽可能延迟现金支出的时间。在财务管理中，控制现金支出的方法主要有以下几种：

1. 运用现金浮游量

现金浮游量是指企业账户上的银行存款余额与银行账户上所显示的企业存

款余额之间的差额。如果企业本身办理收款的效率高于接受其支票的企业的收款效率，就会产生现金浮游量，使企业账户上的银行存款余额小于其银行账户上所显示的存款余额。有时，企业账簿上的银行存款余额已经是零或者负数，而其银行账簿上企业的存款余额还有许多。这样，企业就可以充分利用这部分现金浮游量，大大地节约现金，等于使用了一笔无息贷款。

2. 利用商业信用，控制付款时间

企业在交易活动中要尽可能利用商业信用，延迟支付货款的时间，这样可以最大限度地利用现金，提高现金使用效率，降低现金的成本。在采购商品时，应当尽量争取最大的信用期限，并尽可能在折扣期限或者信用期限的最后一天支付货款。

3. 改进工资支付模式

企业可以为支付工资而专门设立一个工资账户，代替全部采用现金支付工资的方法。为了最大限度地减少工资账户的存款余额，企业要合理预测开出的支付工资的支票到银行兑现的具体时间。一般来说，总是有一定比例的职工并不是立刻到工资账户上兑现工资，而是要在几日之后才去兑现。这样，企业就不必在发放工资的第一天就将全部工资款项都存入工资账户，而是陆续存入，以减少该账户的余额，达到充分利用现金的目的。

4. 力争使现金流出与现金流入同步

企业在安排现金支出时，应当考虑到现金流入的时间，尽量使现金流出与现金流入同步，这样可以减少交易性现金余额，并能减少有价证券转换为现金的次数，提高现金的利用效率，节约转换成本。

第三节　应收账款管理

应收账款是指因对外销售产品、材料、提供劳务及其他原因，应向购货单位或接受劳务单位及其他单位收取的款项。

一、信用销售的功能与成本

（一）信用销售的功能

信用销售即赊销。在市场经济条件下，存在着激烈的商业竞争，迫于竞争的压力，赊销已成为企业扩大销售的重要手段之一。这是因为赊销使客户赢得一定的资金融通、检验商品及复核单据的时间。赊销的促销功能，在银根紧缩、市场疲软、资金匮乏的情况下，是十分明显的。特别是在企业销售新产品、开拓新市场时，赊销更具有重要意义。

（二）应收账款的成本

企业在采取赊销方式促进销售的同时，会产生应收账款，企业持有一定应收账款所付出的代价，这种代价即为应收账款的成本。其内容包括：

1. 机会成本

应收账款的机会成本是指资金投放在应收账款所丧失的再投资收益，如投资于有价证券便会有投资收益。这一成本的大小通常与应收账款资金占用量、资本成本或最低投资报酬率有关。其计算公式为：

应收账款机会成本＝应收账款占用资金×资本成本（或最低投资报酬率）

式中：资本成本一般可按有价证券收益率计算；应收账款占用资金可按下列公式计算：

$$应收账款占用资金＝应收账款平均余额×变动成本率$$

$$应收账款平均余额＝销售额÷应收账款周转次数$$

$$或＝日销售额×平均收现期$$

在上述分析中，假设企业的成本水平保持不变（即单位变动成本不变，固定成本总额不变），因此随着赊销业务的扩大，只有变动成本总额随之上升。

2. 管理成本

它是企业对应收账款进行管理而发生的支出，主要包括对客户的资信调查费用、应收账款账簿记录费用、收账费用以及其他费用等。

3. 坏账成本

它是因应收账款无法收回而产生的坏账损失。坏账成本与应收账款数量成正比。

二、应收账款管理的目标与内容

提供信用销售的结果，一方面可以扩大销售，另一方面又形成了应收账款，并产生了应收账款成本，从而增加了企业的经营风险。因此，应收账款管理的目标，或者说信用销售管理目标，就是要实现上述信用销售的功能与相应成本的平衡。这种平衡是通过制定并有效执行适当的信用政策来实现的。因此，应收账款管理的内容应当包括：①制定适当的信用政策；②严格执行信用政策；③应收账款的控制。

三、信用政策

（一）信用政策的概念及内容

信用政策又称应收账款政策，是指企业为对应收账款进行规划与控制而确立的基本原则与行为规范，是企业财务政策的一个重要组成部分。企业要管好用好应收账款，必须事先制定科学合理的信用政策。信用政策包括信用标准、信用条件和收账政策三部分内容。

1. 信用标准

信用标准是客户获得企业商业信用所应具备的最低条件，通常以预期的坏账损失率表示。信用标准的设置直接影响到对客户信用申请的审批，与销售部门的工作密切相关，它能帮助企业的销售部门定义企业的信用销售对象，在很大程度上决定了企业客户群的规模。信用标准的宽严也在很大程度上决定了应收账款的规模和相关成本。

如果企业信用标准过高，将使许多客户因信用品质达不到设定的标准而被拒之门外，其结果尽管有利于降低违约风险及收账费用，但也会影响企业市场竞争能力的提高和销售收入的扩大。相反，如果企业采取较低的信用标准，虽然有利于企业扩大销售，提高市场竞争力和占有率，但同时也会导致坏账损失风险加大和收账费用增加。

2. 信用条件

信用条件是指企业要求客户支付赊销货款的付款条件，包括信用期限和现金折扣。信用条件的基本表现方式如"2/10，n/40"，即40天为信用期限，10天为折扣期限，2%为现金折扣率。

（1）信用期限是指企业允许客户购货到支付货款的时间限定。产品销售量与信用期限之间存在着一定的依存关系。延长信用期限，可以在一定程度上扩大销售量，从而增加收益。但延长信用期限也会给企业带来不良后果：一是使平均收账期延长，占用在应收账款上的资金相应增加，机会成本增加；二是坏账损失和收账费用增加。

（2）现金折扣包括现金折扣率和折扣期限。为了加速资金周转，及时收回贷款，减少坏账损失，许多企业在延长信用期限的同时，给予一定的优惠措施，即在规定的时间内提前偿付货款的客户可按销售收入的一定比率享受折扣。现金折扣实际上是产品售价的扣减，企业决定是否提供以及提供多大比率的现金折扣，应考虑提供折扣后所得的收益是否大于现金折扣的成本。

3. 收账政策

收账政策亦称收账方针，是指当客户违反信用条件，拖欠甚至拒付账款时企业采取的收账策略与措施。

在企业向客户提供商业信用时，必须考虑三个问题：其一，客户是否会拖欠或拒付账款，程度如何？其二，怎样最大限度地防止客户拖欠账款？其三，当账款遭到拖欠甚至拒付，企业应采取怎样的对策？前两个问题主要靠信用调查和严格信用审批制度，第三个问题必须通过制定完善的收账方针，采取有效的收账措施予以解决。

企业对拖欠的应收账款，无论采用何种方式进行催收，都需要付出一定的代价，即收账费用。如收款所花的邮电通讯费、派专人收款的差旅费和法律诉讼费等。如果企业制定的收款政策过宽，会导致逾期未付款项的客户拖延时间更长，对企业不利；收账政策过严，催收过急，又可能伤害无意拖欠的客户，影响企业未来购销售和利润。因此，企业在制定收账政策时，要权衡利弊，掌握好宽严界限。

（二）信用政策的制定及评价

企业在制定信用政策时，还必须综合考虑信用标准、信用条件和收账政策。三者的变化对企业的销售量、应收账款的机会成本、管理成本和坏账成本都会产生影响。良好的信用政策可以促进企业产品销售，减少应收账款的成本，提高企业的经济效益。信用政策的制定应当考虑以下因素：

1. 调查不同的信用政策对产品销售量的影响程度

信用政策对产品销售量的影响主要是信用标准和信用条件对销售的影响。严格的信用标准和信用条件可能会减少销售量，宽松的信用标准和优惠的信用条件可能会增加销售量。企业在制定信用政策之前，应当通过市场调查和以往的销售经验，来预测不同的信用标准和信用条件对销售量的影响程度，进而测算出在不同信用政策方案下，销售收入增减的数额。

2. 分析不同的信用政策所产生的应收账款成本

不同的信用政策不仅对销售量产生不同的影响，也会对应收账款的资金占用额、应收账款的平均收账期、坏账损失发生的概率以及收账费用等产生不同的影响。企业应当测算出不同的信用政策所产生的应收账款成本，以便进行对比。

3. 比较不同的信用政策方案，选择最佳信用政策

通过上述的预测和分析，可以计算出不同信用政策方案对企业收益的影响结果，通过比较就可以选择出最佳信用政策方案。制定信用政策的基本原则就是信用政策所带来的总收益应大于其带来的总成本。最佳信用政策就是能使企业收益增加最多的信用政策。

在信用政策制定中，如遇企业生产经营环境发生变化时，还需要对信用政策中的某些规定进行修改和调整，并对改变条件的各种备选方案进行认真评价。

第四节　存货管理

存货是指企业在生产经营过程中为销售或者耗用而储备的物资,包括材料、商品、产成品、半成品、低值易耗品等项目。它是企业流动资产的重要组成部分,在流动资产中所占的比重较大。

一、存货的功能与成本

(一)存货的功能

如果企业能在生产投料时随时购入所需材料,在销售时购入所需商品,就不需储备存货。但实际上,企业总有储备存货的需要并因此而占用或多或少的资金。这种存货储备的功能主要在于:

1.防止停工待料

在生产阶段,适量的原材料和在制品、半成品存货是企业生产正常进行的前提和保障。就企业外部而言,供货方的生产和销售往往会因某些原因而暂停或推迟,从而影响企业材料的及时采购、入库和投产。就企业内部而言,有适量的半成品储备,能使各生产环节的生产调度更加合理,各生产工序步调更为协调,联系更为紧密,不至于因等待半成品而影响生产。可见,适量的存货能有效防止停工待料事件的发生,维持生产的连续性。

2.适应市场变化

在销售阶段,存货储备能增强企业销售方面的机动性以及适应市场变化的能力。企业有了足够的库存产成品,能有效地供应市场,满足顾客的需要。相反,若某种畅销产品库存不足,将会错失目前的或未来的推销良机,并可能因此而失去顾客。在通货膨胀时,适当地储存原材料存货,能使企业获得市场物价上涨的好处。

3.降低存货的取得成本

很多企业为扩大销售规模,对购货方提供了较优厚的商业折扣待遇,即购货达到一定数量时,便在价格上给予相应的折扣优惠。企业采取批量集中进货,可获得较多的商业折扣,降低购置成本。此外,通过增加每次购货数量,减少购货次数,可以降低存货的订货成本。即便在推崇以零存货为管理目标的今天,仍有不少企业采取大批量购货方式,原因就在于这种方式有助于降低存货的取得成本,只要取得成本的降低额大于因存货增加而导致的储存成本增加额,经济上便是可行的。

(二)存货的成本

存货成本是指与存货有关的各项支出,包括以下几个方面:

1.取得成本

取得成本是指为取得某种存货而支出的成本,包括订货成本和购置成本两类。

(1)订货成本是指取得订单的成本,也即为组织进货而开支的费用,如办公费、差旅费、邮资、电话电报费、运输费、检验费、入库搬运费等支出。订货成本中有一部分与订货次数有关,如差旅费、邮资、电话费等,称为订货的变动成本。每次订货的变动成本用 K 表示,订货次数等于存货年需要量 D 与每次进货量 Q 之商。另一部分与订货次数无关,如专设采购机构的基本开支等,称为订货的固定成本,用 F_1 表示。订货成本的计算公式为:

$$订货成本 = \frac{D}{Q}K + F_1$$

(2)购置成本是指存货本身的价值,经常用进货数量与进货单价的乘积来确定。存货年需要量用 D 表示,进货单价用 U 表示,于是购置成本为 DU。

订货成本加上购置成本,就等于存货的取得成本。若取得成本用 TC_a 表示,其计算公式为:

$$TC_a = \frac{D}{Q}K + F_1 + DU$$

2.储存成本

储存成本是指为持有存货而发生的成本,包括存货资金占用费(存货资金的机会成本)、仓储费用、保险费、存货毁损变质损失等。储存成本可以按照与储存数额的关系分为变动成本和固定成本两类。其中，固定成本与存货储存数额的多少没有直接联系。如仓库折旧费、仓库职工的固定月工资等，用 F_2 表示；变动成本则随着存货储存数额的增减，成比例变动，如存货资金占用费用、存货残损和变质损失、存货的保险费用等，单位变动成本用 K_c 表示。若储存成本用 TC_c 表示，则：

储存成本=储存变动成本+储存固定成本

$$TC_c = \frac{Q}{2}K_c + F_2$$

3. 缺货成本

缺货成本是指因存货不足而给企业造成的损失，包括由于材料供应中断造成的停工损失、产成品库存缺货导致的延误发货损失及丧失销售机会的损失（还应包括需要主观估计的商誉损失）；如果生产企业以紧急采购代用材料解决库存材料中断之急，那么缺货成本表现为紧急额外购入成本（紧急额外购入成本的开支会大于正常采购的开支）。若缺货成本用 TC_ε 表示，储备存货的总成本用 TC 表示，则：

$$TC = TC_\alpha + TC_c + TC_\varepsilon = \frac{D}{Q}K + F_1 + DU + \frac{Q}{2}K_c + F_2 + TC_\varepsilon$$

二、存货管理目标

如上所述，企业持有充足的存货，不仅有利于生产过程的顺利进行，节约订货成本与生产时间，而且能够迅速地满足客户各种订货的需要，从而为企业的生产与销售提供较大的机动性，避免因存货不足带来的机会损失。

然而，存货的增加必然要占用更多的资金，将使企业付出更大的成本。因此，如何在存货的功能与成本之间进行利弊权衡，在充分发挥存货功能的同时降低成本、增加收益、实现它们的最佳组合，成为存货管理的基本目标。

三、存货决策

存货决策主要涉及四项内容：决定进货项目、选择供应单位、决定进货批量和进货时间。财务部门应负责的是决定进货批量和进货时间。实现存货管理目标，关键在于确定合理的进货批量和进货时间，合理的进货批量就是使存货的相关总成本最低的进货批量，也称为经济订货批量或经济批量（EOQ）。有了经济订货批量，就可以合理安排经济进货时间。

（一）经济订货批量（EOQ）基本模型

经济订货批量的基本模型，通常是建立在如下基本假设基础上的：

（1）企业能够及时补充存货，即需要订货时便可立即取得存货；

（2）能集中到货，而非陆续入库；

（3）不允许缺货，即无缺货成本；

（4）需求量能够确定；

（5）存货单价不变，不考虑折扣；

（6）企业现金充足，不会因现金短缺而影响进货；

（7）所需存货市场供应充足，不会因买不到需要的存货而影响其他；

（8）存货耗用量均衡。

在上述假设基础上，存货相关总成本的公式为：

$$TC = \frac{D}{Q}K + \frac{Q}{2}K_c$$

其中：TC——存货相关总成本；

D——存货年需要量；

Q——每次订货批量；

K——每次订货的变动成本；

K_c——存货的单位储存变动成本。

（二）经济订货批量基本模型的扩展

经济订货批量的基本模型是在上述各项假设条件下建立的，而现实生活中，能够同时满足这些假设条件是十分罕见的，甚至是不可能的。为了使基本模型接近于实际情况，具有较强的可用性，我们需要对基本模型进行扩展。

1.存在数量折扣

在实际经济活动中，供货厂家为争取顾客多订货，加速资金周转，往往采取数量折扣的供应方式，即当顾客每次订货超过一定数量时，即予以价格上的优惠。购货企业接受数量折扣条件，有利有弊：其利在于存货购买价格的降低，可以降低购置成本，而且由于每次订货批量加大，可以减少订货次数，从而降低订货成本；其弊在于订货批量加大，平均存货增加，势必提高储存成本。由此可见，在存在数量折扣的情况下，确定经济订货批量时，存货总成本除了考虑订货成本和储存成本外，还应考虑购置成本。

2.再订货点

一般情况下，存货不能做到及时补充。因此，不能等存货用光再去订货，而需要在没有用完时提前订货。在提前订货的情况下，企业再次发出订单时，尚有存货的库存量，称为再订货点，用 R 表示。它的数量等于交货时间（L）和每日平均需用量（d）的乘积，即 $R=L \cdot d$。

3.存货陆续供应和使用

在建立基本模型时，是假设存货一次全部入库。事实上，各批存货可能陆续入库，使存货陆续增加，尤其是产成品入库和在产品转移、几乎总是陆续供应和陆续耗用的。一次性全部入库的存货数量变化情形如图 7-4 所示，在陆续到货的情况下，需要对基本模型做一些修改。存货数量的变化如图 7-5 所示。

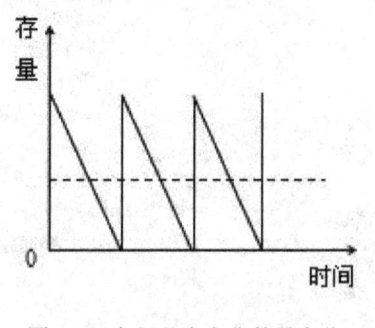
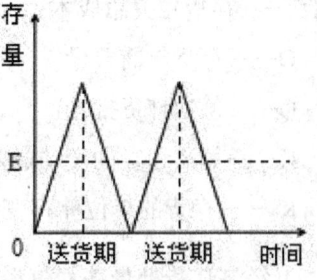

图 7-4　全部入库存货数量变化　　图 7-5　模型修改后存货数量变化

4.保险储备

前面的讨论是假定存货的供需稳定且准确，即每日需用量不变，交货时间也固定不变。实际上，每日需用量、交货时间都可能变化。按照某一订货批量（经济订货批量）和再订货点发出订单后，如果需求大增或送货延迟，就会发生缺货。为防止由此造成的损失，就需要多储备一些存货以备应急之需，这些存货称为保险储备（安全存量）。这些存货在正常情况下不动用，只有当存货过量使用或送货延迟时才动用。

第八章　收益及其分配管理

第一节　利润与利润分配

利润是企业生存和发展的基础，追求利润是企业生产经营的根本动力。搞好利润管理，具有十分重要的意义：①利润是衡量企业生产经营水平的一项综合性指标；②利润是企业实现财务管理目标的基础；③利润是企业扩大再生产的主要资金来源。

一、利润的构成

利润是企业在一定时期从事生产经营和非经营活动所取得的净收益。在量上表现为企业全部收入抵减全部有关支出后的余额。如果企业的收入不足以抵补其支出，就表现为亏损。

（一）营业利润

营业利润是指企业在一定时期从事生产经营活动所取得的利润。它是企业利润总额的主体，是企业营业收入扣除营业成本、费用和各项相关税金等支出后的余额。其计算公式为：

营业利润＝营业收入－营业成本－营业税金及附加－销售费用－管理费用
　　　　　－财务费用－资产减值损失＋公允价值变动损益＋投资收益

式中：营业收入包括主业收入和副业收入。

营业成本包括主业成本和副业成本。

营业税金及附加是指主业、副业所缴纳的税金及附加。

销售费用是企业为销售产品所发生的各项费用，具体包括运输费、装卸费、包装费、保险费、销售佣金、租赁费、广告费、代销手续费、展览费以及专设销售机构经费等。管理费用是企业行政管理部门为管理和组织生产经营活动而发生的各项费用，具体包括公司经费、工会经费、职工教育经费、劳动保险费、待业保险费、董事会会费、咨询费、聘请中介机构费、诉讼费、排污费、绿化费、税金、土地使用费、土地损失补偿费、技术转让费、技术开发费、无形资产摊销、开办费摊销、业务招待费、坏账损失、上缴上级管理费等。

财务费用是指企业在生产经营过程中为筹集资金而发生的各种费用。如，经营期间的利息净支出、汇兑净损失、调剂外汇手续费、金融机构手续费以及筹资发生的其他财务费用。

资产减值损失是指各项资产由于减值所可能发生的损失。

公允价值变动损益是指各项资产由于公允价值变动所发生的损益。

投资收益是指企业对外投资所取得的收益或发生的损失。

（二）营业外收入和营业外支出

营业外收入包括企业固定资产盘盈和出售的净收入、罚款收入、因债权人原因确实无法支付的应付款、教育费附加返还款等；营业外支出包括固定资产盘亏、报废、毁损和出售等情况的净损失、企业非季节性和非在修理期间的停工损失、职工子弟学校和技工学校经费、各种自然灾害等原因造成的非常损失、公益性救济性捐赠支出、企业因未履行合同和协议而向其他单位支付的赔偿金、违约罚息、罚款等。

企业利润总额主要由营业利润、营业外收入和营业外支出三部分构成。

利润总额＝营业利润＋营业外收入－营业外支出

二、利润规划

（一）利润预测

利润预测是对企业未来某一时期可以实现的利润的预计和测算。它是根据影响企业利润变动的各种因素，预测企业将来所能达到的利润水平，或者根据实现目标利润的要求，预测需要达到的销售量或销售额。

在利润总额中，一般情况下，营业利润占的比重最大，是利润预测的重点，其余两部分可以采用较为简便的方法进行预测。下面以营业利润为例来说明利润预测中常用的几种方法。

1. 量本利分析法

量本利分析法是指将产品成本按其对产销量的依存关系分为变动成本和固定成本两部分，根据业务量、成本、利润三者之间的关系来确定目标利润的一种方法。其计算公式为：

目标利润＝预计销量×（单位售价－单位变动成本）－固定成本总额

＝预计销量×单位边际贡献－固定成本总额

2. 比率预测法

比率预测法是按先进合理的利润率来预测目标利润的方法。如根据销售利润率、资产利润率等指标的先进合理水平预测目标利润。

根据销售利润率预测目标利润，其计算公式为：

目标利润＝预计销售收入×销售利润率

根据资产利润率预测目标利润，其计算公式为：

目标利润＝预计资产平均占用额×资产利润率

3. 因素分析法

因素分析法是在基期销售利润水平的基础上，考虑预测期影响销售利润增减变动的各项因素，确定预测期产品销售利润额的一种方法。

这种方法在销售预测和取得基期利润表的基础上，根据销售百分比法的原理，计算基期利润表中各项目与产品销售收入的百分比，再将其与销售预测值相乘，确定预计利润在的各项目，运用编制的预计利润表来确定预测期的目标利润。

（二）利润预算

利润预算也称利润计划，是根据利润预测的结果。利用一定的表格形式，以货币为统一计量单位，反映预测期营业活动及其财务成果的综合性计划。利润预算是企业用于抑制未来营业活动并使之达到预定财务目标的一种重要手段，是企业财务预算的重要组成部分。

1.利润预算的内容

利润预算主要包括两部分内容：营业利润预算和利润总额预算。其中营业利润预算是利润预算的重点。

2.利润预算的编制

企业利润预算的编制，是以企业预测期的销售预算和成本预算为主要依据，结合其他有关资料来进行的。为了便于对利润预算完成情况的检查和分析，利润预算一般按会计报表中利润表的格式编制，其格式如表 8-1 所示。

表 8-1 利润预算表

项目	基期数	本期预算数
一、营业收入	1678000	2064000
减：营业成本	865000	1096000
营业税金及附加	93968	115584
销售费用	94000	105000
管理费用	85000	93000
财务费用	28000	32000
资产减值损失	15000	20000
加：公允价值变动损益	7000	7000
投资收益	15000	85000
二、营业利润	519032	694416
加：营业外收入	1000	1000
减：营业外支出	38000	38000
三、利润总额	482032	657416
减：所得税费用	120508	164354
四、净利润	361524	493062

三、利润分配

利润分配一般指税后利润的分配。企业利润分配必须依法进行，兼顾投资者、经营者和职工等方面的经济利益。

（一）税后利润的一般分配顺序

1.提取法定公积金

公司分配当年税后利润时，应当按照税后利润的 10％比例提取法定公积金，法定公积金累计额为公司注册资本的 50％以上的，可以不再提取。公司的法定公积金不足以弥补以前年度亏损的，在提取法定公积金之前，应当先用当年利润弥补亏损。法定公积金可用于弥补以前年度的亏损、扩大企业生产经营或者转为增加公司资本，但是，资本公积金不得用于弥补亏损。法定公积金转为资本时，所留存的该项公积金不得少于转增前公司注册资本的 25％。法定公积金是从税后利润中形成的积累资金，从产权归属上看，它属于企业所有者权益的一部分，为投资者所有。

2.向投资者分配利润

公司以前年度未分配的利润，可并入本年的投资者红利，但是，全体所有者约定不按照出资比例分取红利的除外。

（二）股份有限公司的税后利润在向股东分配时应遵循的顺序

1.支付优先股股利。2.提取任意盈余公积金。3.支付普通股股利。

其中，提取任意公积金是股份有限公司税后利润分配的一个明显特点。其目的是满足生产经营管理的资金需要，控制向股东分配利润的水平及调整各年利润分配的波动。公司弥补亏损和提取公积金后所余税后利润，股份有限公司按照股东持有的股份比例分配，但股份有限公司章程规定不按持股比例分配的除外。股东会、股东大会或董事会违反有关规定，在公司弥补亏损和提取法定公积金之前向股东分配利润的，股东必须将违反规定分配的利润退还公司。股东持有的本公司股份不得分配利润。

第二节 股利政策类型

股利政策是关于股份公司是否发放股利、发放多少股利、何时发放股利以及以何种形式发放股利等方面的方针和策略，是股份公司重要的财务政策。股利政策的制定既关系到公司股东当前的经济利益，又关系到公司的未来发展。

一、影响股利政策的因素

公司制定股利政策一般应当考虑下列因素。

（一）法律因素

任何股份公司总是在一定的法律环境下从事生产经营活动，因此，法律会直接限制股份公司的股利政策。这些限制主要表现为以下四点。

1. 防止资本侵蚀的规定

它要求公司股利的发放必须维护法定资本的安全完整，即公司不能因支付股利而引起资本（包括股本和资本公积）减少。这一规定的理性目的在于保证公司有完整的产权基础，由此保护债权人的利益。任何导致资本减少（侵蚀）的股利发放都是非法的，董事会应对此负责。按照这一规定，公司股利只能从该年的税后利润和过去积累的留存盈利中支付。也就是说，公司股利的支付不能超过该年的税后利润与过去的留存盈利之和。

2. 资本积累的规定

它要求公司在分配股利前必须按一定比例提取法定盈余公积金和法定公益金。

3. 无力偿付债务的规定

无力偿付债务是指公司由于经营管理不善，出现大量亏损，以致资不抵债或尽管公司没形成大量亏损，但由于资产流动性差而无力偿付到期债务这两种情况。按照法律规定，如果公司已经无力偿付到期债务或因支付股利将使其失去偿债能力，则公司不能支付现金股利，否则属于违法行为。这一规定不允许公司在现金有限的情况下，为取悦股东而支付现金股利。这就为债权人提供了可靠的利益保障。无力偿付债务规定在我国尚未纳入法律规范的范畴，但在企业长期借款或发行企业债券的相关条款中已有所涉及。

4. 超积累限制

西方某些国家禁止公司过度地保留盈余。如果一个公司盈余的保留大大超过目前及未来的投资，则可看作是过度保留，要受到法律的限制。这主要是为了避免公司帮助股东避税而过度保留盈余。我国的法律对公司累积利润未作限制性规定。

（二）股东因素

1. 税负

由于股利收入的税率要高于资本利得税率，因此，富有股东占较大比例的公司，往往倾向于多留盈利、少派发股利的股利政策。因为这种低股利政策可以给这些富有股东带来更多的资本利得收入，从而达到少缴纳所得税的目的。相反，低收入阶层股东占较大比例的公司，往往倾向于多发股利、少留盈利的股利政策。因为这些低收入阶层的股东所适用的个人所得税率比较低，税负状况并不是他们关心的重点，他们更重视当期的股利收入，宁愿获取没有风险的当期股利，也不愿冒风险去获得以后的资本利得。

2. 股东的投资机会

如果公司将留存盈利用于再投资所得报酬低于股东个人将股利收入投资于其他投资机会所得的报酬，则该公司就不应多留存盈利，而应多支付现金股利。因为，这样做对股东将更为有利。尽管难以对每位股东的投资机会及其投资报酬率加以评估。然而，公司至少应对风险相同的公司外部投资机会可获得的投资报酬率加以评估。如果评估显示股东在公司外部有更好的投资机会，则公司应选择高股利支付率的股利政策；相反，则应选择低股利支付率的股利政策。

3. 保证控股权

高股利支付率会导致现有股东股权和盈利的稀释，从而打破原有股东对公司的控制格局。如果公司支付大量现金股利，然后再发行新的普通股以融通资金，现有股东的控制权就可能被稀释。因此，这些公司的股东往往限制股利的支付，而愿意较多地保留盈余。另外，随着新股的发行，流通在外的普通股股数必将增加，最终导致普通股的每股收益和每股市价的下降，对现有股东产生不利影响。

（三）公司内部因素

公司资金的灵活周转，是公司生产经营得以正常进行的必要条件。因此，公司正常的经营活动对现金的要求便成为对股利的最重要的限制因素。这一因素对股利政策的影响程度取决于下列因素。

1. 资产的变现能力

一般来说，公司现金越多，资产流动性越强，支付现金股利的能力也就越强；反之，有些公司即使其过去长时期有丰厚的盈余，而且留在利润账户中的金额很大，但仍然会因资产变现能力不强、流动性不足而无法发放现金股利。

2. 投资机会

如果公司有较多的有利可图的投资机会，往往采用低股利、高保留盈余的政策，如果投资机会较少，就可能采用高股利政策。当然，在采用低股利政策时，财务经理必须把股东们的短期利益——支付现金股利与长期利益——增加保留盈余很好地结合起来，并要说明提高保留盈余，投资+盈利高的项目，从长远来看，股东会有更多的利益。

3. 筹资能力

如果公司有较强的筹资能力，随时能筹到所需资金，那么也就具有较强的支付股利的能力。这种筹资能力可以用银行借款、发行债券、发行票据的能力来表示。一般而言，规模大、发展成熟公司比一些正在快速发展的公司具有更多的外部筹资渠道。

因此，它们都比较倾向于多支付现金股利。而对于新设的、正在快速发展的公司，由于具有较大的经营和财务风险，因而总要经历一段困难时期，才能较顺畅地从外部来源取得长期资金，在此之前，其所举借的长期债务不仅代价昂贵，而且附有较多的限制性条款。因此，这些规模小、新创业的高速发展公司，往往把限制股利支付、多留存盈余作为其切实可行的筹资办法。

4. 盈利的稳定性

一般而言，如果公司的盈利一向比较平稳，而且在可预测的时期内不会有大幅度的升降，这类公司通常比盈利起伏大的公司股利支付率要高；相反，盈利不平稳的公司，在对于日后盈利状况未敢肯定的情况下，大多愿意保留大部分的盈利，以备在盈利下降时仍然能够继续派发股利。

5. 资本成本

与发行新股和举债筹资相比，采用留存收益作为内部筹资的方式，不需要支付筹资费用，其资本成本较低。当公司筹措大量资本时，应当选择比较经济的筹资方式，以降低资本成本。在这种情况下，公司通常采用低股利政策。同时，以留存收益进行筹资，还会增加权益资本的比重，进而提高公司的举债能力。

6. 公司现有经营情况

公司的现有经营情况和经营环境会影响它的股利政策。如处于扩张中的公司一般采用低股利政策；盈利能力较强的公司可以采用比较高的股利政策，反之则采用较低的股利政策；经营上有周期变动的公司一般采用低正常股利加额外股利的政策，在经营周期的萧条阶段采用较低的股利，而在经营周期的高峰阶段再加额外股利，等等。

（四）其他因素

如债务契约的限制。当公司以长期借款、债券、优先股，以及租赁等形式向公司外部筹资时，常常应对方的要求，接受一些有关股利支付的限制条款。这些限制条款主要表现为：除非公司的盈利达到某一水平，否则公司不得发放现金股利；将股利发放额限制在某一盈利额或盈利百分比之上。确立这些限制公司股利支付的契约性条款，目的在于促使公司把利润的一部分按有关条款要求的某种形式（如偿债基金准备等）进行再投资，以扩大公司的经济实力，从而保障债务的如期偿还，维护债权人的利益。

二、股利政策类型

常见的股利政策有以下四种类型。

（一）剩余股利政策

剩余股利政策就是指在公司有着良好的投资机会时,根据最佳资本结构(目标资本结构),测算出投资所需的权益资本,先从盈余当中留用,然后将剩余的盈余作为股利分配给股东的一种股利分配政策。

按照剩余股利政策,股利决策的一般程序为:

(1)确定公司的最佳资本结构,即权益资本与债务资本的最佳比例;

(2)确定最佳资本结构下投资所需的股东权益数额;

(3)尽量利用保留盈余来满足投资所需增加的股东权益数额;

(4)投资方案所需股东权益数额已经满足后若有剩余,再将其剩余部分作为股利分配给股东。

（二）固定股利支付率政策

固定股利支付率政策是指公司每年按照一个固定的股利支付率来分配股利的政策。这一政策的特点是,如果公司各年间的盈利波动不定,则其发放的每股股利也将随之变动,故此政策又称变动股利政策。

主张实行这一政策的公司认为,只有维持固定的股利支付率,才能使股利发放与公司盈利紧密配合,以体现多盈多分、少盈少分、无盈不分原则,这样才算真正公平地对待了每一位股东。但是,由于股利通常被认为是公司未来前景的信息来源,这种政策下各年的股利额变动较大,极易给人造成一种公司经营不稳定的印象,不利于稳定股票价格。因此,一般公司不宜采用这种政策。

（三）固定或稳定增长的股利政策

固定或稳定增长的股利政策是指公司将每年发放的股利额固定在某一特定水平上并在较长时期内保持不变的政策。其表现形式是每股股利额是固定的。这一政策的特点是,不论经济情况如何,也不论公司经营好坏,公司每年的每股股利额固定在某一水平上保持不变,只有当公司认为未来盈余将会显著地、不可逆转地增长时,公司才会提高每股股利额。

采用这一股利政策的主要目的是避免出现由于经营不善而削减股利的情

况。这一股利政策的缺点在于股利的支付与盈余脱节,当盈余较低时仍要支付股利,这可能导致公司资金短缺、财务负担加重;同时不能像剩余股利政策那样保持较低的资本成本。

(四)低正常股利加额外股利的政策

低正常股利加额外股利的政策是指在一般情况下,公司每年只支付固定的、数额较低的正常股利,只有在公司盈余非常多时,再根据实际情况向股东发放额外股利的政策。必须指出,这里的"额外股利"并不固定化,不意味着公司经常性地提高规定的股利率。

采用这一股利政策,将使公司在支付股利方面具有效大的灵活性。当公司盈利状况不佳时,可以不付额外股利,减轻公司的财务负担。而公司盈利状况较佳且资金又很充裕时,可向股东多付额外股利,因此灵活性较大。这种以审慎原则为基础的股利政策受到不少公司的欢迎,尤其适用于那些各年盈余变化较大且现金流量较难把握的公司。但必须注意的是,额外股利的支付不能使股东将它视为正常股利的组成部分,否则,不仅会失去其原有的意义,而且还会产生负面影响。例如,一个连年支付额外股利的公司,如果其股东将它视为正常股利的组成部分,则某一年因盈利下降而取消额外股利,其股东很有可能就此错误地认为公司财务发生了问题,公司的股价就可能因之而下降,由此而影响到公司的筹资能力。

第三节　股利支付程序与方式

一、股利支付程序

股份公司向股东支付股利，前后有一个过程。主要经历股利宣告日、股权登记日、除息日和股利发放日。

（一）股利宣告日

股利宣告日，即公司董事会按股利发放的周期举行董事会会议，决定股利分配的预分方案，交由股东大会讨论通过后，由董事会将股利支付情况正式予以公告的日期。

（二）股权登记日

股权登记日，即有权领取本期股利的股东资格登记截止日期。只有在股权登记日前登记在公司股东名册上的股东，才有权分享本次股利，而在股权登记日之后，登记在册的股东，即使在股利发放日之前买进股票，也无权分享本次股利。

（三）除息日

除息日，即指领取股利的权利与股票分离的日期。在除息日前，股利权从属于股票，持有股票者即享有领取股利的权利，除息日始，股利权与股票分离，新购入股票的人不能分享股利。在此期间的股票交易称为无息交易，其股票称为无息股。证券业一般规定在股权登记日的前四日（正常交易日）为除息日，这是因为过去股票买卖的交割、过户需要一定的时间，如果在除息日之后股权登记日之前交易股票，公司将无法在股权登记日得知股东更换的信息。但是，现在先进的计算机交易系统为股票的交割过户提供了快捷的手段，股票交易结束的当天即可办理完全部的交割、过户手续。因此，我国沪深股票交易所规定的除息日是在股权登记日的次日（正常交易日）。

（四）股利发放日

股利发放日，即向股东支付股利的日期。

二、股利支付方式

（一）现金股利

现金股利是以现金形式支付的，它是股利支付的常见及主要方式。该方式能满足大多数投资者希望得到一定数额的现金的投资要求，最易使投资者接受。但这种股利支付方式增加了公司现金流出量，加大了公司现金支付的压力，只有在公司有较多可供股东分配利润并有充足现金的前提下才能采用。

（二）财产股利

财产股利是以现金之外的其他资产支付股利，主要包括实物股利，如实物资产或实物产品等；证券股利，如公司拥有的其他公司的债券、股票等。其中，实物股利并不增加公司的现金流出，适用于现金支付能力较低的时期。证券股利既保留了公司对其他公司的控制权，又不增加公司目前的现金流出，且由于证券的流动性较强，股东乐于接受。

（三）负债股利

负债股利是公司以负债支付的股利，通常以公司的应付票据支付给股东，在不得已的情况下，也可发行公司债券抵付股利。由于负债均需还本付息，这种股利方式对公司的支付压力较大，只能作为现金不足时的权宜之策。

（四）股票股利

股票股利是公司将应付的股利以增发股票的方式支付。

需要说明的是，财产股利和负债股利实际上是现金股利的替代，在我国公司实务中很少使用。也就是说，我国公司实务中多采用现金股利及股票股利。

三、股票股利

股票股利是公司以增发的股票作为股利的支付方式。发放股票股利，对股东而言，并未得到现实的股利收入，并不直接增加股东的财富，只是增加了股东持有的股数，但它并未改变每位股东的股权比例。对公司而言，发放股票股利，既不增减公司的财产，也不增加公司的负债，而只是对普通股权益中股本、资本公积、盈余公积和未分配利润之间的比例关系的调整，对股东权益总额没有影响。股票股利的实质是公司股利再投资。尽管股票股利不直接增加股东的财富，也不增加公司的价值，但对股东和公司都有特殊意义。

（一）股票股利对股东的意义

（1）事实上，有时公司发放股票股利后，其股价并不成比例下降；一般在发放少量股票股利（如 2%～3%）后，不会引起股价的立即变化，这可使股东得到股票价值相对上升的好处。

（2）发放股票股利通常由成长中的公司所为，因此投资者往往认为发放股票股利预示着公司将会有较大的发展，利润将大幅度增长，足以抵消增发股票带来的消极影响。这种心理会稳定股价甚至会促使股价上升。

（3）在股东需要现金时，还可以将分得的股票股利出售，有些国家税法规定出售股票所需缴纳的资本利得所得税税率比收到现金股利所需缴纳的所得税税率低，这使得股东可以从中获得纳税上的好处。

（二）股票股利对公司的意义

（1）发放股票股利既可以使股东分享公司的盈余，又使公司无需分配现金，这使公司留存了大量现金，便于进行再投资，有利于公司长期发展。

（2）在盈余和现金股利不变的情况下，发放股票股利可以降低股票价格，从而吸引更多的投资者。

（3）发放股票股利往往会向社会传递公司将会继续发展的信息，从而提高投资者对公司的信心，在一定程度上稳定股票价格。但在某些情况下，发放股票股利也会被认为是公司资金周转不灵的征兆，从而降低投资者对公司的信心，加剧股价的下跌。

（4）发放股票股利的费用比发放现金股利的费用大，会增加公司的负担。

四、股票分割

股票分割是指将面额较大的股票拆成数股面额较小的股票的行为，也称"拆股"。虽然股票分割不属于股利支付方式，但其所产生的效果与发放股票股利近似，故而在此一并介绍。

股票分割时，发行在外的股数增加，使得每股面额降低，每股收益下降；但公司价值不变、股东权益总额、股东权益各项目的金额及其相互间的比例也不会改变。这与发放股票股利时的情况既有相同之处，又有不同之处。

虽然股票分割与股票股利一样，既不增加公司的价值，也不增加股东财富，但采用股票分割对公司和股东来讲都具有重要意义。

（一）股票分割对公司的意义

（1）降低股票市价。如果公司管理当局认为其股票价格太高，不利于股票交易，此时通过股票分割降低股价，使公司股票更为广泛地分散到投资者手中，这样，既可以将股价维持在理想的范围之内，以利交易，又可以有力地防止少数股东通过委托代理权实现对公司的企图。

（2）为新股发行做准备。股票价格太高，使许多潜在投资者力不从心，而不敢轻易对公司股票进行投资。在新股发行之前，利用股票分割降低股票价格，有利于提高股票的可转让性和促进市场交易活动，由此增加投资者对股票的兴趣，使新发行股票畅销。

（3）有助于公司兼并、合并政策的实施。当一个公司兼并或合并另一个公司时，首先将自己的股票加以分割，有助于增加被兼并方股东的吸引力。

（二）股票分割对股东的意义

（1）可能会增加股东的现金股利。一般来说，股票分割后，只有极少数的公司还能维持分割之前的每股股利，不过，只要股票分割后每股现金股利的下降幅度小于股票分割幅度，股东仍能多获现金股利。例如，假定某公司股票分割前每股现金股利 2 元，某股东持有 2000 股，可分得现金股利 4000 元（2×2000）；公司按 1 股换 2 股的比例进行股票分割后，该股东股数增为 4000 股。若现金股利降为每股 1.1 元。该股东可得现金股利 4400 元（1.1＞4000），仍大于其股票分割前所得的现金股利。

（2）会给投资者信息上的满足。股票分割一般都是股价不断上涨的公司所采取的行动。公司宣布股票分割，等于向社会传播了本公司的盈余还会继续大幅度增长的有利信息。这一信息将会使投资者争相购买股票，引起股价上涨，进而增加股东财富。

需要指出的是，尽管股票分割与发放股票股利都能达到降低公司股价的目的，但一般来说，只有在公司股价剧涨且预期难以下降时，才采用股票分割的办法降低股价，而在公司股价上涨幅度不大时，往往通过发放股票股利的方法将股价维持在理想的范围之内。相反，有些公司认为自己的股票价格过低，为了提高股价，可以采取反分割（也称股票合并）的措施。反分割是股票分割的相反行为，即将数股面额较低的股票合并为一股面额较高的股票的行为。

第九章　内部审计

第一节　内部审计准则

一、审计准则的基本涵义

审计准则，也称审计规范，是审计人员在实施审计工作时，必须恪守的行为准则，它是审计工作质量的权威性判断标准。理解"审计准则"这一概念需要把握以下几点：

（一）审计准则是制约审计人员的行为准则

它规定了审计人员在审计工作过程中哪些是可以做的，哪些是不可以做的。也就是说设计人员的工作必须在一定规范的约束下进行。

（二）审计准则既对审计人员素质提出要求，同时也是向社会提供审计工作质量保证

综观各国审计准则（外部审计准则、内部审计准则）无不对审计人员独立性和专业胜任能力提出要求。这既有利于向全社会树立审计人员客观、公正的社会形象，也有利于保证审计工作的质量。

（三）审计准则既是审计人员在检查和报告时所作出的判断的质量要求，也是衡量审计工作质量的标准

审计准则除了对审计人员的要求外，还规定了在审计过程和提出审计报告时的要求。因此，它既可以作为审计人员判断审计质量的依据，也可以作为审计报告使用人衡量审计工作质量的依据。

（四）审计准则是审计人员签署最终审计意见的客观保证

审计人员在提出审计意见、作出审计结论之后，应与被审计单位或个人交换意见，然后才签发审计报告，其目的是希望解决分歧，审计准则为审计人员的意见提供了客观保证。

早期的审计由审计人员凭借自身的经验审查账目，应当怎样做及做到什么程度，没有一定的规范。随着审计实践的不断深入，审计人员逐渐认识到，没有一定的规范，他们的职业就缺乏保障。于是，1930 年，美国会计师职业团体首先提出了"审计准则"这一概念，并于 1947 年由美国执业会计师协会发布了审计准则试行办法。随后，世界上其他国家也参照美国的做法制定出本国的审计准则，并在理论上进行了研究。

二、国际内部审计准则简介

国际内部审计准则是指国际内部审计师协会制定并公布实施的内部审计准则。该准则的内容包括三个部分：

（1）内部审计责任公告；

（2）内部审计人员职业道德准则；

（3）内部审计实务准则。

内部审计责任公告共包括四部分内容，即性质、目标和范围、责任和权限、独立性。

内部审计人员职业道德准则包括八条，即：

（1）审计人员在履行职责时有责任做到诚实、客观和勤勉；

（2）审计人员应忠实于雇主，但不应从事任何非法的或与审计工作无关的活动；

（3）审计人员不应从事任何违反雇主利益或妨碍客观履行责任的活动；

（4）审计人员不应在不通知上级管理者的情况下接受相关人员或部门的礼物；

（5）审计人员必须谨慎地对待审计资料，不能用之于个人目的或者有损于雇主利益的其他目的；

（6）审计人员必须取得足够的客观的证据，以合理的谨慎表达自己的意见；

（7）审计人员应持续努力来提高工作效率和效果；

（8）审计人员应遵循国际内部审计师协会的有关章程和条例。

内部审计实务准则除了序和引言之外，分下列四大部分：独立性；专业熟练性；工作范围；审计工作的执行。

（一）独立性

《内部审计实务准则》要求，"内部审计师必须独立于他们所审查的活动。"并指出独立性的意义是："当内部审计师能自由地和客观地执行工作时，才是独立的。独立性能使内部审计师作出公正或不偏不倚的鉴定或评价，这是审计的正当行为的必不可少的一点。"

（二）专业熟练性

《内部审计实务准则》对专业熟练性的要求是：

1. 内部审计部门

（1）工作人员。内部审计部门必须保证内部审计师的技术熟练程度和受教育的背景适合于所要进行的审计工作。

（2）知识、技能和专业训练。内部审计部门必须具备或保持其完成审计职责所必要的知识、技能和专业训练。

（3）监督。内部审计部门应保证内部审计工作是在适当的监督之下进行的。

2. 内部审计师

（1）遵守行为准则。内部审计师必须遵守职业行为准则。

（2）知识、技能和专业训练。内部审计师应具备对执行内部审计工作必要的知识、技能和专业训练。

（3）人际关系和交流。内部审计师应具有与人打交道和有效地进行交流的技能。

（三）工作范围

《内部审计实务准则》规定，内部审计的范围应包括"对各单位的内部控制制度的适当性和有效性，以及对履行职责的工作质量作出检查和评价"；其目的在于：①确定所建立内部控制制度是否能有效地、节约地达到其目的和目标；②确定制度是否起着预期的作用；③确定该单位的目的和目标是否已经达到。其中特别强调对内部控制的检查、为的是要保证目标得以实现：①信息的可靠性和完整性；②遵守政策、计划、程序、法律和条例；③保护资产；④资源的节约和有效使用；⑤业务经营和规划中既定目的和目标的完成，对上述五个方面，不但要检查它们的状况，而且要评价它们的方法和措施。

（四）关于内部审计的实施

《内部审计实务准则》将审计工作分为拟定审计计划、检查和评价信息、报告结果等三个阶段。

1. 审计计划的制定

《内部审计实务准则》要求："内部审计师应对每一审计案件订出计划"，"计划必须作成文字记录"，计划应包括下列内容：①审计的目的和工作范围；②受审活动的背景资料；③执行审计工作时所需要的资源；④与需要了解审计情况的一切人员沟通情报；⑤在合适的情况下进行现场调查，以便熟悉所要审核的活动和控制情况，确定重点审核的范围，邀请被审核者发表意见和建议；⑥制定审计方案；⑦用什么方式、在什么时候、对什么人报告审计结果；⑧获得对审计计划的批准。

2. 检查和评价信息

《内部审计实务准则》规定："内部审计师应将信息加以收集、分析、解释和作成记录。信息必须是充分的、可靠的、相关的、有效的，以便为审计的结果和建议提供有力的根据。"同时，还规定要运用测试和抽样技术。这些都是从民间审计准则和政府审计准则关于收集和评价证据的规定中移植过来的。

3. 内部审计报告

各国内部审计准则对于内部审计报告的编制要求作了说明，有以下几个方面：审计报告必须是客观的、简要的、完整的、及时的。《内部审计实务准则》的规定是：报告书应该是客观的、简明的、建设性的和及时的。对于审计报告的内容，《内部审计实务准则》规定："报告书应申述审计的目的、范围和结果。在合适的情况下，报告书应含有审计师所表达的意见。报告书还可以包括：有可能改进的建议，对满意的工作和纠正的措施表示赞许；被审核人员对审计结论和建议所持的看法也可列在报告书内。"

三、我国内部审计准则的建立

国际内部审计协会制定的内部审计准则对我国的内部审计工作有一定的参考作用。为了更好地指导我国内部审计工作，必须建立适合我国国情的内部审计准则体系。我国审计界对此已有过研究，有人认为，我国的内部审计准则，应包括如下内容：

（1）内部审计的独立性；

（2）内部审计人员的业务熟练程度；

（3）内部审计人员应有的职业责任感；

（4）内部审计工作的范围、任务和承包经营责任审计；

（5）内部审计工作的执行；

（6）内部审计部门的管理；

（7）内部审计工作的质量保证。

现在，我国社会主义市场经济体制的逐步建立和现代企业制度的推行与逐渐完善对内部审计尤其是企业内部审计提出了新的要求，而内部审计准则的建立与完善程度似乎还不能适应这一要求。因此，我们必须根据我国当前经济发展和改革的现状，借鉴西方内部审计准则制定的经验，尽快研究制定出一套适合我国情况的、能进一步促进我国社会主义市场经济发展和现代企业制度完善的内部审计准则体系。该体系也可以像独立审计准则体系一样，包括基本准则、具体准则等几个层次。

第二节 审计依据

一、审计依据的涵义

审计依据是内部审计人员在审计工作中用来判断、评价、衡量和处理有关问题和情况的标准和尺度。审计作为一种验证并报告受托经济责任履行情况的特殊的经济控制活动，在整个过程中，都要判断、评价和衡量企业内部管理成员的有关经济活动或事项是否合法、合理、真实与正确等。这样，就需要有一个判断、评价和衡量的标准或尺度。如为了确定企业内部管理成员的受托经济责任的合法性，就应有用来判断、评价和衡量的法律、法规和制度等；为了确定有关经济活动或项目是否有效益及其程度，就应有一个或一套用来判断、评价和衡量的参照对象。

审计依据与审计准则是两个既有联系又有区别的概念。审计准则解决如何进行审计问题，是审计人员行动的指南和规范；审计依据则解决审计人员根据什么标准提出具体的审计意见或建议，作出具体的审计结论，是辨别是非、衡量优劣、判断合法或非法并据此作出审计结论、提出审计意见和建议的根据。

二、内部审计依据的内容

从不同的角度，根据不同的标准，可以将内部审计依据进行不同的分类。不同种类的内部审计依据，其内容是不同的。划分不同种类的审计依据，利于内部审计工作的灵活运用和内部审计工作的顺利开展。

（一）按照内部审计依据形成的来源分类

（1）外部制定的内部审计依据。这类内部审计依据是指出本部门、本单位以外有关方面制定的内部审计依据。如国家制定的法律、法规，上级主管部门制定的有关规章制度，国际经济法规和国际会计准则等。

（2）内部制定的内部审计依据，这类内部审计依据是指由本部门、本单位自己制定并实施的有关制度或规定。如本部门、本单位制定的发展规划、经营方针、经营计划、财务预算、有关经济项目的可行性研究、有关经济技术定额、内部控制制度等。

内部制定的内部审计依据是企业为了加强管理或控制而制定的计划、预算、定额等等，制定时一方面根据企业的具体情况；另一方面，要符合外部制定的内部审计依据。因此选用审计依据时，要注意两者是否一致，如果不一致，应以外部制定的内部审计依据为标准。

（二）按照内部审计依据的性质分类

（1）法律、法规。法律是由立法机构制定颁发的、由国家强制力保证执行的规范性文件。如会计法、经济合同法、税法等；法规是由国务院和地方政府根据国家法律制定颁发的有关规定。如国营企业成本管理条例等。

（2）规章制度。规章制度是指由国家有关部门、内部审计机构所在单位的上级主管部门及本部门、本单位根据国家的有关法律、法规制定的有关规定，如会计制度、岗位责任制等。

（3）计划、预算、经济合同等。它是指本部门、本单位制定的有关经济计划、预算，与其他单位签订的经济合同等。

（4）技术经济标准。它是指有关方面制定或形成的标明达到一定先进程度的有关经济技术指标或标准，如国家产品质量标准、行业材料消耗先进指标等。可以分为评价经济活动合法合规性的审计依据、评价经营管理活动有效性的审计依据和评价内部控制制度的健全性、有效性的审计依据。

三、内部审计依据运用时应注意的问题

（一）层次性

根据适用范围大小和效力大小、制定单位管辖区域的大小，审计依据具有不同的层次，顺序如下：①国家和中央政府颁布的法律、法规，如宪法、会计法、预算管理条例等；②国务院各部门颁布的各种政策、指示和规章制度以及

指令性计划；③地方各级人民政府制定和颁发的政策和指示等；④被审单位上级主管部门制定的规章制度，下达的计划和提出的技术经济指标等；⑤被审单位的股东代表大会、董事会和职工代表大会等所作的决议，以及本单位各职能部门所制定的规章制度，作出的计划和决议。

从法规和规章制度的制订过程来看，低层次的法规、制度不能违反高层次的法规，只能在高层次法规的原则规定基础上，结合本地区和本部门的具体情况加以补充和具体化。这就是说，法规的层次越高，其覆盖面就越大，而层次越低的法规和制度等，其具体适用性却越强。因此，审计人员应注意尽量完整地收集有关被审单位的具体法规和规章制度，这样有利于正确地判断所查明事实的是非曲直。但如遇低层次的规定与高层次的规定相抵触时，则应以高层次的规定为准，作出评价和判断。

（二）相关性

审计依据的相关性，是指审计依据要同审计结论相关联，审计人员可以利用审计依据提出审计意见和建议，并作出审计结论。审计依据的相关性，是由审计工作的本质决定的。因为审计工作的目的，是对被审单位所承担的受托经济责任作出评价，确定或解除被审单位的受托经济责任，如果审计依据不利于审计人员评价受托经济责任，与审计结论无关，审计依据就失去了意义。因此，审计人员选用审计依据，一定要与作出的审计结论和提出的审计意见和建议密切相关。如果有多种审计依据可供选择时，必须认真分析，深入解剖矛盾，抓住主要矛盾和矛盾的主要方面，选用最能揭示被审单位有关事项本质的作为审计依据。

（三）时效性

各种审计依据都有一定的时效性，不是任何时期和任何条件下都能适用的。作为经济业务行为规范的各种审计依据，属于上层建筑的范畴。上层建筑要根据经济基础的不断发展变化而相应地发展变化，各种审计依据不可能是一成不变的，必须随时间的推移而加以修订和变更。作为经济业务技术规范的各种审计依据，也会随着科学技术水平的发展而发生变化。这就要求审计人员在从事业务活动中，要密切注意各种审计依据的变化，注意其时效性，切忌用旧的审计依据来否定现行的经济活动,也不能用新的审计依据来否定过去的经济活动。

四、运用审计依据的原则

（一）选用审计依据时主要应该充分注意审计依据的基本特征

审计人员选择审计依据时，应该选择与审计目标相一致的审计依据，应该选择较高层次和具有较大权威性的审计依据，这些依据同样应该在时间上是有效的，在地域上是适用的。审计依据的内容非常丰富，审计人员应该谨慎地选择适当的依据。

审计依据选用是否恰当反映出审计人员的基本素质。为了能够选择恰当的审计依据，审计人员平时应该注意审计依据的收集，特别应注意审计依据的发展和变化情况。在审计计划阶段应熟悉有关的审计依据，在审计中碰到的比较陌生的审计依据应尽可能与有关审计文件进行对照。在选用被审单位自订依据时，应该注意对所选用依据的评价，必要时应自行建立审计依据，这也是选用审计依据的一个重要环节。

（二）运用审计依据前应注意对审计依据的评价

审计依据的评价指对审计标准的合理性进行评价，以确定某些依据是否适合于审计事项的评价。在许多情况下，审计人员主要注意审计依据的选择，而并不对审计依据进行评价。例如，审计人员在进行财务审计时，他们以国家的财经法规和会计准则作为审计依据，这些财经法规和会计准则具有很强的约束力和强制性，不论它们是否合理，被审单位都应该遵循贯彻。因此，以此作为审计依据自然不存在审计依据的评价问题。在一些特殊的情况下，对审计依据的评价就十分重要。

在对业务经营审计项目进行审计时，审计人员首先要了解该项目的有关管理部门是否已经建立了评价依据的体系,如果该项目已经具有了评价依据体系，审计人员应该评价该体系的有效性、充分性和合理性，在此基础上对该项目进行审计评价。如果审计人员认为被审项目的管理部门所建立的评价依据体系是不适宜的，或者存在严重的缺陷，审计人员应该修订或者至新建立审计依据体系。审计人员对审计依据评价的意见应与制订该评价依据的管理部门进行沟通，以取得一致意见。如果该管理部门不同意审计人员的意见，审计人员可以有两种选择：一是中止该项目的审计，并陈述中止审计的理由；二是坚持建立一个可行的评价依据体系，以继续进行该项目的审计。审计人员采取哪一种策略取决于该审计事项的性质。通常应该先进行审计依据的评价，而后进行审计取证，因为如果审计人员对审计依据不满意，那么取证也就失去了意义。

（三）注意审计依据的开发

审计依据的开发是指审计人员通过周密的调查研究建立起一套适合于被审项目的审计评价依据。审计依据的开发通常也是针对管理责任审计的，一定程度上是审计依据评价的下一步工作。

通常在以下情况下审计人员对审计依据进行开发：第一，被审项目的有关管理部门没有建立一套用于评价该项目的评价依据；第二，审计人员认为现有的评价依据存在重大的缺陷，需要进一步完善；第三，审计人员认为现行的评价依据体系是不合理的，需要重新建立评价依据体系。

审计人员在建立用于对被审项目进行评价的审计依据体系时，一般要经过以下步骤：首先，审计人员首先应该认真分析和研究是否可能建立一个评价系统对被审项目进行评价，如果认为没有这种可能，审计人员应该记录原因并中止该项目评价体系的建立；其次，审计人员建立该审计项目的评价体系，并研究该被审项目管理部门是否接受该评价体系，如果项目管理部门可能不接受该评价依据，审计人员应分析和记录原因，并应考虑是否可能进行必要的修正；最后，应该将建立的评价依据体系与被审项目管理部门进行沟通、协调达成一致意见，如果存在分歧，审计人员应听取有益的建议，并对所建立的评价依据体系进行修订，如果审计人员经过努力仍不能与有关管理部门达成共识，审计人员应中止建立评价系统的努力，并中止该被审项目的审计。

第三节　内部审计工作项目计划

内部审计是按审计项目进行的。为了充分发挥内部审计的作用，实现内部审计工作的规范化和制度化，内部审计部门应依据其高级管理层（如：董事会领导下的审计委员会、主管审计工作的总经理）的要求，结合内部审计部门自身的条件，制定出年度、季度甚至月份的审计工作项目计划，亦称审计期间计划。

一、制定内部审计工作项目计划应考虑的因素

制定内部审计工作项目计划时，应考虑以下因素：

（1）外部审计组织开展的审计对内部审计的要求，如民间审计组织开展的中期报表审计，年度会计报表审计等，内部审计部门应按照要求给予协作、配合，以保证合适的工作范围，将重复工作减少到最低限度。

（2）以往财务审计、合规审计、管理责任审计中归纳出来的共性问题。内审机构在上一年度对财务审计、合规审计、管理责任审计中发现的财务收支、财经法纪、经济效益审计普遍存在的问题，在确定本年度审计工作项目计划时需予考虑。

（3）投资项目的可行性研究、新产品目标成本、合同与计划的制定与执行、内部控制制度的评审及企业在执行政策中存在的普通性的问题。

（4）制定审计工作项目计划时，还需考虑内审机构现有的工作能力，做到既积极开展工作又量力而行。以上经常性的审计工作，在制定审计工作计划时应予考虑。

二、内部审计工作项目计划的内容

审计工作项目计划一般是指审计期间计划，包括年度计划、季度计划、月度计划，甚至还需要较长时期的计划。审计工作项目计划一般包括文字说明与

计划报表两部分，其中文字说明部分包括：

（1）企业当前财务收支及其有关经济活动的基本情况，需要审计的主要问题；

（2）计划年度审计工作的方针、原则和重点，审计的主要项目和审计目标，企业加强经营管理与提高经济效益可能取得的效果；

（3）为完成全年审计任务采取的主要措施和必要条件，包括审计人员的配备和培训，依靠企业领导的重视和群众的支持，开展深入细致的调查研究等；

（4）审计立项的依据，需要解决的主要问题；

（5）可能出现的中期变化；

（6）开展审计学术活动，进行审计理论的学习和研讨，交流审计工作经验等方面的安排和做法。

计划报表部分，主要包括：审计项目、工作内容、达到的目标和标准、工作进度、工作日期、审计项目负责人及人员，等等。

审计工作项目计划由内部审计部门制定，报高级管理层批准和董事会备案，以求得他们的理解和支持。审计工作项目计划体现了档期审计活动的情况，全面反映了审计项目的安排。因此，通过审计工作项目计划的制定和执行，能使当期的各个审计项目相互协调、密切配合，广泛、深入、有效地开展好内部审计工作，充分发挥内部审计的作用，实现内部审计的经常化、规范化和制度化。

第四节　项目审计计划阶段

项目审计程序又被称作审计循环，它是指一个审计项目从开始到结束的整个系统化过程。内部审计部门通常按照上级部门在年度审计计划中批准的审计项目和为满足企业管理当局的一些特殊要求而确定的审计项目、执行日常审计工作的。不同类型的审计项目因其性质和要求的不同而具有不同的审计目的和目标。为了实现审计的目的和目标，把完成项目审计任务的整个工作过程科学地划分为几个阶段，并赋予与之相适宜的工作内容是非常必要的。它是对项目审计工作给予指导和控制，保证审计工作有计划、有步骤地进行，提高审计工作质量的有效手段。一个审计项目，一般划分为计划、实施和终结三个阶段。另外，由于内部审计侧重于企业的经营管理活动的检查和评价，目的在于督促和帮助被审计单位堵塞管理漏洞，完善控制，提高经营活动的效率性、效果性和经济性；而且企业管理当局非常关心审计之后的变化，关心被审计单位对审计中发现的问题所采取的纠正行动及其结果。因此，内部审计有必要重视后续审计工作，将其成为一个单独的阶段。本节主要介绍项目审计计划阶段。

计划阶段是有效执行审计工作的准备阶段，是指从确定审计项目开始，到制定出书面的审计方案为止的过程。计划阶段准备工作的好坏直接影响到项目审计工作的质量和效率。为保证这一阶段的工作质量，内部审计人员应该对每一个审计项目制定审计计划，计划应编写成文，其内容包括：

（1）确定审计目标和范围；

（2）取得有关进行审计活动的背景资料；

（3）确定执行工作所需要的资料来源；

（4）与所有需要了解情况的人员沟通信息；

（5）适当地进行现场调查以熟悉所要审计的活动及其内部控制情况，确定审计重点并听取被审计人员的意见和建议；

（6）编写审计方案；

（7）决定用什么方式，在什么时候，对什么人传递审计结果；

（8）取得对审计方案的批准。

由于内部审计人员是单位的职员，长期驻在单位，对所审查的经营管理活动及其成果较为熟悉，可以方便地取得有关被审计活动及其控制等方面的资料。因此，内部审计人员可以根据实际情况制定具体的计划，结合日常工作来完成。

一、组建有能力的审计组

一般地，内部审计组织在制定审计项目计划时，就已经考虑了不同审计项目所需要的人力资源及其知识结构。在准备执行具体的审计项目时，选拔适当的审计人员仍是计划阶段必须予以考虑的重要问题。在确定审计组的成员时，应考虑以下几个方面：

（1）项目审计计划对人力资源、时间预算和费用预算的要求；

（2）被审计活动的性质和业务量的大小；

（3）上一次审计对被审计单位内部控制状况的评价；

（4）企业管理当局对该审计项目的一些特殊要求；

（5）被审计单位的组织机构、人事、方针等内部控制环境方面发生的重大变化；

（6）上一次审计的结果尤其是对审计中发现的问题所采取的纠正行动及其效果。

审计小组的人员数量和构成应视审计项目的规模和性质而定，如对计算机环境下的系统实施审计，要有 EDP 方面的专家参与，再如如果涉及复杂的审计抽样技术，应取得统计专家的帮助。审计小组内部要有合理地分工。一般设置一名审计主管（通常有内部审计主任担任）负责选择被审计者、确定审计目标和审计范围，对审计结果负责；一名内部审计部门经理，负责协调各项审计工作，如任命审计小组其他成员、处理审计过程中的问题、协调好审计项目和审计部门的其他工作、复核审计文件等；一名外勤审计工作组长负责指挥和协调外勤审计工作；必要的审计工作人员，负责大部分的例行工作。

二、召开计划会议

计划会议是在审计工作开始前，审计人员办公室里进行的项目审计的初始会议。审计组的全体成员包括聘用的外部专家，围绕即将开展的审计项目举行的碰头会议。主要目的是让审计组的成员知晓有关本次审计工作的一些相关事宜，明确计划阶段应完成哪些方面的准备工作，以保证整个审计工作在有效率和效果的方式下进行。在计划会议上，部门经理和项目负责人应说明与完成本次审计任务相关的所有重要事项：介绍被审计单位或活动的基本情况，上一次或过去审计的结果，以及企业管理当局的一些特殊要求；初步确定并说明总的审计目标、范围和步骤；完成现场审计工作所需要的时间预算；内部审计人员的责任分工；需要外部专家提供帮助的内容和方式；需要被审计单位给予的帮助，包括委派专门的联络员，提供审计所需要的资料，安排会议等。

三、查阅有关资料，初步了解被审计单位的情况

内部审计人员初步了解被审计单位的情况，主要是通过查阅有关部门资料进行的。这些资料主要包括背景资料和文献资料两类。背景资料通常包括被审计单位的章程、经营方针和程序说明、组织机构图、预算、财务和经营报告、控制制度的解释和说明、相关的政府法律和条例、以前的审计工作底稿、备忘录和审计报告，等等。阅读这些背景资料，可以使内部审计人员对被审计单位的组织机构特征、管理风格、价值观念、经营方式和目标，产品的产量和种类、资源筹集和使用、业务过程及其控制、财务状况和经营成果等方面的现状有初步的认识和了解。在可能的情况下，对有关的财务和经营方面的数据进行研究和分析，有助于掌握这些方面的发展趋势，确定可能存在问题的领域，甚至能够提供追查可能发生重大问题的线索。文献资料主要指有关审计、会计和管理等方面的专业理论及实务资料。阅读这类文献，有助于开阔思想、启迪智慧，还可以为审计人员有效地进行现场审计工作提供必要的思路和方法。

四、通知被审计单位

内部审计部门在年初就应该将审计工作项目计划中确定的审计项目传达给被审计单位。在进驻被审计单位之前。有关审计通知的事项主要是向被审计单位说明审计组的人员组成、初步确定的项目审计目标和范围、时间安排以及需要提供的资料和帮助。表 9-1 是审计通知书的参考格式：

表 9-1 审计通知书的参考格式

审计通知书

收件人：_____

兹指派和委托下列人员_____对您单位的以下事项进行审查：1.

　　　　　2.

　　　　　3.

　　　　　4.

在我们到达时，情准备好以下资料：1.

　　　　　　　　　　　2.

　　　　　　　　　　　3.

　　　　　　　　　　　4.

除此之外，我们希望能公开地审阅保存于你们部门的文件、报告的时间表，望给予积极的配合，做好有关部门资料的准备工作，并提供必要的工作条件。

组长：_____

组员：_____

特此通知
年　月　日

抄送

五、进行实地调查

实地调查是在被审计单位作业现场进行的审计准备工作。实地调查的目的是熟悉被审计单位的基本情况，收集和掌握为确定重点审计领域（活动及控制系统）编制系统的审计方案所必需的信息。实地调查主要涉及以下几个方面的工作：

（1）与被审计单位的经理和相关人员进行讨论，听取他们对被审计活动所发表的意见和说明；

（2）对一些重要性资料（例如，业绩报告、经营和财务报告、统计资料、内部控制制度等）进行认真的分析研究；

（3）实地观察经营环境和作业过程，适时地编制流程图、设计和填写调查表或用文字说明等方式来记录观察的结果；

（4）进行简单的审计测试，确定既定的方针政策、计划、程序等规章制度是否被贯彻执行，内部控制系统是否适当和有效，并发挥了预期的效果，识别控制缺陷和潜在或实际的风险领域；

（5）结合风险评估，确定重点审计领域和范围；

（6）检查实地调查的工作进展情况，收集和汇总所掌握的信息，并将其形成书面记录。

六、进行简单的审计测试

在完成上述工作、掌握了一定情况的基础上，内部审计人员可以结合内部控制评审和风险评估对各类被审计业务或关键性活动的操作处理过程进行一些简单的审计测试，作为实地调查工作的一部分内容。这种测试的目的在于熟悉被审计单位的情况，尤其是重要的经营活动和操作过程，以确定控制的薄弱环节或高风险领域。简单审计测试与现场审计中进行的以取得支持审计结论的证据为目的抽样检查不同。简单测试涉及面小，一般只需抽取一个样本就能够满足内部审计人员理解某项具体业务或活动的操作过程是如何被完成的要求。简单的审计测试一般依照一个记录或者一项活动从开始到结束的顺序过程进行，这种测试称之为穿行测试。内部审计人员通过抽取一项记录或活动，按照其信息传递和处理过程进行穿行测试，就可以测定该项记录或活动是如何自始至终被处理完成的，完成这个过程需要哪些审批程序和处理环节，其控制状况如何，每个控制点对该过程的控制是否达到了预期的效果，等等。

七、分析性检查

在审计准备阶段，分析性检查是指对被审计单位的经营活动资料进行的分析检查，主要是从宏观的角度来研究和比较反映经营成果和财务状况的数量性资料之间的关系，测定各种信息的合理性和变化趋势。内部审计人员要根据不同的目的把数量性资料分成不同的组成部分，并通过分析比较来揭示各成分之间的可能关系。例如，为确定某一期间投入产出的效率，就需从投入产出报告中分离出投入和产出的部分并计算出两者的比值，即投入产出率。

八、制定审计项目具体计划

审计项目具体计划是对年度审计项目计划的具体化，它具体地确定审计范围、内容、时间进度和人员安排。其实质是一个审计项目计划划分成若干个审计项目，只分别规定其审计范围、进度和人员的项目实施计划。

审计项目具体计划通常按以下标志划分审计分项目。

（一）以业务循环为基础划分

制造业企业业务循环通常包括：销售收款循环、采购付款循环、生产循环、工薪循环、筹资和投资循环等。按业务循环划分，适用于财务审计和效益审计，便于查处问题，了解症结所在，提出改进的建议。发挥内部审计的作用。

（二）以业务部门为基础划分

业务部门通常包括：生产、销售、采购、仓库、财会等管理部门。按业务部门划分审计范围，可以从业务和管理两方面寻找存在的问题，有助于提高各管理部门自身的业务和管理水平。

（三）按财务报表要素划分

这种划分适用于财务审计。

（四）以特定内容为基础

它适用于一些专题审计项目，如合同审计、质量审计等，此时，审计项目具体计划应按其所涉及的特定内容划分审计范围。如合同审计划分为：合同内容审计、合同手续审计、合同执行审计等。

九、编制审计工作方案

审计工作方案是指导审计工作有条不紊进行的一套书面指令，是对现场审计工作项目进行具体部署所形成的一个正式的书面文件。良好的审计方案可以有效地指导审计工作，提高内部审计工作的效率。

（一）明确审计范围

审计范围应该侧重于影响组织目标实现的重要事项，即对被审计单位内部控制的适当性有效性进行审查。上述准备工作可以确定审计的重点领域。就具体审计项目而言，通常仅涉及与完成该项审计任务相关的活动和重要方面。

（二）确定具体审计目标

在编制审计方案时，必须为既定审计范围内的每一部分拟订具体的审计目标。具体的审计目标是内部审计人员为达到审计目的所要完成的工作。具体审计目标应该根据准备工作确定，侧重于对组织目标实现和健康发展具有重要影响的或已经揭示实际存在或潜在问题的重要活动事项。通常，具体审计目标是针对某项业务活动而设计的。如果内部审计人员要对"供货者的情况购货工作"进行审计，那么审计目标应该确定是否为选择供货者制定了标准；这些标准是否适当;确定有关部门是否定期向采购部门提供了有关供货者情况的准确信息;

当供货者不符合既定的选择标准时，是否采取了适当的行动。

（三）确定审计步骤

审计步骤是指导现场审计达到审计目标的一套具体行动措施，是审计方案的核心内容。在确定了审计范围和审计目标之后，内部审计人员应该决定具体的审计步骤，包括应采用的审计方法，以说明如何收集证据、评价证据，完成现场审计工作。审计步骤应该适合特定的审计目标并覆盖整个已经确定的审计范围。

（四）修订时间预算和分配审计人员

在完成现场调查工作之后，内部审计人员对被审单位的情况有较全面的了解，审计的方向和重点也较明确了，这时就能较准确地估计现场审计、完成审计报告的时间。因此，就可以对原计划中的时间预算作适当的调整，并可根据完成规定的审计范围内每一部分工作所需要的知识和技能来具体安排审计人。

第五节 项目的审计实施及报告阶段

一、审计实施阶段

内部审计的实施阶段又可称之为现场审计阶段，是指审计项目经过充分的准备之后，针对高风险领域或可能存在重大问题的领域进行审计的阶段，也是将审计方案付诸实施，化作实际行动的阶段。该阶段是项目审计程序的中心环节，其主要工作是在审计的实施过程中，依据审计方案的要求，采用适当的审计技术和方法，对实地调查中确定的缺陷或问题进行深入细致的分析研究，获取充分可靠的审计证据，揭示审计发现的原因和结果，作出审计结论和意见，并提出有价值的审计建议或改进措施。审计实施阶段的工作主要包括：审计测试；对审计发现进行因果分析；总结审计发现及结论和建议；编制审计工作底稿；与被审计单位沟通审计结果。

（一）审计测试

审计测试是审计实施阶段的核心工作。审计测试包括控制测试和实质性测试。控制测试的对象是有关业务或部门的内部控制，测试的目的是检查内部控制的健全性和有效性，确定内部控制的可信赖程度，确定实质性测试的性质、时间和范围。实质性测试是在控制测试的基础上对被审计单位的会计资料及其所反映经济活动的可靠性、完整性、合规性和效益性进行的测试。

（二）对审计发现进行因果分析

作为一种审计技术和方法，因果分析适用于整个审计过程。在审计的实施阶段，因果分析意味着对已经确认的审计发现进行深入细致的调查研究，以揭示审计发现的原因和导致的不良后果。通常，原因和结果是相对的，而不是绝对的。换言之，同一种原因可能导致不同的结果，而同一种结果可能由不同的或多种原因所致。因此，要准确地查明并记录审计发现的原因和结果不是一件容易的事。这就要求内部审计人员具有较强的分析判断能力，能在明辨是非的同时，分清事物的主次。因果分析还意味着确定用以评价的标准与实际状况的差异。

（三）总结审计发现、结论和建议

在审计的实施阶段，审计项目负责人应该定期或不定期地召开审计小组的内部工作会议。在会议上，审计人员应该将其负责领域的工作进展情况作阶段性的总结汇报。汇报应该有书面记录，着重说明阶段性的审计发现、结论和建议。据此，项目负责人可以检查和评估各领域的工作进展情况，判断审计发现的性质和重要性，裁决审计证据，并对下一步工作的重点和方向提供指导意见，必要时，应该对尚待查明的重大问题或存在严重控制缺陷的领域提供具体的业务指导和部署。在审计实施阶段的工作全部完成之后，每一位审计人员都应该对其负责的工作进行书面的总结，阐明审计发现、结论和建议，项目负责人应该在撰写审计报告之前将所有的审计发现、结论和建议进行归纳总结，形成要点式报告。这种报告应该言简意赅、提纲挈领地列举已经收集并记录于工作底稿的确凿证据和分析内容，着重阐明审计发现、结论和建议，以及三者合乎逻辑的推理判断关系。通常与被审计单位讨论过的要点式报告，内部审计部主任可以视情况，将其呈送给董事会审计委员会和企业管理当局。

（四）完成审计工作底稿的编制工作

编制审计工作底稿就是将审计工作的执行情况记录成文。事实上，从确定审计项目开始，直到完成审计报告和后续审计的全过程，都涉及审计工作底稿的编制工作。内部审计工作底稿主要是审计过程的计划过程、内部控制系统适当性和有效性的检查和评价执行的审计程序、获取信息和形成的审计结论、现场审计的业务审查、报告活动及后续审计所形成的文字记录。同时，与审计相关的其他文件也可以包括在审计工作底稿中。这些相关文件是：计划活动的文件和审计方案；控制问卷、流程图、审计过程检查单和文字说明；记录询问结果的注意事项和备忘录；诸如组织机构图、岗位职责之类的描述等；重要合同和协议的复印件；有关财务和业务政策的信息资料；控制评价的结果；交易业务、过程和账户余额分析和检查；分析性检查程序的结果；被审单位管理人员对审计备忘录的答复和审计报告；与形成审计结论相关的往来信函。

精心编制审计工作底稿是审计人员执行审计工作的标志，也是内部审计质量管理的要求。在内部审计实务中，审计工作底稿具有重要作用，它为内部审计人员报告审计工作提供基础性的证明依据；为计划审计、执行审计工作和审计检查提供辅助；有助于检查审计目标是否达到，为监督检查审计工作的进程和完成情况提供依据；有助于同被审计单位相关人员进行讨论，为维护所作的审计结论和建议提供依据；审计工作底稿为今后的审计工作提供背景资料和参考数据；为外部审计人员评价内部审计部门的工作质量提供依据；有助于内部审计人员改进工作质量，证明内部审计部门是否遵守了内部审计规范。

（五）与被审计单位讨论审计结果

通常，审计发现、结论和建议都是针对存在的问题、控制缺陷或不规范活动而言的，其矛盾往往直接指向被审计单位的管理人员和业务人员，这可能给审计人员带来不少麻烦。为避免这种不良现象的出现，确保被审计单位的管理人员和业务人员能够依据审计报告书中的建议和结论改进管理，完善内部控制，在现场审计过程中，审计人员应该适时地将发现的问题与被审计单位进行讨论，征求他们的意见和看法。这不但可以进一步确认揭示的问题和提出审计结论、建议的正确性，同时也是对被审计单位的一种尊重，有助于培养双方良好的合作关系。审计人员与被审计单位讨论审计结果有两种方式：一是面对面的口头交换意见；二是通过编制和答复书面的审计备忘录。通常，一份审计备忘录讨论一个问题，它应该阐明审计发现、审计意见和建议，并要求指定的人员在规定的时间内给予正式的书面答复。这是一种普遍采用且效果较好的讨论方式，它迫使审计双方认真考虑审计的结果。以免事后双方产生不必要的争议。

二、审计的报告阶段

审计工作的最终结果表现为审计报告，报告阶段在整个审计过程中占有非常重要的地位。这一阶段，内部审计所做的主要工作是整理和评价审计证据，复核审计工作底稿，撰写审计报告，征求被审计单位的意见并修改审计报告，呈报审计报告，进行文件归档。

（一）整理和评价审计证据

审计实施阶段所收集的审计证据是零星的、分散的，如果不将个别的审计证据系统化，就不能揭示问题的实质，审计证据就不具备充分的证明力，就难以得出正确的审计意见和结论。如原材料盘点的数量低于账面数量，出现短缺，但是，要确定短缺的性质，仅仅依靠盘存单和明细账的数量还不能作出决定，还需要收集其他的审计证据，如收集入库单、领料单，确定登记是否有误，再查看有关部门的资料，确定是否属于定额内的自然损耗。整理和评价审计证据可以确保审计证据的充分、可靠。另外，整理和评价审计证据，还可以选出最适宜的、最有说服力的审计证据，作为编写审计报告的依据。

（二）复核审计工作底稿

一般地，最终的书面审计报告由审计项目负责人撰写。在草拟审计报告之前，项目负责人应最后审阅所有的审计工作底稿。这是检查和评价审计项目工作完成情况，实现质量控制的一种重要手段。更重要的是，项目负责人可以进一步评估审计发现问题的性质和潜在的危害、评估结论的正确性和建议的可行性，为起草审计报告获取详尽素材，为全面、准确和客观地报告审计结果提供合理的保证。

因此，审阅必须保证各个领域的审计工作已全部完成并恰当地记录于审计底稿中，主要审阅以下几个方面。

（1）审计工作底稿与审计方案之间是否做好了相互参照的记号。

（2）审计工作底稿记录的内容是否简明扼要且准确完整地收集了审计证据，是否为审计结论和建议提供了充分、可靠的证明。

（3）审计工作底稿是否为与被审计单位详细讨论审计结果提供了准确可靠的依据，被审计单位可能为采纳和执行审计建议请求审计人员给予详细的说明和指导，也可能对审计结果提出异议，而要求审计人员作出富有说服力的解释，甚至辩护，审计工作底稿必须能够应付这类可能事件的发生。

（4）审计工作底稿是否在总体上反映了审计工作应有的职业谨慎。

（5）审计工作底稿能否为后续审计或今后的审计提供必要参考信息。

（三）撰写内部审计报告

内部审计报告是内部审计人员对被审单位的经济活动经过审核后进行评价、提出意见和建议、做出结论性意见的书面文件。一般应由审计项目负责人编写，审计报告要客观公正、实事求是，措辞要严格正确，分析问题要透彻有说服力。

（四）征求被审单位意见，修改审计报告

审计工作报告的草稿应送给被审单位的主要领导人征求意见，与被审单位详细讨论报告中提出的每一个重大问题，认真听取被审单位提出的不同意见，注意搜集在讨论过程中被审单位提出的新证据。

通过审计和被审双方共同研究讨论写出意见，由被审单位负责人签署意见后，才能定稿。当双方发生严重分歧，不能达成一致意见时，被审单位可将不同意见直接向主管部门报告，项目审计负责人应将此不同意见副本作为工作报告的附件上报。

（五）下达审计决定，通知贯彻执行

审计报告定稿后，按照规范化的格式编制《审计报告书》，审计项目负责人应将其《审计报告书》及附件上报给董事会或总经理，董事会或总经理在审定审计报告所得的结果，并在参考被审单位或个人意见的基础上，做出对内部审计事项的评价、内部审计决定或处理处罚意见等。

被审计单位或个人如果对评价、决定、意见有异议，可在法定期限内向董事会或总经理提出复审或复议的申请。董事会或总经理应负责做好复审或复议工作，并在规定期限内作出复审或复议结论和决定。申诉期间，原审计处理决定应照常执行。表 9-2 是审计决定的格式：

表 9-2　审计决定的格式

字第　　　号
收件人：
根据　　字第　　号审计通知书，对你单位进行审计，现将我们审定后的报告送给你们，并作出如下决定：
以上请遵照执行，并将执行结果于　　　前报送给我们。
附件：
年　　月　　日
抄报：
报送：

（六）文件归档

　　一个审计项目结束后，审计人员应将全部审计资料，包括审计项目计划、审计方案、审计工作底稿、各种审计证据，审计报告底稿及报告、审计结论或审计决定分类归档，建立审计工作档案。一个单位或项目的审计工作结束后，资料很多对这些资料要加以集中、整理、分类而形成审计案卷，便于查阅和参考，内部审计机构的审计文件材料应以项目为单位进行立卷。

第六节 后续审计阶段

后续审计阶段是指审计决定发出相隔一定的时期，检查被审计单位对"审计决定"规定的事项是否贯彻执行，审计的预期目的是否实现，督促被审单位纠正错误，采取纠正措施的阶段。同时，可以检验报告的内容是否切合实际，提出的意见和建议是否切实可行，并且可以检查内审机构在管理责任审计报告中提出的提高经济效益的建议、完善内部控制的措施的实现程度和趋势，并促使其尽快实现。

一、后续审计的概念

后续审计实质上是对被审单位执行"审计决定"的一种继续监督，通过后续审计既可监督《审计决定》的执行，又可以帮助被审单位解决一些他们自己不好解决的问题，帮助他们落实有关措施。后续审计对于提高工作质量和审计监督的权威性，对保证决定的正确执行将起到很大的作用。后续审计后，内部审计人员要写出后续审计报告，包括后续审计的内容、审计的方式、审计的时间、审计的最后结果。后续审计报告也要送单位负责人审阅，如果单位负责人不提出其他要求，审计项目可宣告结束。

二、后续审计的步骤

（1）详细阅读被审计者的审计回复。审计回复是被审计者对审计报告提出的审计发现和建议作出答复的书面文件。审计人员在阅读被审计者的书面回复时，应关注以下情况：不回复；回复不充分；被审计者有异议或理解有误之处；被审计者将不采取纠正措施的说明。采取审计回复形式是十分重要的，因为它保证了被审计者已对审计报告中所提到的审计发现和建议经过了深思熟虑。内部审计人员以审计报告为参照，在仔细阅读审计回复的过程中就可以决定哪些事项值得与被审计者探讨或予以澄清，哪些事项需经现场审查。

（2）内部审计人员就审计回复中不清楚或未作回答的部分与被审计者作面谈或电话询问。

（3）对重大的审计发现实施现场跟踪审计，现场跟踪审计的方法包括面谈、直接观察、测试及检查纠正措施的记录文件等。审计人员应像从事审计实施阶段工作一样，形成现场跟踪审计工作的底稿。

（4）在经过讨论、澄清及现场跟踪审计等必要程序后，审计对已改善了的控制环境的风险进行再评估，或对被审计者提出已经实施或正准备实施纠正行动后的控制环境的风险进行再评估。

（5）向被审计者提出后续审计报告。

三、后续审计中应注意的事项

内部审计组织必须进行后续审计，以确保对报告中提出的审计结果采取适当的行动。内部审计组织应确认已经采取的纠正行动和已经达到要求的结果，或者确认高级管理层或董事会已经承担了对在报告中的审计结果不采取纠正行动而产生的风险。后续审计中应注意的事项：

（1）内部审计组织所进行的后续审计是指他们用以确认管理人员针对报告的审计结果而采取的行动是否合适有效和及时的一个工作过程。这种结果也包括由外部审计师和其他人员所做的有关的审计结果。

（2）管理层负责决定针对报告中的审计结果应要采取的适当行动，内部审计部门经理负责评价管理层针对报告中审计结果为及时解决审计发现的问题而采取的行动。在确定后续审计的范围时，内部审计师应考虑由该组织中其他人员所进行的后续审计的程序。

由于费用或其他考虑，高级管理层可以决定不采取纠正行动并承担由此而产生的风险。高级管理层对所有重要审计结果所做的决定都应报告董事会。后续审计的性质、时间和范围应由内部审计部门经理来确定。

（3）在确定合适的后续审计程序时应考虑的因素：①所报告的结果的重要性；②按照报告提出的要求，采取的纠正措施而产生的影响程度和所需要的费用；③纠正措施失败可能产生的风险；④纠正措施的复杂性；⑤所涉及的时间期限。

（4）内部审计部门经理应制订包括以下内容的程序：①时间要求。要求管理层在要求的时间内对审计发现作出反应和答复；②评价管理层的反映和答复；③核实这种反应和答复（在必要情况下）；④后续审计（在必要情况下）；⑤向适当的管理层次提交有关令人不满意的反应或行动的报告程序，包括风险的假设。

（5）用以有效地完成后续审计工作的技术包括：①向负责采取纠正行动的适当层次的管理人员说明审计报告中的审计发现；②在审计期间或在审计报告发出后的适当时期内，收集和评价管理层对审计结果的反应。如果管理层的反应和答复中包括了足够的资料，能使内部审计部门经理评价纠正行动的适当性和及时性，则这种反应和答复是很有用的；③从管理层中获取定期的最新资料，以便评价管理层按照先前审计报告中的要求所做的纠正行动；④接收并评价来自其他负责进行后续程序的组织单位的报告；⑤向高级管理层或董事会报告有关审计结果的情况。

第十章　内部控制

第一节　内部控制的概念、分类和目标

一、国际上不同国家和机构对内部控制概念的界定

（一）COSO 报告

目前,现代内部控制最具有权威性的框架当属美国 COSO 委员会发布的《企业风险管理——整合框架》（ERM 框架）。ERM 框架对全面风险管理的定义为：全面风险管理是一个由企业的董事会、管理层和其他员工共同参与的,应用于企业战略制定和企业内部各个层次和部门的,用于识别可能对企业造成潜在影响的事项并在其风险偏好范围内管理风险的,为企业目标的实现提供合理保证的过程。

在这个定义中,全面风险管理具有多目标驱动,全员、全过程、合理保证的特性。风险管理受一个或多个不同类型但相互交叉的目标驱动,由董事会、管理当局和组织中各个层级的人员共同实施,持续应用于生产经营活动的全过程,通过识别影响主体的潜在不利事项,采取恰当政策和方法将风险控制在风险容量以内,从而为目标实现提供合理保证。

根据 ERM 框架,内部控制包括三个维度：第一维是企业的目标,第二维是全面风险管理要素,第三维是企业的各个层级。第一维企业的目标有四个,即战略目标、经营目标、报告目标和合规目标。第二维全面风险管理要素有八个,即内部环境、目标设定、事件识别、风险评估、风险应对、控制活动、信息和交流、监控。第三维企业的层级,包括企业层面、各职能部门、各条业务

线及下属各子公司。ERM 三个维度的关系如下：全面风险管理的八个要素都是为企业的四个目标服务的；企业各个层级都要坚持同样的四个目标；每个层次都必须从以上八个方面进行风险管理。

（二）信息系统审计和控制联合会的内部控制

信息系统审计和控制联合会（以下简称 ISACA），成立于 1969 年，是国际上最负盛名的信息控制理论研究及研究资料的出版机构，是一个专门从事 IT 治理相关技术研究、教育的国际组织。2000 年 7 月，ISACA 发布了信息及相关技术的控制目标（Controlled Objectives for Information and Related Technology，COBIT）。COBIT 是一个基于 IT 治理概念的、面向 IT 建设过程的 IT 治理实现指南和审计标准，其目标是为信息系统审计提供公认的信息安全和控制评价标准。

COBIT 将信息系统的作业过程划分为规划和组织、获得和建设、交付和运行、监督四个阶段，各阶段共包括 34 个具体步骤。建立电子商务系统的内部控制程序和政策应以 COBIT 框架的 34 项作业步骤为控制流程主线，针对各步骤的作业内容、控制目标和固有风险，选择 COSO 报告中的相应控制要素及控制要点构成本环节的相应控制政策。COBIT 将 IT 过程、IT 资源及信息、企业的策略与目标联系起来，形成一个三维的体系结构。其中，IT 准则维集中反映了企业的战略目标，主要从质量、成本、时间、资源利用率、系统效率、保密性、完整性、可用性等方面来保证信息的安全性、可靠性、有效性；IT 资源维主要包括以信息、应用系统、设施及人在内的相关信息资源，这是 IT 治理过程的主要对象；IT 过程维则是在 IT 准则的指导下，对信息及相关资源进行规划与处理，从信息技术的规划与组织、获取与实施、交付与支持、监督与评估等四个方面确定了 34 个信息技术处理过程，每个处理过程还包括更加详细的控制目标和审计方针以对 IT 处理过程进行评估。

二、我国的内部控制概念

2006 年 7 月 15 日，受国务院委托，财政部牵头，由财政部、国资委、证监会、审计署、银监会、保监会联合发起成立企业内部控制标准委员会。许多监管部门、大型企业、行业组织、中介机构、科研院所的领导和专家学者积极参与委员会的工作，为构建我国企业内部控制标准体系提供了组织和机制保障。

2008 年 6 月，财政部会同证监会、审计署、银监会、保监会发布《企业内部控制基本规范》（简称《基本规范》），要求自 2009 年 7 月 1 日起首先在上市公司范围开始施行，鼓励非上市的大中型企业执行。《基本规范》的发布标志着我国内部控制制度建设取得了重大突破，基本形成以各单位具体实施为基础、监管部门为主导、会计师事务所等中介机构咨询服务为支撑、政府监管和社会评价相结合的内部控制实施机制。

《基本规范》对内部控制作出如下定义：内部控制是由企业董事会、监事会、经理层和全体员工实施的，旨在实现控制目标的过程。

内部控制的目标是合理保证企业经营管理合法合规、资产安全、财务报告及相关信息真实完整，提高经营效率和效果，促进企业实现发展战略。

《基本规范》在形式上借鉴了 COSO 报告内部控制五要素框架，同时在内容上体现了其风险管理八要素框架的实质，构建了以内部环境为重要基础、以风险评估为重要环节、以控制活动为重要手段、以信息沟通为重要条件、以内部监督为重要保证的五要素框架。上述要素相互联系、相互促进，构成一个统一的企业内部控制框架。

三、内部控制的分类

内部控制从不同角度，按照不同标准可以划分为若干不同的类型。

（一）按内部控制主体分类

内部控制从组织内部的控制主体角度可分为董事会控制、管理者控制、员工控制，从而形成三个层级的内部控制：一是以董事会为主体的公司治理控制；二是以管理者为主体的管理控制；三是以员工为主体的任务控制或作业控制。

（二）按控制实施方式分类

内部控制从控制实施方式角度可分为正式控制和非正式控制，委托型控制和直接型控制。根据制度设计和实施方式不同，控制方式划分为正式控制和非正式控制。正式控制是指通过组织正式的组织结构和制度程序加以实施控制；非正式控制是通过正式控制以外的，诸如信任、奖励、交谈、文化等途径实施控制。根据权力集中程度不同，控制方式划分为委托型控制和直接型控制。委托型控制是指委托人与受托人之间是一种信任与被信任关系的控制。在此控制类型中，委托人给受托人设定一个活动的框架，受托人在这个框架内可以充分发挥自己的能动作用，受托人的行为主要靠信托责任和合约来约束。

（三）按控制目标分类

内部控制从控制目标角度可分为遵循相关法规的控制、保证报告可靠性的控制、实现经营或效率和效果的控制以及促进实现企业战略目标的控制。

四、内部控制的目标

任何一项制度都是为满足特定需求而产生的。内部控制目标是指企业通过实施内部控制所要达到的预期效果。在内部控制发展的初期，企业将内部控制定位于纠错与防范舞弊。

20 世纪 90 年代，不同国家和组织先后颁布内部控制框架，这些框架明确指出内部控制的目标，并且大多采用列举式加以列示。对现有内部控制框架关于内部控制的目标进行比较见表 10-1。

表 10-1　不同框架的内部控制目标比较

内部控制框架	内部控制目标
COSO 报告（2004）	1.促进战略目标的实现 2.经营效率和效果 3.报告的可靠性 4.遵循适用的法律和法规
COCO 报告（1995）	1.经营效果和效率 2.内部报告和外部报告的可靠性 3.遵循适用的法律和法规

续表：

内部控制框架	内部控制目标
Turnbull 报告（1999）	1.对公司面临的业务、经营、财务、合规等主要风险作出适当反应，提升公司效果和效率 2.有助于确保内部报告和外部报告质量 3.有助于确保遵循相关法律、监管规定及公司内部的政策和行为守则
Basle 报告（1998）	1.经营活动的效率和效果（业绩目标） 2.财务及管理信息的可靠性、完整性和及时性（信息目标） 3.遵循适用的法律和监管规定（遵循性目标）
《企业内部控制基本规范》（2008）	1.促进战略目标的实现 2.经营效率和效果 3.财务会计报告及管理信息的真实可靠 4.资产的安全完整 5.遵循国家法律法规以及有关监管要求

由表 10-1 可以看出，内部控制目标可以归纳为两个层次、五个目标。

第一层次：战略层次

包括一个目标，即战略目标。战略目标反映了管理层就主体如何努力为其利益相关者创造价值所作出的选择，是高层次的目标，与其使命相关联并支撑其使命。战略是实现企业目标的全面性、方向性的行动计划。企业在考虑实现战略目标的各种方案时，必须考虑与各种战略相伴的风险及其影响，对于同样的战略目标可以选择不同的战略加以实现，而不同的战略则具有不同的风险。因此，企业在战略选择之前，有必要对当前的经营状况进行评估，分析内外部环境因素，公司在行业中所处的位置及面临的机遇和挑战，不断审视当前的目标与使命。

第二层次：业务层次

包括四个目标，即经营目标、报告目标、合规目标和资产目标。

（1）经营目标。经营目标与企业经营的有效性和效率有关，包括业绩和盈利目标的实现，需要反映企业运营所处的特定经营、行业和经济环境。

（2）报告目标。与报告的可靠性有关，企业报告包括内部和外部报告，可能涉及财务和非财务信息。可靠的报告为管理层提供适合其既定目标的准确而完整的信息，支持管理层的决策，并对主体活动和业绩实施有效监控。财务报告向外界报告使用者提供与企业财务状况、经营成果等有关的会计信息，反映企业管理层受托责任的履行情况，有助于报告使用者作出经济决策；内部控制报告可以增强 CEO 及其他高层管理人员的控制意识，传递高层管理人员对内部控制的承诺，进而增强内部控制的有效性。

（3）合规目标。合规目标与企业活动的合法性有关。企业的生产经营活动必须符合相关的法律和法规，并有必要采取具体措施。这些法律法规可能与市场、价格、税收、环境、员工福利以及国际贸易有关。企业需要根据相关的法律法规制定最低的行为标准并作为企业遵循的目标，企业的合规记录可能对它在社会上的声誉产生极大的正面或负面影响。

（4）资产目标。资产的安全完整目标是我国内部控制体系在 COSO 框架基础上结合国情的创新。资产的安全与完整对于我国企业尤其是国有企业有非常重要的现实意义。

第二节 内部控制系统的设计

一、内部控制设计的原则

（一）合法性原则

合法性原则指企业在设计内部控制制度时，必须符合国家有关法律法规和政府有关监管部门的监管要求。合法性是企业从事经营、创造价值、实现内部控制目标的前提，是一种约束性条件。合法性原则要求：在构建内部控制制度时，企业既要遵循一般法律法规，如公司法、税法、合同法、会计法、企业会计准则、内部会计控制规范；又要根据自身行业性质和特点，遵循行业内部控制规范，如上市公司治理准则、证券投资基金管理公司内部控制指导意见、商业银行内部控制指引，等等。

（二）适应性原则

内部控制制度必须符合管理者的要求，对其经营管理有用，这是适用性原则的要求。各种控制制度是管理者的控制工具，要确实可行，它既要考虑到国家的要求，更要考虑到单位经营的特点与内外环境的实际情况。由于各企业的营运目标、具体任务、规模大小、人员结构、技术设备等都不相同，内部控制的设计要因地制宜。

（三）全面性原则

企业风险管理控制系统，必须包括控制环境、目标设定、风险识别、风险评估、风险应对、控制活动、信息与沟通、监督八项要素，并覆盖各项业务和各个部门。各项控制要素、各业务循环或部门的子控制系统，必须有机构成为企业内部控制的整体架构才能发挥应有的效用。这就要求各子系统的具体控制目标，必须服从于整体控制系统的一般目标。

全面性原则要求：在层次上，内部控制应当涵盖企业董事会、管理层和全体员工；在对象上，应当覆盖企业各项业务和管理活动；在流程上，应当渗透到决策、执行、监督、反馈等各个环节，避免内部控制出现空缺和漏洞。

（四）相互牵制原则

相互牵制原则是指一项完整的经济业务活动，必须分配给具有互相制约关系的两个或两个以上的职位分别完成。相互牵制原则包括横向和纵向两个方面：①在横向关系上，至少要由彼此独立的两个部门或人员办理，以使该部门或人员的工作接受另一个部门或人员的检查和制约；②在纵向关系上，至少要经过互不隶属的两个或两个以上的岗位和环节，以使下级受上级监督，上级受下级牵制。互相牵制的理论根据是在相互牵制的关系下，几个人发生同一错弊而不被发现的概率等于每个人发生该项错弊的概率的连乘积，因而远远低于单个人独立完成某项任务或工作出现错弊的概率。常见的需要分离的职责主要有：授权、执行、记录、保管和核对。

（五）协调性原则

协调性原则是指在各项经营管理活动中，各部门或人员必须相互配合，各岗位和各环节都应协调同步，各项业务程序和办理手续需要紧密衔接，避免出现扯皮和脱节现象，减少矛盾和内耗，以保证经营管理活动的连续性和有效性。协调配合原则是对相互牵制原则的深化和补充，是为了避免一味强调互相牵制带来的负面影响。贯彻这一原则，尤其要避免只注重牵制错弊而不顾办事效率的机械做法，而要做到既相互牵制又相互协调，从而在保证质量提高效率的前提下完成经营任务。

（六）有效性原则

内部控制应当能够为内部控制目标的实现提供合理保证：企业全体员工应当自觉维护内部控制的有效执行。内部控制建立和实施过程中存在的问题应当能够得到及时地纠正和处理。

有效性原则包括两层含义：①各种内部控制制度包括最高决策层所制定的业务规章和发布的指令，必须符合国家和监管部门的规章，必须具有高度的权威性，必须真正落到实处，成为所有员工严格遵守的行动指南；②执行内控制度不能存在任何例外，任何人（包括董事长、总经理）不得拥有超越制度或违反规章的权力。

（七）成本效益原则

成本效益原则是指为进行控制而花费的成本与缺乏控制时所遭受的损失比较，当控制的效益大于成本时，则该项控制措施才是可行的，否则就是不可行的。控制成本包括便于归属计量的直接成本和不便于归属计量的间接成本，控制效益包括短期效益、长期效益、企业自身效益和社会效益等。在实际中，有些工作的效益是难以用金额表示的，但执行该控制有利于企业各项控制目标的实现，如员工职业操守的培养、经济项目的审核程序、信息的反馈，等等。

贯彻成本效益原则，要求企业力争以最小的控制成本取得最大的控制效果。因此，在构建内部控制制度时，应根据企业经营业务的特点、规模的大小、具体的管理情况，既要考虑控制设计成本、执行成本和修订成本，又要考虑企业整体效率和效益的提高，既要把企业的各项经济活动全面置于经济监控之中，又要对经营管理的重要方面、重要环节实行重点控制，力争以最小的控制成本取得最大的控制效果。

（八）授权控制原则

授权控制原则是指企业单位应该根据各岗位业务性质和人员要求，相应地赋予作业任务和职责权限，规定操作规程和处理手续，明确纪律规则和检查标准，以使职、责、权、利相统一。授权控制原则在实际工作中以岗位工作程式化的方式来体现，要求做到事事有人管、人人有专职、办事有标准、工作有检查，以此定奖罚，以增加每个人的事业心和责任感，提高工作质量和效率。

（九）独立性原则

独立性原则是指内部控制的检查、评价部门必须独立于内部控制的建立和执行部门，直接的操作人员和直接的控制人员必须适当分开，并向不同的管理人员报告工作；在存在管理人员职责交叉的情况下，要为负责控制的人员提供可以直接向最高管理层报告的渠道。

二、内部控制设计的方法

具体的内部控制设计要结合企业的具体情况，以内部控制的规范为指导来进行。下面介绍几种经常采用的设计方法。

（一）组织系统图设计

组织系统图主要描述企业内部各阶层的组织机构，显示每一个职位在企业中的地位及其上下隶属与纵横的关系。现代企业组织庞大、部门众多、层次不一、关系复杂，只有以组织系统图的方法描述出来，才能使人一目了然。

（二）职责划分设计

一个企业有很多业务和部门，各个部门的职责应予详细及明确划分，使每一事项的发生都有部门负责，而且要做到不重复、无遗漏。如果一项业务需要有两个以上部门共同完成时，对各部门应负责任的范围也应该有明确的规定。

（三）工作说明说设计

工作说明书是描述工作性质的文件，是职工工作的说明。其表示方法是将单位的每一个工作职位，编制一份详细的说明，用来反映担任该职位的人应该履行的职责。工作岗位说明书应包括：岗位名称、岗位要求、工作内容、薪酬标准、工作条件，等等。

第三节　内部控制信息的评价与披露

一、内部控制信息披露的形式和内容

（一）内部控制信息披露的形式

内部控制信息披露形式主要涉及单独披露还是随财务报告一并披露，由有谁披露，以及强制披露还是自愿披露三个问题。

1. 是否单独披露

内部控制信息披露，可以单独提供，也可以包含在其他载体中，例如管理层讨论、董事会报告等，同其他信息一并披露。其优点在于信息使用者在阅读财务报告、董事会报告的同时了解内部控制相关信息，也便于使用者的理解，提高他们的工作效率，同时，降低了企业提供此类信息的成本。其缺点在于弱化了内部控制信息在企业信息披露体系中的作用。单独披露与此恰恰相反。它可以大大提高人们对内部控制的关注。

根据我国《企业内部控制评价指引》简称《内部评价指引》，上市公司须采取单独披露的形式，而对其他非上市公司没有强制性规定。

2. 由谁披露

在单独披露方式下，涉及由谁提供内部控制相关信息的问题。目前，我国采取企业管理当局和注册会计师共同披露的方式。

《企业内部控制评价指引》规定，企业董事会和管理层应对企业内部控制有效性进行评价，形成评价结论，出具评价报告。由此可见，企业必须定期进行内部控制的自我评价。《企业内部控制基本规范》（简称《内控规范》）在总则中明确指出，上市公司应委托会计师事务所对企业内部控制的有效性进行审计，出具审计报告。《企业内部控制审计指引》也指出，会计师事务所接受委托，对特定基准日内部控制设计与运行的有效性进行审计。

（二）内部控制信息披露内容

如前所述，我国对内部控制评价的信息披露采取共同披露。企业当局对内部控制进行综合评价后，形成内部控制自我评估报告。注册会计师的评估则形成内部控制评价报告。

对内部控制进行综合评价后，评价人员需要对内部控制的评价结果进行记录，与管理人员进行沟通，核对数据，确认事实，征求意见，提出进一步加强和完善内部控制的措施，形成评价报告，并将其传达给管理者。

《内控评价指引》规定，在内部控制评价过程中，应该对内部控制缺陷分为设计缺陷和运行缺陷，并分别加以分析。

根据内部控制缺陷影响整体目标实现的严重程度，可将内部控制缺陷分为一般缺陷、重要缺陷和重大缺陷；企业结合年末控制缺陷的整改结果，编制年度内部控制评价报告。企业应当定期对内部控制整体有效性进行评价，出具评价报告，并向董事会、监事会和管理层报告内部控制设计与运行环节存在的主要问题以及将要采取的整改措施。

评价人员编制的评价报告应包括以下内容：①企业内部控制制度设计和执行的基本情况，从合法性、完整性、合理性和有效性四个方面加以说明。从整体上对企业内部控制制度进行基本概括，使阅读者对企业有一个基本的了解。②指出企业内部控制中存在的重大缺陷。将发现的内部控制缺陷加以归类说明，指出重点问题、关键问题，并说明这些问题会给企业带来的影响。③提出企业改进内部控制的建议。评价人员应当就所提出的内部控制中的缺陷，根据其产生的不同原因及相关情况，提出合理的具有建设性的意见。

二、内部控制评价理论

内部控制是一个整合系统，它通过某种制度安排将企业内部各种资源，包括资金、人员、信息、文化等融合在一起，形成真正的生产能力；内部控制是一种控制机制，通过分析、计划、执行和评价反馈将各要素耦合在一起，使之朝着企业既定的目标努力；内部控制是一个信息系统，从识别经营中的关键风险点、制定风险控制策略到评价控制效率和效果，并反馈给相关人员，体现了信息的获取、加工和处理、传递的过程。控制论、信息论和系统论恰好为内部控制评价的建立提供了理论上的支持。内部控制评价系统作为内部控制的子系统，其建立和发展理所当然受到上述理论的影响。

（一）控制论与内部控制评价

控制论是研究复杂动态系统控制调节规律的科学。根据控制论的观点，一切控制系统所共有的基本特性是信息的交换和反馈过程，利用这些特征可以达到对系统的认识、分析和控制的目的。在控制论基础上发展起来的经济控制论，以研究系统和经济过程如何发挥其功能、如何控制经济过程为目的，着重探讨由各种耦合元素组成的系统的调节和控制的一般规律。

根据 COSO 报告，内部控制是一个由企业的董事会、管理层和其他员工共同参与的，应用于企业战略制定和企业内部各个层次和部门的，识别可能对企业造成潜在影响的事项并在其风险偏好范围内管理风险的，为企业目标的实现提供合理保证的过程。从控制论的角度分析，内部控制着眼于企业内各具体组织的内部经营管理过程，每个单位发挥它们应有的管理功能，并在管理过程中实现自我调节和自我控制，最终使企业向着既定目标努力。控制在很大程度上使管理工作成为一个闭环系统。

在内部控制系统中，股东作为最终控制主体，董事会、管理层和其他员工及其相互之间的信息、资金、设备、文化等要素耦合在一起。该要素集合具体表现为两个层级，即公司层级和业务层级。在这两个层级中，控制可以是从事具体作业的人员在工作过程中的自我控制，也可以是作业人员的上级管理对作业人员的间接控制。随着企业规模的不断扩大以及管理层级与管理幅度的增加，间接控制将成为最主要的控制形式，内部控制评价是最有效的间接控制形式之一。控制论对内部控制评价的影响表现为：内部控制系统是管理控制系统的有机组成部分；内部控制评价系统的设计以清晰的战略目标为前提；内部控制评价系统必须与企业的组织结构相联系；内部控制评价必须采用适合不同评价对象的信息；内部控制评价标准必须客观合理；找出关键内部控制评价指标；发现偏差以后必须及时采取行动，予以纠正。

（二）信息论与内部控制评价

信息论产生于 20 世纪 60 年代，由信号传递理论与信息系统论组成。根据信息传递理论，内部控制评价有助于提高信息的可信程度，促进有效的决策。美国《萨班斯法案》正是这一思路的体现。《萨班斯法案》的 103 条款要求，注册会计师对公司财务报告内部控制出具鉴证报告；404 条款则要求，管理当局分别提供内部控制报告以及内部控制评价报告。投资人可以利用内部控制评价报告披露的关于内部控制健全性和有效性的信息，分析财务报告的真实性和可靠性，进而作出正确的投资决策。根据信息系统论，形形色色的财务舞弊案件，其实质都是企业对外传递低劣和虚假信息。信息系统论认为，内部控制评价是以委托代理理论为基础，对于委托受托各方提供的信息，通过信息输入、信息加工、信息输出三个阶段，最终达到能够提供一个客观公正的信息系统的目的。

（三）系统论与内部控制评价

系统是相互关联、相互制约、相互作用的若干要素组成的具有特定功能的有机整体。系统论研究系统、要素、环境三者的相互关系和变动的规律。系统论认为，应该全面地而不是局部地看问题；动态地、发展地而不是静止地看问题；全方位地而不是孤立地看问题；灵活地而不是呆板地看问题。内部控制具有四个目标、八大要素和两个层次。

根据系统论，这三者之间存在着一定的逻辑关系：四类目标是组织努力的方向；八大构成要素是为实现这些目标所必需的条件；两个层次则是实现目标的途径。具体说，公司为了实现既定的四个目标，应该在公司和业务两个层次按照八个方面加以控制。而且，内部控制不是一种静态的制度，而是一个不断发现问题、解决问题的循环往复的动态过程。内部控制评价系统是内部控制大系统中的子系统，其不同要素之间也是有机地联系在一起的。一个有效的内部控制评价系统包括评价目标、评价主体、评价客体、评价指标、评价标准、评价方法和评价报告等构成要素。

三、内部控制自我评价

1987 年，加拿大海湾公司首次提出"内部控制自我评价"（Control Self Appriasal，CSA），一种崭新的企业内部控制评价方法出现了。这种评估方式满足了管理者将内部控制评估作为有效管理手段的要求，由传统的审计人员检查单据、实施符合性测试程序为导向，转化为在审计人员指引下由管理部门和员工共同研讨，体现了一种新的内部控制思想，即内部控制系统是企业所有成员的事情。CSA 带来了内部控制系统评价的革命，其理念得到了国际内部审计委员会等理论界及实务界的赞许和推广，目前这种方法在美国、加拿大及欧洲得到广泛运用，是西方发达国家公司内部控制评价的一个新趋势。

（一）内部控制自我评价的结构

完整的内部控制自我评价结构包括以下几个方面：

（1）前期计划和前期审计工作。

（2）组织人们在同一时间或同一地点开会，甚至包括有利于交流和活动的座位安排（如 U 字形会议桌）和会议设施，参加人员是管理者——直接涉及检查中的具体问题的管理人员和其他职员，他们对这些问题最了解，对于适当的程序控制的实施具有重要作用。

（3）结构化的议事日程以使参加人员检查过程的风险和控制。通常这些议事日程都要拟定良好的框架或模型以确保参加者发现所有的问题。模型可集中于控制和风险上，也可集中于该项目的理论问题上。

（4）可以有选择地聘用一位书记员对各阶段的现场工作进行记录并处理电子投票的技术问题，以使参加人员可以不记名地发表自己的感想。

（5）报告和实施行动计划。因为被审计者要对自己的风险和控制活动进行评估，所以也经常用到让过程的负责人填制调查表的方式。但是这种方法不如把人们集中起来，开会讨论风险和控制问题更具创新性。然而，为了凸显研究性，内部控制自我评价指的是研讨会方法或更为便利的方法。其他的方法是指以调查为基础的自我评估（区别的目的在于界定研究的主题，而不是肯定或批评一种方法）。

（二）内部控制自我评价的主要方法

1. 主要方法

内部控制自我评价主要采取研讨会法、问卷调查法和管理层分析法三种方法。

（1）研讨会法

研讨会法是一种从代表组织不同层次尤其是风险薄弱环节的工作组中收集内部控制信息，召集尽可能多的业务人员共同分享信息、讨论问题的方法。研讨会法不同于一般的会议，它本身不进行任何决策，只提供评价及改进意见。研讨会在有经验的引导师(通常由对内部控制有一定认识的内部审计人员担任)的引导下，对内部控制、风险等进行评价并提出改进意见。引导师应接受过有关内控制度设计和一般的简约化技能的训练，他并不参与讨论或对讨论的具体内容表示肯定或否定态度，其角色是引导工作坊的人员围绕工作目标、内部控制和风险等问题作出讨论。引导师只为参与者提供内部控制、风险管理等概念，确定 CSA 的讨论方法，确保参与者均能自由地发表意见。研讨会一般没有高级管理人员参与，避免参与者因为有高级人员在场而怯于发表意见。

（2）问卷调查法

是一种用于只需简单回答为"是/否"或者"有/无"的调查工具。业务流程的具体操作者使用调查结果去评估他们的控制结构。

（3）管理层分析法

管理层分析法是任何不使用上述两种方法的方法。通过该方法，管理层可生成一种业务流程的全员研究。CSA 专家（可能是内部审计师）将研究结果与其他经理和关键人物收集的信息结合起来。

一项国际内部审计师协会（IIA）基金资助的研究表明，大部分组织选择研讨会法执行 CSA。IIA 建议执行一项组织分析来决定如何有效地接受和支持参会者实事求是的发言。

如果组织文化属支持性的，IIA 推荐采用研讨会法。

如果组织文化不属于支持性的，那么调查问卷的回复和管理层对内控制度分析能够强化控制环境。

2.研讨会法的工作形式

在研讨会法中，内部审计人员与被评价单位管理人员组成评价工作小组，管理人员在引导员（通常为内部审计人员）的帮助下，对企业或本部门内部控制的恰当性和有效性进行评价，然后根据评价和集体讨论来提出改进建议，出具评价报告，并由管理者实施。根据评价工作小组对内部控制评价的范围和具体内容性质，研讨会分为基于控制、流程、风险和目标的四种基本形式。

（1）基于控制的研讨会形式

该形式研讨会重点关注内部控制的实际运行状况，即内部控制执行的有效性。CSA专家从高级管理层的视角决定内部控制的目标、技术和运用的程序与方法。通过研讨会，企业管理层可以了解内控制度的实际运行情况，进而与内控制度设计预期达到的运行效果进行比较分析，确定差异，寻求改进措施。

（2）基于风险的研讨会形式

该形式研讨会重点关注风险识别和风险管理。该形式研讨会容易为正确行动识别出显著的剩余风险，也较其他方法更易做出全面的自我评估。该形式研讨会一般遵循以下步骤：首先分析在设定目标中存在哪些风险；然后再探讨利用什么内部控制来管理这些风险；最后分析内部控制运行后的重大剩余风险。

（3）基于流程的研讨会形式

该形式研讨会重点检查所选择过程内的执行活动情况。该研讨会的意图是评价、更新或改进选择过程。除确定评价目标外，专家也决定哪些流程能在研讨会召开之前很好地满足关键经营目标实现的需要。该研讨会形式具有比基于控制的研讨会形式更加宽广的分析幅度，能够使流程再造的努力或团队的行动更加有效。

（4）基于目标的研讨会形式

该形式研讨会重点关注完成目标任务的最优途径的选择。目标是否由专家决定不得而知，但来自工作团队的显著投入却是最主要的。研讨会的目的是确定是否选择了最佳的内控技术，是否这些技术在可接受的剩余风险水平下得到有效的运行。在实践中，企业往往同时使用一种以上的形式组合。

第四节　内部控制行为的监督

一、内部控制的内部监督

（一）内部审计的定义

国际内部审计师协会（IIA，1999）把内部审计定义为：内部审计是一种独立、客观的保证与咨询活动，它的目的是为机构增加价值并提高机构的运作效率。它采取系统化、规范化的方法来对风险管理、控制及治理程序进行评价，提高它们的效率，从而帮助实现机构目标。根据 IIA 的定义，内部审计的概念包括以下几个含义：

1. 内部审计的目标

IIA 第一次明确提出了内部审计的目的之一是为机构增加价值，明确了内部审计是一种增值活动，赋予了内部审计更强的生命力。

2. 内部审计的性质

内部审计的性质不再仅仅是"独立的评价活动"，而是"独立、客观地保证和咨询活动"。IIA 在肯定检查和评价的基础上又强调了内部审计也要提供建议等咨询服务，以便更好提高效率、增加价值。

3. 内部审计的范围

IIA 的定义对审计的范围不再使用"经营活动"的提法，而是将其改为"风险管理、（内部）控制和治理程序"。具体内容包括：检查财务和经营信息的可靠性和完整性并作出报告；要确定对本组织经营活动和报告有关政策、计划、程序、法律和条例的遵循情况；要评价资源利用的经济性和有效性；对组织内部控制制度的有效性进行评价；评价和改善风险控制的有效性和充分性；针对组织所遇到的挑战通过咨询活动来增加组织的价值。

我国内部审计协会对内部审计的定义（2003 年）：内部审计是指组织内部的一种独立客观的监督和评价活动，它通过审查和评价经营活动及内部控制的适当性、合法性和有效性来促进组织目标的实现。该定义很大程度上借鉴了 IIA

的定义。

本书对内部审计定义如下：企业内部审计是企业内部的一种独立的、客观的监督、评价和咨询活动，它的目的是发现并预防错误和舞弊，提高企业的运作效率，为企业增加价值。它采取系统化、规范化的方法对企业的内部控制、风险管理进行检查和评价，并提供建议等咨询，来提高它们的效率，从而帮助实现企业的目标。与外部审计相比，企业内部审计具有相对独立性、内向服务性、范围广泛性和形式灵活性的特点。

（二）内部审计模式

公司内部审计部门的隶属关系大体上可分为三种类型：监事会领导模式、董事会领导模式和总经理领导模式。

1. 监事会领导模式

内部审计部门直接由监事会领导，在监事会领导下对公司财务情况和董事、经理的经济行为和经济责任进行审计。这种组织模式的好处在于壮大了监事会的力量，监事会可以利用内部审计部门的工作更好地履行监督职能。但是由于监事不能兼任公司的经营管理职务，没有经营管理权，而内部审计的主要任务是通过审计促进企业改善经营管理，提高经济效益，因此这种模式最大的不足是内部审计不能直接服务于经营决策，难以实现其主要任务和目的。

2. 董事会领导模式

内部审计部门直接由董事会领导，在董事会领导下对公司经营情况、计划执行情况以及经理职责履行情况进行审计。由于其领导层次较少，地位超脱，相对而言独立性和权威性最强，有利于董事会对公司政策方针的把握。不足之处在于，董事会领导模式势必削弱公司经营的直接领导人和直接责任人（即总经理）对公司经营情况的监督。

3. 总经理领导模式

内部审计部门直接由总经理领导，在总经理领导下对公司整体经营情况和内部控制制度执行情况进行审计。有学者认为总经理领导模式难以对公司财务和总经理的经济责任进行独立的监督与评价。笔者认为对公司财务情况和总经理经济责任的监督和评价是董事会和监事会的职责所在，而并非应由内部审计部门完成。总经理就公司的整体情况对董事会和股东会负责，总经理应当了解公司发生的每一项业务。限于公司经济活动的复杂性和总经理个人精力和能力的有限性，仅仅依靠个人的力量，总经理难以对公司经营全过程实行监督，而内部审计部门作为总经理职能的延伸，对公司整体经营情况发挥监督、评价作用是很合理的。

（三）内部审计的活动

内部审计的活动可以归纳为以下几类：

1. 风险分析

企业需要系统的过程来识别风险，从而控制不利结果的出现。比如，在产品进入市场之前进行市场调查、客户分析、新产品的成本分析，判断新产品是否能满足市场需要的风险，评价高管层基调建设基本信息情况，分析公司治理风险等。审计人员不可能对每一事项进行审查，风险分析可以帮助审计人员判断哪些领域应该优先审计。

2. 信息系统的安全和可靠性测试

企业的大部分信息都保存在计算机系统里，也有一部分信息打印存档。许多企业的经营系统已经与企业资源规划系统（ERP）紧密结合起来，要求经常测试计算机信息系统。内部审计人员利用各种技术执行信息安全性测试，确保信息系统的安全和可靠性。

3. 控制有效性测试

一个独立的客观的内部审计部门通过对风险管理过程、内部控制和经营有效性的独立评估来帮助管理层。内部审计人员通常也对控制文件的有效性进行测试，这些控制文件可以为内部控制的质量提供保证。内部审计人员关注业务流程是否有效执行，也关注银行存款余额调节或订购单处理是否合理等。

4. 经营审计

经营审计是对企业经济活动效率、效果和经济性所做的评估。经营审计不局限于符合会计记录，其目的在于评估业务活动的质量和效率，识别改进的机会以及改进意见。审计人员、管理人员和审计委员会将经营审计目标建立在风险分析与企业发展机会联系的基础上，风险越高，所接受的审计就越多。

5. 符合性审计

符合性审计是一种针对经营活动和会计处理是否与管理政策以及相关法律法规相一致的审计，例如法律法规的符合性、公司政策的符合性、经营目标实现的符合性审计等。符合性审计可以改善经营效率并为企业遵守相关法律法规提供保证，能够增加企业的价值。

6. 内部审计报告

在现场审计结束后，审计部门应于企业管理层一起讨论审计结论，研究审计人员是否忽略了某些重要的审计领域，对审计意见是否存在误解。管理层可能会提出一些改进意见，这些改进意见应当包含在审计报告中。内部审计报告的去向有两个。

（1）向管理当局报告

向管理当局提交的报告应包括所有的审计活动，包括质量保证、人力资源开发资讯、准备向审计委员会提交的内容，以及与管理当局的沟通结果等。给管理当局的报告应该在审计委员会的会议之前完成，以便对相关内容进行再处理。

（2）向审计委员会报告

内部审计的角色之一就是帮助审计委员会实现其监督职能，向其提供审计信息，包括内部控制测试报告、重要事项的总结、审计部门的现状等。内部审计人员通过以下三种方式来实施这一功能：检查财务报告内部控制的质量，提供相关信息；在重大会计问题上提供独立意见；对经营效率以及经营活动是否遵守了管理方针提供反馈信息。

二、内部控制的社会监督

（一）监管规范制定者

我国 2006 年以前，参与内部控制规范制定的主要是财政部、中国证券监督管理委员会（简称证监会）和中国注册会计师协会（简称中注协）以及中国银行业监督管理委员会、中国保险监督委员会等，以官方为主。2006 年 7 月我国财政部以财会〔2006〕11 号发布了《财政部关于成立企业内部控制标被委员会的通知》，企业内部控制标准委员会成立，委员会委员组成包括了财政部、证监会、国资委（国务院国有资产监督委员会）、银监会、中注协、保监会、审计署以及证券交易所、企业和学校的人员，为建立健全我国企业内部控制标准体系提供政策指导和咨询服务。但仍然是自律和他律双重作用，以他律（官方）为主。

（二）监管主体

国资委管国有大中型企业；证监会管上市公司的信息披露；财政部管全国所有企业的财务与会计工作，并负责会计准则与制度的制定；审计署管全国的审计工作，并负责审计准则的制定；银监会和保监会负责其行业内企业的内部控制建立和评价的监管。许多企业分属多个监管部门管理，一方面加大了监督部门的工作量，另一方面也造成了多头监管，削弱了监管的权威性，令企业无所适从。

（三）监管内容

我国相关监管主体监管重点是管制欺诈行为，即通过加强内部控制建设，防止和消除信息虚假披露行为和欺诈行为。2008 年 6 月 28 日出台的《企业内部控制基本规范》开始着眼于社会公众利益，即提高企业经营管理水平和风险防范能力，促进企业可持续发展，维护社会主义市场经济秩序和社会公众利益。但真正将监管重点落实到保护投资者利益，还有很长一段路要走。目前证监会的监管主要集中于加强对上市公司的外部约束和年内不管理，而有关注册会计师内部控制评价职责的执行情况的监管，目前主要依靠中国注册会计师协会的检查监督。

第十一章　风险与风险管理

第一节　风险与风险管理的基本概念

一、风险的涵义与构成

（一）风险的定义

风险是什么？最简单的定义是："风险是发生财务损失的可能性"。发生损失的可能性越大，风险越大。这个定义主要强调风险可能带来的损失。在对风险进行深入分析以后，人们发现，风险不仅可以带来超出预期的损失，也可能带来超过预期的收益。于是，出现了一个更正式的定义："风险就是预期结果的不确定性"。某个事情或某项经营活动在无法准确估计其收益和损失时，这种不确定性所带来预期结果的波动就是风险。风险不仅包括负面效应的不确定性，还包括正面效应的不确定性。到目前为止，对风险的定义国内学术界众说纷纭，尚未形成一个大家一致认同的界定。一般来说，有如下几种观点。

1.狭义说

早期研究风险的学者从风险的负面效应来考察风险，将风险定义为："发生损失的可能性"。这样强调了风险的两个特征：第一，风险的结果是负面的，即某一事项或者经营活动给企业带来损失。第二，损失的发生是一种可能性，即概率介于 0 和 1 之间。概率为 0 的无损失和概率为 1 的确定损失都不是风险。这种定义可以称之为狭义的风险定义。

2.广义说

之后有学者将风险可能产生的正面效应也考虑进来，认为风险带来的可能是收益，也可能是损失，但到底是哪种结果及正负效应的程度是不确定的。这种风险定义将与风险伴随的机会也考虑进来，较之前的狭义风险更具全面性，可称之为广义的风险定义。

3. 客观说

随着概率理论与统计学的发展，有学者又用统计学的理念来定义风险。主要有两种观点：其一认为风险是实际结果与预期结果的偏离程度，类似于统计学中的标准差的概念；另一种将风险定义为实际结果偏离预期结果的概率。这两者都强调的是风险的客观性，认为运用统计手段和历史数据是可以对风险发生的概率进行描述的。

4. 主观说

与客观说对应，有学者提出风险不仅具有客观性，同时具有主观性。一方面，人们对客观事物的认知过程本身就存在一定偏差，而对于不确定性的认知偏差程度更大，受心理因素的影响更多。另一方面，"一千个读者，就有一千个哈姆雷特"，不同的人对同一事物会有不同的判断，因此对于风险的认识和判断也会见仁见智，由各人的知识、经验、能力、状态等因素的差异导致判断的差异。所以，风险不仅由客观因素产生，也会受主观的因素干扰。

（二）风险的构成

风险的构成即风险的要素。一般认为，风险由风险因素、风险事故和损失构成，这三个要素的共同作用和影响，决定了风险的存在、发展和发生。

1. 风险因素

风险因素是指引起或增加风险发生的机会或扩大损失程度的原因和条件，它是导致风险发生的潜在原因。风险因素的存在只是风险事故发生的先决条件，并不一定导致风险事故的发生；而风险事故的发生，必定有相应的风险因素存在。用数学语言来说，风险因素是风险事故发生的必要条件。

风险因素一般可以分为物质风险因素、道德风险因素和心理风险因素。

物质风险因素是指有形的并能直接影响事物物理功能变化的因素，即某一标的本身所具有的足以引起或增加风险发生的机会和损失幅度的客观原因。

道德风险因素是指与人的道德品质有关的无形因素，即由于个人的不良企图和恶意行为促使风险事故发生和损失扩大的原因或条件。如贪污、造假、盗窃等。这些不道德的行为必然促使风险发生的频率增加和损失幅度的扩大。

心理风险因素是指与人的心理状态有关的无形的因素，即由于人的疏忽大意和侥幸心理，以致增加风险事故发生的概率和损失幅度的因素。例如，企业或个人由于投保财产保险，就放松了对财物的保护，购买了车险之后放松了驾车时的警惕等。

上述风险因素中，由于道德风险因素和心理风险因素都是无形的，都与个人自身行为方式相联系，而在实践中又难以界定，所以通常将两者统称为人为因素。这样风险因素就被分为两类：物质性因素和人为因素。通俗地讲，就是"天灾"和"人祸"。

2. 风险事故

风险事故是造成生命财产损害的偶发事件，通常是显性的、外露的，是人们看得见、摸得着的风险事件。例如火灾、车祸、盗窃等。风险事故意味着风险的可能性转化为现实性，并直接导致损失的发生。

3. 损失

损失是指非计划、非故意和非预期的经济价值减少或人身伤害。与其他的造成经济价值减少的行为相区别，这里强调"非计划、非故意和非预期"，这是风险损失独有的特征。比如固定资产折旧，或者捐赠这样的行为都会导致经济价值的减少，但这不是损失，因为它们是有计划的、故意的和预期的。

损失又分为直接损失和间接损失。直接损失是风险事故本身直接造成的有形的、实质性的损失，比如厂方失火造成建筑物、机器、原料等的损失。间接损失是由于直接损失而引起的损失，包括利润的减少和后果损失等，例如厂方失火后停产造成的收入损失，为了修复厂方和机器而发生的额外费用损失，等等。

二、风险管理的概念

关于风险管理的概念，目前还没有一个较为统一的定义。在风险管理的研究过程中，不同时代的学者们由于研究的出发点、侧重点不同，因而对风险管理的定义也不同。

早期比较有影响的风险管理定义是由美国学者威廉姆斯和汉斯作出的，1964 年在他们的著作《风险管理和保险》中指出：

"风险管理是通过对风险的识别、衡量和控制，以最小的成本，使风险损失达到最低程度的管理方法"。

另外一个著名的定义是 1998 年由美国学者斯凯伯给出的，在其著作《国际风险与保险》中给出了这样的定义：

"风险管理是指各个经济单位通过对风险的识别、估测、评价和处理，以最小的成本获得最大安全保障的一种管理活动"。

2004 年，美国著名的 COSO 机构发布了《企业风险管理——整合框架》的报告，其中对风险管理给出了一个较为全面的定义：

"企业风险管理是一个过程，它由一个主体的董事会、管理当局和其他人员实施，应用于战略制定并贯穿于企业之中，旨在识别可能会影响主体的潜在事项，管理风险以使其在该主体的风险容量之内，并为主体目标的实现提供合理保证。"

综合以上定义，我们可以得出风险管理的几个原则。

（1）风险管理不是一个静态的制度，而是一个动态的循环的过程，贯穿于企业的整个经营活动之中，渗透于每一个员工的思想和行动之中，风险管理是每一个员工的工作。

（2）风险管理的目的是将风险程度和风险损失降低到企业可以承受的范围之内，为企业提供安全保障，提高管理的质量和水平。

（3）风险管理所针对的风险不仅仅是只会带来损失的纯粹风险，也包括损失和收益并存的机会风险。

（4）风险管理的过程也要遵循成本效益原则，力争用最小的成本来达到降低风险的目标。

企业风险管理的功能是识别可能对公司运作产生影响的潜在事件，通过制定应对风险的策略，将不可避免的风险降至最低水平，将损失最小化。风险管理会占用公司一部分资源，所以降低了运用于其他投资活动的资源的数量，所以风险管理要考虑机会成本的问题，理想的风险管理期望用最少的资源去防范和化解最大的风险危机，但现实中风险管理更为复杂，而且风险管理的效果也不明显，常常被其他活动所掩盖。通常，只有在突发事件给企业造成不可挽回的损失的情况下，企业才会意识到自身风险管理的重要性。

尽管风险管理为企业起到了保驾护航的作用，可以帮助管理者实现企业目标，但进行风险管理的时候，必须认识到风险管理也是有局限性的。无论企业风险管理设计得如何完善、运行得如何有效，它并不能完全消除风险，只是能够降低风险和减少风险所带来的损失。这就是风险管理的局限性，其产生的原因在于以下两点。

（1）成本。对风险进行管理是有成本的，要耗费企业的人力、物力和财力。风险管理的设计必须反映企业资源稀缺的现实，而风险管理的收益必须对应风险管理的成本，风险管理必然会遵循成本收益原则。这样，就不可能也没必要对所有的风险都进行深入分析，企业也不能把所有的风险都降低到一个严格的标准。因此，进行风险管理后必定会有部分剩余风险存在。

（2）主观性。风险是客观存在的，但是对风险的评估是主观的。对风险的分析和评估是对未来的判断，其基础是人们的知识和经验，主观性很强。另外，风险分析量化的工具和方法也是建立在主观估计的基础上的。主观性的存在使得对风险进行精确评估不太现实。另外，风险评估还可能发生人为干扰，如简单失误或错误所造成的故障随时可能发生，两个或两个以上的人串通，可以规避控制，并且管理层能凌驾于企业风险管理决策之上。这些局限性使得董事会和管理层不可能绝对保证实现企业的目标。

以上可见，风险管理不是万能的，也是有一定局限的。但是，决不能因此否认风险管理，风险管理是不可忽视的。

第二节　企业风险识别

企业风险识别是企业风险管理中最为关键，同时也是最为困难的一环，它是一个连续的、动态的过程，与时俱进，持续不断。只要企业还在经营，风险管理活动就不会停止。

风险识别对参与人员的素质和经验要求较高，具体有以下几方面。

（1）熟悉风险管理的相关知识和工具。

（2）对公司的业务流程有深入的了解，最好是业务骨干，在企业有过多年工作经验。

（3）沟通能力强，能够组织各职能部门员工进行交流。

（4）对公司所处行业有较深入的理解，对经济形势、行业趋势等具有前瞻性的敏感。

一、风险识别的基础

风险识别的基础是对企业自身及所处位置的认识和评估。在认识自己的基础上进行风险评估，才能有的放矢，并且，自身评估所形成的结果，如组织结构图、业务流程图等，就是对风险识别最好的指引，使风险识别水到渠成。

对企业自身的认识，要涵盖以下几方面：

（1）公司治理结构；

（2）组织机构设置；

（3）企业文化；

（4）人力资源政策；

（5）内部控制制度；

（6）内部审计机制；

（7）公司业务流程和盈利模式。

对企业处境的认识，可以采用 SWOT 分析法，即从优势、劣势、机会和威胁四个方面来对企业的处境进行评估。这种方法在确定企业战略的过程中得到了广泛应用。

企业的优势的体现，往往是在市场或者细分市场上能够形成某种形式的垄断，一般有以下几个方面。

（1）技术优势。技术先进，工艺复杂，竞争对手无法模仿或者技术独特，受专利保护。

（2）质量优势。产品质量高于竞争对手，形成差异化，可以走高端路线。

（3）成本优势。同样的产品成本低于对手，具有价格优势。

（4）资本优势。资金雄厚，拥有自然资源存储、现代化车间厂房和设备、地产资源等。

（5）商誉优势。良好的品牌形象，累积的商业信用，领先的市场份额。

（6）人员优势。拥有关键的技术人才，积极上进的员工，进取的公司文化。

（7）管理优势。完善的管理信息系统，健全的质量和成本控制体系，快速的市场反应能力，较短的新产品开发周期，强大的营销网络。

一般来讲，一个企业不太可能同时拥有上述所有的优势，只会拥有部分的优势。相对竞争对手而言，本身优势的缺失就是企业的劣势。自然，在激烈的市场竞争中，如何扬长避短，开拓属于自己的领域，这是每个企业都要面对的问题。另外，需要强调，对优势和劣势的分析，其立足点应该是站在用户或者是客户的角度上的，而不是站在企业本身的角度。对客户形成利益的因素才是企业的优势。

机会和威胁。这两者与环境的变化有关，变化的趋势和方向往往决定了是机会还是威胁。与机会和威胁有关的环境变化有：

（1）人口结构的变化导致客户群的变化；

（2）技术的更新换代；

（3）纵向或横向并购；

（4）企业前向或后向整合；

（5）对竞争对手的并购；

（6）市场进入壁垒变化；

（7）市场需求、消费者观念和行为的变化；

（8）替代品进入或退出市场；

（9）汇率或外贸政策的变化；

（10）供应商的变化；

（11）竞争对手的动向，如推出新产品等。

另外，对于 SWOT 四个方面的分析也是动态的，要在评估过程中要加入时间因素，即估计每种优势建立的时间，能够持续的时间，竞争对手做出反应需要的时间等等。这样才会对企业自身及其处境有一个正确的认识，从而为风险识别打下坚实的基础。

二、风险识别的要点

风险识别要注意几点：

（1）以企业目标为中心，确认影响战略和目标的因素；

（2）识别过程中综合运用多种方法和技术；

（3）考虑风险事件的相互依赖性；

（4）对风险因素应该进行分类，便于分析和处理；

（5）注意区分风险和机会；

（6）尽量全面，力争找出所有可能的风险因素。

（一）风险识别贵在全面

风险识别是对风险进行分析、采取应对措施的前提条件。风险识别是否全面，直接影响着企业风险管理的质量。特别是有可能对企业造成重大损失的风险因素的遗漏，更容易对企业形成致命伤害。如果说风险管理是扫除"地雷"的过程，风险识别就是要对影响企业发展的"地雷"进行定位，关键是要发现所有的"地雷"，确保不留下未识别的风险隐患。

（二）风险事件是相互依赖的

一方面，一个事件往往会引发其他事件的发生；另一方面，多个事件有可能同时发生，共同影响企业的风险。因此，风险识别的过程中要注意风险事件之间的关联，联系地看问题而不是将各个风险因素孤立。

（三）将风险因素进行分类

分类是处理问题的好方法，能够起到提纲挈领、纲举目张的效果。按照内部外部、业务模块、部门单位等条件将各类风险因素进行分类汇总，有助于管理层更好地理解因素之间的关系，从整体上把握风险和机会，并且有助于各职能部门更好地认识和关注与其直接相关的风险。

三、风险识别方法

风险识别方法共有 7 种，分别是现场调查法、列表检查法、财务报表分析法、触发器法、流程图法、座谈讨论法和问卷调查法。

（一）现场调查法

现场调查法是最为常用的方法之一，其优点是可以获得第一手的资料，减少了对中间报告人的依赖性。同时，现场调查的过程本身也是一种沟通过程，可以与现场工作人员建立良好的关系，宣传风险理念，为之后风险管理措施的落实作铺垫。

现场调查法的缺点是耗时长、成本高。因此，往往只能在某些重要环节的识别上采取现场调查法。此外，现场调查过程中如果处理不好，或者现场工作人员的风险意识不强，现场调查容易导致工作人员的反感，给风险识别工作增加阻力。

（二）列表检查法

将企业可能面临的风险及潜在损失分类，并按照一定的顺序进行排列，就得到了风险识别用表。对照风险列表的各项逐一检查，可以避免遗漏风险。风险识别用表可以采用保险业及风险管理协会等公布的、通用的潜在损失一览表，也可以根据企业的实际情况自行制作风险识别用表。

（三）财务报表分析法

1.按照财务报表逐项检查

财务报表是企业资产状况和经营活动的集中体现和汇总，企业的盈利和损失最终都要在财务报表上体现。因此，通过对企业财务报表的分析来发现企业经营活动中的潜在损失，是风险识别的一种有力手段。尤其是对于财务风险的分析，财务报表就是一份最好的风险清单。

2.财务比率分析

财务比率分析是评估公司经营情况的利器。财务报表显示的是绝对值，而财务比率分析通过将一项财务指标与另外一项作比较，得出相对值，消除规模的影响，从而更有利于人们的解读和判断。

在财务比率分析中，经常被关注的是反映企业三个方面能力的财务比率：盈利能力、营运能力和偿债能力。盈利能力反映企业获取利润的能力；营运能力反映企业利用资源的效率；偿债能力反映企业偿还到期债务的能力。

（四）触发器法

触发器法类似于预警系统,将影响公司目标的关键指标设定一个预警范围，一旦指标超出该范围之后，立即向管理层汇报，引起风险管理及业务相关部门的注意。相关部门分析问题的原因，寻找对策，将风险扼杀在摇篮之中。

触发器范围的设定往往与公司的风险容忍度有关，但一般而言，由于触发器的作用和目的在于先知先觉，所以触发器范围的设定要比风险容忍度小，且监控时间单位要小于目标的时间单位。

一般来讲，需要设定触发器的指标有：销售量、主营业务收入、应收账款周转率、存货周转率、流动比率、速动比率、利息保障比率、资产负债率、股票价格、市盈率等。

（五）流程图法

企业的经营活动有多个流程组成，每个流程又有许多细节模块组成。一般将公司的流程分为三大类：客户流程、生产流程和管理流程。通过对公司业务过程的详细解读，将业务流程用图示的方法详细描述，然后据此分析影响每个细节模块的内部和外部因素。流程图是寻找风险因素，把握风险敞口的有力工具。

（六）座谈讨论法

这种定性的方法不仅要利用公司内部的信息，也往往需要利用外部的资源提供信息。这既包括消费者、供应商、股东等企业利益相关方，也包括外部专家、审计机构、监管机构、管理咨询顾问等。

实践中，往往采用小组讨论的形式，借鉴管理层、员工及其他相关人员的经验，共同寻找风险因素。具体实行的时候往往以公司业务模块为单位，比如由市场营销部门的负责人召集市场部、采购部、广告部等相关人员进行讨论，集合每个成员的智慧，挖掘影响公司销售目标的潜在风险。

（七）问卷调查法

现场调查法费时费力，当风险涉及面太广时，风险管理者往往不可能对所有的现场都亲自检查，这就需要依赖岗位工作人员的报告。然而岗位工作人员对风险识别往往不太了解。所以采取问卷调查的形式，由风险管理者设计问卷。岗位人员填写，就可以两全其美了——既利用了风险管理者的专业知识，也发挥了岗位人员对实际情况的熟知。此外，问卷调查法还有第三个优点，就是为细化风险控制措施提供了实施纲领。

问卷调查是效率较高的一种风险识别方法，但该方法对问卷设计人员的素质要求较高，需要设计人员根据风险管理的方法，结合企业不同部门、所面临的不同风险的实际情况，分别设计出不同的调查问卷。这样才能保证问卷调查的结果对风险识别有实质性的帮助。

第三节　企业风险应对策略与措施

一、企业风险的应对策略

（一）企业风险的不确定性

企业只要经营，就会产生风险，导致企业经营遭受损失或重大不确定性的因素是多样的，如决策失误、管理不善、市场竞争激烈、人才流失等。企业风险有三个不确定性。

1. 企业生存空间的不确定性

企业生存空间的不确定性，指一定的企业在一定的时期存在于一定的生存空间中。如有的企业只能在邻近地销售，有的企业可以进入国际商场销售；有的企业生产一种产品，一旦出现风险，将别无选择；有的企业跨行业多元化，因而具有较大的生存空间等。生存空间的不确定性造成了企业的生存风险。

2. 企业从事业务活动的复杂性

企业的多重使命和任务使得企业经营活动日趋复杂，增加了企业经营失败的可能性。

3. 企业能力与实力的有限性

当外部环境的变化、生产经营活动的复杂性与难度超出企业的应对能力时，企业生存风险就可能随之发生。

（二）企业风险的应对策略

当企业面对不同的风险时，可以采取不同的风险应对策略。我们认为有以下四种风险应对策略：企业风险回避、企业风险承担、企业风险降低、企业风险分担。

1. 企业风险回避

风险回避是指结合影响预定目标达成的因素与决策者自身的风险偏好、风险承受能力，从而做出的中止、放弃、改变某种策略风险的处理方式。风险回避的前提在于企业对自身的条件和外部形式、客观存在的风险的属性及大小有准确的判断与认识。风险回避的优点体现在以下两点：第一，风险回避在风险产生之前将其化解于无形，大大降低了风险发生的概率，有效避免了可能遭受的损失；第二，节省了企业的资源，减少了不必要的浪费，使企业有的放矢，在市场经营中"有所为与有所不为"。

（1）企业风险回避的类型

风险回避的类型可以分为积极的风险回避与消极的风险回避。积极的回避与消极的回避有不同点，但也存在着相同点。相同点在于两者都认识到企业自身的实力不足以承受可能遭受的损失，都希望能够在风险发生之前，减少其发生的可能性。不同点在于，从风险的偏好来说，积极的风险回避者和消极的风险回避者同属于风险厌恶型，但两者对于风险认识的能动性是不同的。消极的风险回避者更惧怕风险，风险承受能力和应对能力也较差，消极的风险回避者不会去主动地识别风险，更谈不上应对风险。积极的风险回避者不会一味地回避风险，从而丧失获得的商业机会，而是对自身的能力更了解，更有自知之明，能够更好地应用"有所为与有所不为"这条法则。

（2）企业风险回避的策略

企业风险回避并不是一味盲目地回避风险，而是在恰当的时候，以恰当的方式回避风险，是一种策略性回避，主要适用于以下情况：①当某项活动风险极大时，企业确实无力加以防范和控制；②当实现某项活动有许多方案，而各种方案的风险程度高低不同时，可选择低风险的方案；③当实现某项活动的过程中遇到不可逾越的风险因素时，采取措施绕道，迂回包抄。

2. 企业风险承担

在企业经营过程中，有时候面临的风险无法分散，也无法回避。只要经营企业，就会面临这样的风险，只能承担，比如系统风险。

系统风险是指由于全局性的共同因素引起的投资收益的可能变动，这种因素以同样的方式对所有证券的收益产生影响。在现实生活中，这些因素包括社会、政治、经济等各个方面。由于这些因素来自企业外部，是单一证券无法抗拒和回避的，因此又叫不可回避风险。这些共同的因素会对所有企业产生不同程度的影响，不能通过多样化投资而分散，因此又称为不可分散风险。系统性风险包括政策风险、经济周期性波动风险、利率风险和购买力风险等。

无论投资多样化有多充分，即使购买的是全部股票的市场组合，也不能消除全部风险。由于系统风险是影响整个资本市场的风险，所以也称"市场风险"。由于系统没有有效的分散方法，所以也称"不可分散风险"。

对于不可分散风险，企业唯一能做的就是承担风险。这样的风险不是企业所能选择的，而是存在于企业经营的过程中，和企业经营活动、投资活动相联系。承担系统风险，能得到市场的平均报酬。对于这种风险，不管是风险偏好者还是风险厌恶者，都只能承担。要得到更高的报酬率，只能从事风险高于系统风险的项目。

3. 企业风险降低

风险降低是指风险承担主体将自身可能遭受的损失或可能承担的不确定性的后果转嫁给他人的风险处理方法。风险降低主要通过风险转移的手段来实现。尽管风险转移的手段各异，但目的是一致的，即将可能由自己承担的风险转移给他人，从而降低自身承担的风险。风险转移可以通过保险、外包和出售的方式来实现。

4. 企业风险分担

风险分担指的是由于单个企业的风险承受能力有限，企业选择与多个风险承受方承担属于某市场、产品或服务的总量一定的风险，从而降低单个企业承担的风险。风险分担与收益分摊是相辅相成的。由于风险与收益对称，所以联合投资可以起到分担风险的作用。

风险分担式投资项目是巨额投资资金的客观要求。一个项目从萌芽、开发、生产到投放市场，通常建立在巨额资金投入的基础上，而一家企业的筹资能力是有限的，难以单独满足项目资金上的要求。通过一家企业发起，多家企业联合起来共同投资，同时做到了风险的分担。

二、企业风险控制措施

（一）企业风险控制视角

企业风险控制就是通过前置或过程调查，获得合作方资金、信用、资质意图等各种信息资料，评估合作可能，降低企业风险的过程和方法。企业风险控制提供企业征信、证据收集、情报研究、风险预警、危机处理、策划顾问等系列服务。

具体包括：生产经营风险控制、投资项目风险控制、技术开发风险控制、商业秘密风险控制、合同陷阱风险控制、员工雇佣风险控制等服务项目。

通过专业机构提供风险控制方案，企业可以减少运作损耗，降低风险概率，提高成功保障，争取较大利润。风险控制方案可以将企业的风险可能、亏损根源扼杀在摇篮中，真正做到防患于未然。

（二）企业风险控制措施

投资者为了预防各种风险，就必须对本身进行严格的内部管理，减少损失发生的可能性。具体来看，主要有两个方面：一是进行有效的资金管理；二是采取有效的操作策略和操作手段。

1.进行有效的资金管理

在股指期货市场上，投资者的资金总是一个至关重要的因素。从具体操作角度看，在管理资金风险时，应该实现以下一系列的规则和程序：定期检查和预测资金需求情况；建立资金调动限额；制定市场突发情况时的应变计划；提取各种风险准备金等。

2.通过操作策略控制操作风险

任何一个重大的投资计划，实际上其主要风险从决策过程即已开始。实现有效的战略性决策，是防范操作性风险的第一步。

（1）把握决策的方向正确。从投资的最终绩效看，决策初期对市场基本政策形势判断的正确性是首要的决定条件。同时，对于有关证券行业具有战略意义。

后续阶段性的政策，也要予以充分重视，特别是要注意其存在的阶段性和时效性。总而言之，对后续阶段性的市场趋势有清醒的认识，是进行投资的前提。

（2）保持决策的动态调整。在不少的投资决策过程中，往往是最初阶段的酝酿过程很长，而后来觉得时间紧迫时，常常忽略后续的一个或数个决策环节而直接作出决定。由于缺乏关键的全面论证，导致项目在实行过程中顾此失彼。因此，一方面要保持决策的及时性，另一方面也要保持决策的动态性，随时间和环境变化而调整。

（3）保持交易的计划性。在进行投资之前，必须制定好交易计划，避免盲目操作。交易计划应包括：当前的趋势及其后势演变分析、入市基点、交易方向、交易量及盈利目标，市场突变或判断失误时，能承受的风险值以及止损目标。

第四节 风险的信息披露与审计

一、企业风险预警

（一）预警的概念

目前预警（Early Warning）这一概念广泛用于政治、经济、科技、军事、社会、文化、教育、医疗、自然等各个领域。比如，地质灾害预警、食品风险预警、疾病预警、寒潮预警。预警就是事前发出警报，在灾害或灾难以及其他需要提防的危险发生之前，根据以往总结的规律或观测到的可能性前兆，向相关部门发出紧急信号，报告危险情况，以避免危害在不知情或准备不足的情况下发生，从而最大程度的降低危害所造成的损失的行为。

预警研究可以分为经济预警、社会政治预警和自然灾害预警三类。其中经济预警包括宏观经济预警与微观经济预警。微观经济预警主要指的就是企业预警，除此之外还包括个体、家庭、其他法人组织的预警等。

风险的爆发一般要经历一个酝酿、生成、演化、临近、显现和爆发的阶段，就是风险对某个特定目标产生作用到真正形成破坏和失控状态的一个过程。因此，对风险进行预警是有可能的。通过有效的预警，可以感知和测评风险所处状态，从而在不同程度上得到转化、分解、控制和有效管理，使风险在爆发失控前得到制止或控制。预警作为发现潜在危机、潜在损失的一种工具，处在风险管理与危机管理流程的前端，是风险管理的高级阶段。

（二）风险预警

风险预警，即对风险进行预测和报警。企业风险预警系统就是通过建立风险评估体系，进行风险预控，化解风险的发生，并将风险造成的损失降至最低程度的有效手段，也称之为"风险预警系统"。

风险预警系统就是根据所研究对象的特点，通过收集相关的资料信息，监控风险因素的变动趋势，并评价各种风险状态偏离预警线的强弱程度，向决策层发出预警信号并提前采取预控对策的系统。因此,要构建预警系统必须先构建评价指标体系,并对指标类别加以分析处理;其次,依据预警模型,对评价指标体系进行综合评判;最后,依据评判结果设置预警区间,并采取相应对策。

在风险预警系统中,根据研究对象的实际情况及风险管理者的经验,合理划分风险预警区间,判断风险量处于正常状态、警戒状态还是危险状态。

(三)风险预警的不同维度和指标

风险预警既有宏观层面的也有微观层面的。宏观层面预警包括地区层面和行业层面。地区层面的指标包括地区劳动力供给和地区劳动力需求,经济发展水平指标,社会发展水平指标,环境承载力指标,商业银行的安全性、流动性和盈利性指标等。行业层面的指标因行业而异。比如,金融行业的预警指标有汇率变动、国际利率和国家风险指标。房地产行业的预警指标有房地产周期指标:GDP、可支配收入、家庭消费支出、投资结构和资产回报、房地产市场发展的独特指标。农业行业的预警指标有生物因素指标:棉铃虫与天敌、棉花、其他寄主状况;非生物因素指标:气候、防治水平、社会有关因素。

微观层面是指企业内部的。企业内部的风险预留角度有财务的、营销的、战略的、人力资源的、企业生存等方面的。企业风险预警中最著名、最重要的当属财务风险预警。

(四)风险预警评价方法

目前研究者使用的风险预警评价方法有模糊综合评判法、层次分析法、结构方程模型、Z值风险模型、主成分分析法、人工神经网络模型等方法。

其中的Z值风险模型是由美国纽约大学的教授爱德华·阿尔曼(Edwardi·altman)首次使用的,也是目前较为著名的财务风险预警模型。阿尔曼教授选取了1946—1965年间33家破产的和正常经营的公司,使用了22个财务比率来分析公司潜在的失败危机。该模型是通过五个变量(五种财务比率)将反映企业偿债能力指标、获利能力指标和营运能力指标有机联系起来,综合分析,预测企业财务失败或破产的可能性。

二、企业风险报告

(一) 风险报告的概念

风险报告就是将企业正在面临的风险、风险的成因、可能导致的后果以及企业已经采取的风险管理措施等以书面的形式对外报出。它的作用类似于财务报告和审计报告。利益相关者可以借此更好地了解企业面临的风险及抗风险能力和风险管理能力。风险报告一般应该包括以下内容：风险评估、风险分析、风险应对策略与措施、风险管理组织体系以及风险对企业的经营成果和财务状况带来的各种不确定性等内容。

(二) 风险报告的原则

1. 重要性

风险报告中的信息应当覆盖企业所面临的重大战略风险、财务风险、市场风险、运营风险以及法律风险，或者那些会持续影响企业经营的风险因素。

2. 相关性

企业年度风险报告应该从如何保证出资人的利益及国有资产保值增值的角度对企业所面临的风险及管理状况进行报告。报告的内容总体上要侧重关注风险所带来的负面影响和针对这些负面影响所采取的防范措施。

3. 完整性

风险报告中的信息应该覆盖所有会影响企业经济效益和社会效益的重大风险。报告的内容和边界应包括可能对企业产生实质性影响的因素和方面，以便各利益相关方对企业的经营情况做出评价。

4. 一致性

企业应该按照连贯一致的标准来筛选、编辑和报告有关的风险信息。风险报告应该是定期提交、连贯的和可以比较的，能够通过企业的风险报告分析企业的变化。

5. 客观性

企业提交的报告要真实地反映企业风险管理的实际情况，包括风险收益及风险带来的损失，不能为满足某些特殊要求而有选择地进行报告。

6. 准确性

报告中的详细信息应在成本效益可行的前提下足够的准确、具体，包括信息来源及收集、处理过程的准确。应尽量减少报告中的不确定因素。

7. 可验证性

风险报告所使用的方法、数据信息等，应可被验证。相关数据及文档的保存要有一定的透明度及可追溯性。

三、企业风险审计

（一）风险审计的涵义

国际内部审计师（IIA）协会在 2001 年修订的《内部审计实务标准》中，第一次将风险管理纳入了内部审计的视野，提出了"通过应用系统的、规范化的方法，评价并改善风险管理、控制和治理过程的效果，帮助组织实现其目标"的新理念。自此，风险审计成为企业内部审计的一部分。2005 年中国内部审计协会发布了内部审计具体准则第 16 号《风险管理审计》，其中明确了风险管理的主要阶段，要求内部审计机构和人员应该充分了解组织的风险管理过程，审查的评价其适当性和有效性，并提出改进建议。

综上，风险审计是由企业内部审计部门实施的一系列系统、规范的措施，通过测试企业风险管理信息系统、各业务循环及相关部门的风险识别、分析、评价、管理等活动，评价机构的风险管理、控制及监督过程，目的是提高工作效率，帮助机构实现既定目标。

（二）风险审计的流程

（1）编制审计计划，制定审计方案。合理的审计计划可以促使内审机构和人员有效率、有效果地完成审计任务。风险审计计划包括三个层次：年度审计计划、项目审计计划和审计方案。

年度审计计划是配合长期和年度风险战略、对年度的风险审计任务所做的事先安排和规划，是组织年度工作计划的重要组成部分。

项目审计计划是对具体风险业务、项目或因素实施审计的全过程所作的综合安排。

（2）确定审计范围。

（3）确定审计目标与审计方法。

（4）审计报告。风险审计发现以及被审计部门的反馈通过正规文件形式呈报给适当的人员这个报告就是审计报告。

（5）后续审计。后续审计应该将注意力集中于最严重的或潜在的问题上，对一般事项的后续审计可仅限于询问和简短的讨论。后续审计应该跟踪到：对于重大的审计发现，相关部门和环节是否予以纠正；若不予纠正，责任和原因到底在哪里。

第十二章 管理与控制

第一节 管理知识概述

一、管理的意义

管理是人们在一定组织环境下所从事的一种智力活动。它随着人们共同劳动的出现而出现，管理是共同劳动和社会组织的产物。

马克思指出："一切规模较大的直接社会劳动或共同劳动，都或多或少的需要指挥来协调个人的活动并执行生产总体的运动——不同于这一总体的独立器官的运动——所产生的各种一般职能。一个单独的提琴手是自己指挥自己，一个乐队就需要一个乐队指挥。"可见，无论社会形态如何，凡属共同劳动，客观上都需要管理。共同劳动的规模越大，社会化程度越高，劳动分工越细，协作关系越密切，科学技术越进步，生产力的发展水平越高，管理就越必要。所以，管理是在一定生产方式下，人们为了达到预期的目标和任务，依照一定的原则、程序和方法，针对管理对象所进行的计划、组织、指挥、协调、控制、预测、决策和创新等一系列工作和职能。但管理又是一个发展的概念，随着信息技术、现代科学技术的飞速发展和生产社会化程度的极大提高，就要求管理的内容、方法和职能，要不断的与生产的发展相适应、相吻合。只有这样，才能推动管理水平的提高。

运用现代自然科学和社会科学的研究成果，使管理更加适应并符合现代化大生产的技术水平和要求，称为现代化管理。现代化管理一般包括高效管理组织、科学管理方法、数学的充分运用、专业管理人和民主管理等五个方面的内容，还有计划、组织、指挥、协调、控制、预测、决策和创新八个方面的职能。

因此，社会各种组织，必须推进现代化管理。现代化管理是推动现代社会经济发展的重要因素，是现代社会经济不可缺少的一个重要组成部分。因此，必须搞好管理工作。管理工作不同于其他业务工作、相对独立，但又为其他业务工作提供服务。二者并存于一个组织中，并保证组织目标的实现。事实上，组织中有不少被列为"管理人员"的人在有些时候也做些其他业务工作。例如：学校校长有时也可能做些教学工作，企业销售经理有时也可能参与业务谈判和签订销售合同等。管理者参与其他业务工作并非坏事，这样有利于促进领导者与下属人员之间的沟通和理解。但是，如果一位管理者把他的绝大部分时间和精力都用于从事其他业务工作，而不是管理工作。那么，他要么忘记了自己的管理身份，要么还不了解管理工作和其他业务工作的区别。这样，他就不可能成为一名称职的管理者。管理人员的工作，从本质上说，就是通过他人并使他人同自己一起实现组织目标。通常情况下，管理人员并不亲自从事某项具体工作，而是委托他人去做。自己则是花大量时间和精力进行计划安排、组织指挥、协调控制、预测决策其他人的工作，并对工作好坏负最终责任。

管理工作既有科学性，又有艺术性。管理首先是一门科学，它由许多学者和许多实业家在总结管理工作的客观规律的基础上形成，并用以指导人们从事管理的实践。管理者如果没有管理科学知识，必然是依靠经验或是凭主观、靠运气。有了系统科学的管理知识，则管理者就有可能对管理上存在的问题想出可行的、正确的解决办法。但是，管理科学并不能为管理者提供解决一切问题的办法，它要求管理工作者灵活运用管理理论和基本方法，结合实际，对具体情况作具体分析，以求得问题的解决，从而实现组织目标。从这个角度上看，管理又是一门艺术，而且是一门发挥创造性的艺术。管理的科学性与艺术性并不互相排斥，而是相互补充的。

管理工作非常重要，但要通过管理人员来实现，这就要求管理人员必须具备相应的管理技能。通常而言，作为一名管理人员应具备三种管理技能——技术技能、人际技能和概念技能。那些处于较低层次的管理人员，主要需要的是技术技能和人际技能；处于较高层次的管理人员，更多需要的是人际技能与概念技能；处于最高层次的管理人员，则尤其需要较强的概念技能。

二、管理的基本职能

管理作为一个工作过程，管理者在其中发挥着重要的作用。那么，管理者发挥的作用就是管理的职能。这里的"职能"一词是"活动"、"行为"的意思。因此，一项职能就表示一类活动，而管理的基本职能就是管理工作所包含的几类基本活动的内容，下面分别予以说明。

（一）计划

计划就是对未来活动进行的预先筹划。人们在从事每一项活动之前，首先都要制定计划，这是进行管理的前提。

首先要研究活动条件。活动条件包括内部能力的研究和外部环境的研究。内部能力的研究，主要是分析内部在客观上对各种资源的拥有状况和主观上对这些资源的利用能力；外部环境的研究主要是分析组织活动的环境特征及其变化趋势，了解环境是如何演变的，并找出环境变化的规律。

其次是制定业务决策。业务决策是在活动条件研究的基础上，根据研究所揭示的环境变化所提供的机会或造成的威胁以及组织在资源拥有和利用上的优势、劣势，确定组织在未来某个时期内的活动方向和目标。

最后是编制行动计划。编制行动计划就是将决策目标在时间上和空间上分解到组织的各个部门和环节，对每个单位、每个成员的工作提出具体要求。

（二）组织

计划的实现，必须落实到组织的每个环节和岗位上，这是组织工作的任务。

首先是设计组织。设计组织主要包括组织的机构和结构。机构就是在分解目标活动的基础上，分析为了实现组织目标需要设置哪些岗位和职务，然后根据一定的标准将这些岗位和职务进行组合，形成不同的部门；结构就是根据组织业务活动及其环境特点，规定不同部门在活动过程中的相互关系。

其次是人员配备。人员配备就是根据各岗位所从事的活动要求以及组织员工的素质和技能特征，将适当的人员安置在组织机构的适当岗位上。

再次是启动组织。启动组织就是向配备在各岗位上的人员发布工作指令，并提供必要的物质和信息条件，以维持组织的正常运转。

最后是监视组织运行。监视组织运行就是根据业务活动及其环境特点的变化，研究与实施组织机构的调整和变革。

（三）指挥

为了有效地实现业务活动的目标，不仅要设计合理的组织，把每个成员安排在适当的岗位上，而且还要努力促使每个成员以高昂的士气、饱满的热情投身到组织活动中去。这就需要指挥，指挥就是利用组织赋予的权力和自身的能力去影响下属为实现组织目标而努力工作的管理活动过程。有效的指挥就是要求管理人员在合理的制度环境中，利用优秀的素质，采用适当的方式，针对组织成员的需要及行动特点，采取一系列措施去提高和维持组织成员的工作积极性。

（四）协调

协调就是使管理工作保持一种环境，使身处其间的人们能够在组织内协调地开展工作，从而有效地完成组织目标。也就是说，每一项管理职能的开展，都是为了更好地促进协调。有了协调，组织可以收到个人单独活动所不能收到的良好效果，也就是通常所说的 1+1 大于 2 的协同效应。

（五）控制

控制就是为了保证目标的实现而按照预定的要求进行运作的一系列工作，包括检查和监督各部门、各环节的工作，判断工作结果与计划要求间是否存在偏差等。如果存在偏差，则要进行其分析，要分析偏差产生的原因以及偏差产生后对业务活动的影响程度；还要针对偏差产生的原因制定纠正的措施，以确保计划活动的顺利进行和计划目标的有效实现。可见，控制在整个管理活动中起着十分重要的作用。

（六）预测

预测就是预计，是为了使工作有计划、有组织，能够按照目标要求进行，而依据历史资料和现在能够取得的信息以及人们所掌握的科学知识与管理人员的实践经验，预计、推测活动发展的必然性与可能性的过程。有效、科学的预测，是保证目标实现的重要条件，也是少走弯路、节约费用的重要途径。

（七）决策

决策就是决定。就是根据预测所得到的各种数据和资料，以及其他有关信息，对组织的活动工作进行专门的分析，从而作出决定的过程。决策无论是计划、组织、指挥、协调，还是控制、预测，都是由决策的制定和执行所组成。因此，可以说，决策贯穿于管理过程的始终，决策渗透于管理的所有职能中。所以，管理者即为决策者，管理就是决策。

（八）创新

在市场经济条件下，市场急剧变化，企业竞争压力不断增大，如果不进行创新就难以生存下去。创新就是使组织的活动工作和管理工作都不断的革新、变化。创新与维持常常是有矛盾的。有效的管理工作，就是要在适应的维持与创新之间取得平衡。

综上所述，管理的基本职能从时间方面的逻辑关系来看，它们通常按照一定的先后顺序发生，即计划、组织、指挥、协调、控制、预测、决策和创新。但从不断持续进行的实际管理过程来看，它们往往又需要编制新的计划或对原计划进行修改，并开始进行新一轮的管理活动。即管理过程又是一个周而复始的循环过程。由于工作过程的复杂性，实际的管理职能并不一定会按着某种固定的模式进行。

三、管理的环境

任何组织都是在一定的环境中从事活动的。环境是组织生存的土壤，它既为组织活动提供条件，又对组织活动起制约作用。环境的变化必然会影响组织活动的变化。因此，就必须研究管理的环境。管理环境是存在于一个组织内部和外部的影响组织业绩的各种力量和条件因素的总和。它包括外部环境和内部环境两大部分。且管理环境是变化着的，它的变化可能会给组织带来不同的影响：一是可能为组织生存和发展提供了新的机会，如新资源的利用可以帮助企业开发新产品，执政者的变化可能导致环境政策的重新修订；另一是可能对组织的生存和发展造成某种威胁，如技术条件或消费者的偏好变化可能使企业产品不再受欢迎等。这样，就要利用机会，避开威胁，研究环境，揭示环境变化的一般规律及其发展变化趋势。

管理环境包括外部环境和内部环境两大部分。外部环境又分为组织的一般环境和组织的特殊环境。内部环境又分为组织文化环境和经营条件环境。

（一）组织的一般环境

1.政治环境

政治环境就是组织所在国家的社会制度，执政党的性质，政府的方针、政策、法令等。不同的国家有着不同的社会制度，不同的社会制度对组织活动有着不同的限制和要求。即使社会制度不变的同一个国家，在不同时期，由于执政党的不同，其政府的方针、政策对组织活动的态度和影响也是不断变化的。对于这些变化，组织可能无法预见，但一旦变化产生后，对组织活动产生的影响，则是可以分析的。

2.社会文化环境

社会文化环境就是组织所在国家或地区的人口、家庭文化教育水平、传统风俗习惯及人们的道德和价值观念等。文化水平会影响家庭居民的需求层次；风俗习惯会禁止或抵制某些活动的开展；道德水准会影响人们对组织活动内容、方式及活动成果的态度；价值观念会影响人们对组织目标、组织活动及组织存在的态度。

3.经济环境

经济环境就组织所在国家的经济制度、经济结构、物质资源状况、经济发展水平、国民消费水平等。利率、通货膨胀率、可支配收入的变化、股市指数和经济周期也是可以反映经济环境指标的。通常经济环境主要是通过对各类组织所需资源的获得方式、价格的影响和对市场需求结构的作用来影响各类组织的生存和发展的。不同的经济制度，有不同的资源供给方式；价格水准的变化将会影响各类组织的投入、产出；不同的经济环境，其市场要求结构也是不相同的。

4. 技术环境

技术环境就是组织所在国家或地区的技术水平、技术政策、科研潜力和技术发展动向等。信息时代已经来临，新技术层出不穷。任何组织欲求生存，都必须保持新的技术。技术的创新和进步，又推动着生产力的发展。不同的技术条件和技术过程，要求有不同的管理方式和方法。但技术的发展也改变着管理活动的进行。因此，组织必须关注技术环境的变化，以便采取相应的措施。

5. 自然环境

自然环境就是组织所在国家或地区的天时、地利、人和等。"天时"主要是国家的政策。"地利"则主要取决于地理位置、气候条件和资源状况等自然因素。地理位置是制约组织活动的一个主要因素，如当国家某个时期对某些地区采取倾斜优惠政策时，就促进这些地区的投资环境的改善，也为这些地区的发展提供了机会。气候条件的变化也是如此，天气变暖、变寒都会影响诸如空调生产和服装行业的生产和销售。但天气温暖则会鼓励人们远足旅游，从而为旅游业提供机会。资源状况则与地理位置有着密切的关系。资源特别是稀缺资源的蕴藏不仅是国家或地区发展的基础，而且为所在地区的经济发展提供了机会。资源的分布影响着工业的布局，决定着不同地区、不同产业的命运。

（二）组织的特殊环境

1. 竞争对手

竞争的对手就是组织与其争夺资源、服务对象的人或组织。任何组织都不可避免地会有一个或多个的竞争对手。竞争对手又有现有竞争对手和潜在竞争对手之分。不过，竞争者之间争夺最明显的就是顾客手中的钱。现有竞争对手主要就是研究现有的竞争对手的数量、分布、规模、资金、技术、威胁等。以便了解竞争者的实力及其发展动向，以帮助组织制定相应的竞争策略，争取时间优势，争取竞争的主动地位。潜在竞争对于主要就是研究新的产品开发成功以后，引起市场新的竞争发生，造成原有组织的压力及其市场地位的威胁等。总之，任何组织都不能忽视竞争对手，否则就会付出沉重代价。因此，竞争对手是管理者必须了解并及时做出反应的一个重要的环境因素。

2. 用户

用户就是一个组织为其提供产品或劳务的人或单位。如企业的客户、学校的学生和毕业用人单位等，都可称其为相应的组织用户。任何组织之所以能够存在，是因为有一部分需要该组织产出的用户的存在，如果一个组织失去了其用户，也就失去了其自身存在的基础。组织的用户是影响组织生存的主要因素，而任何一个组织的用户对组织来说又是一个潜在的不确定的因素。用户的需求往往是会经常改变的，要想拥有稳定的用户，就必须满足用户的需求。因此，管理者就必须深入市场，分析用户的心理，掌握用户的需求变化，及时推出新产品、新服务，确保及时地向用户提供满意的商品和优质的服务。

3. 供应商

供应商就是组织为其提供资源的人或单位。这里的资源不仅包括设备、人力、原材料、资金等，还包括信息、技术和服务等。对于大多数的组织来说，如金融、股东等主要都是资金供应者；对于学校毕业生分配、人事、人才市场等主要都是人力资源供应者；对于新闻、情报信息、咨询服务等主要都是信息资源供应者；对于大专院校、科研机构而言，发明家则是技术的主要供应者。因此，管理者都要努力寻求资源的稳定供应者，但不应过分依赖于单一的资源供应者。

（三）组织文化环境

组织文化环境和经营条件环境属于内部环境。由于不同的组织，其经营条件包括的内容各不相同，因此，这里只研究组织文化环境。

组织文化环境就是在一定经济文化背景下的组织在长期的发展过程中，逐步生成和发展起来的日趋稳定的独特的价值观、行为规范、道德准则、群体意识、风俗习惯等。组织文化具有客观性、个异性、民族性和稳定性等特点。因此，组织文化对管理者的行为有重大的影响。例如，"爱厂如家"这种企业文化，首先是以人们倍感亲切、温暖、安全可靠的"家"观念、意识等构成文化基础；然后，按"家"文化规范、道德行为等模式来运作。

第二节　财务控制与管理

一、财务控制的概述

（一）财务控制的意义

控制就是约束，就是对客观事物进行的约束。那么，什么是财务控制呢？财务控制就是单位按照一定的程序和方式，全面落实、实现财务预算的过程。即对财务预算的约束。财务预算，一般以价值形态予以反映，因此财务控制也就借助于价值手段进行约束。无论责任预算、责任报告、业绩考核，还是单位内部的相互制约关系，都需要借助于价值指标或内部转移价格进行控制。所以说财务控制是一种价值控制。

既然财务控制是以价值手段进行控制的，那么它就可以将各种性质不同的业务综合起来进行控制，也可以将不同岗位、不同部门、不同层次的业务活动综合起来进行控制。它的综合性最终都表现为其财务控制的内容上，即资产、利润、成本这些综合性价值指标。因此说财务控制又是一种综合控制。

由此可见，财务控制是财务管理的关键，对实现财务管理目标，有着重要的作用。因此，在财务管理中，既要科学、合理地搞好财务预决策和财务预算分析，更重要的是还要对实施的财务预算进行严格的控制。控制是对财务管理目标的具体落实。没有控制，任何预决策和预算都是徒劳无益的。所以，必须搞好财务控制。财务控制在整个经济活动中是一个非常重要的、综合性很强的控制系统，它对经济活动起着保证、促进、监督和协调等重要作用。

（二）财务控制的基础

财务控制的基础，实质上就是怎样进行财务控制。

1. 组织保证

组织保证就是围绕财务控制建立有效的组织机构。如为了确定财务预算，应建立相应的预决策和预算编制机构；为了组织和实施日常财务控制，应建立相应的监督、协调、仲裁机构；为了便于内部结算，应建立相应的内部结算组织；为了考评预算的执行结果，应建立相应的考评机构。在实践过程中，根据实际需要，可将这些机构合并到常设机构中，也可落实到各个责任中心。总之，要便于执行，便于完成任务。

2. 制度保证

制度保证就是围绕财务预算的执行，建立相应的保证措施或制度。如人事制度、奖罚制度等。

3. 预算目标

预算目标就是财务控制的内容。财务控制应以健全的财务预算为根据。财务预算应层层分解，落实到各个责任中心，使之成为控制各个责任中心经济活动的依据。

4. 会计信息

会计信息就是围绕财务控制的活动，必须提供真实、准确的会计信息。财务预算总目标以及各个责任中心预算目标的执行情况，都是以各自的会计核算资料予以反映的，透过这些会计资料，可以了解各自预算的执行情况，分析存在的差异及原因，并提出相应的纠偏措施。因此，必须健全会计核算工作，确保会计信息的真实、准确、及时。

5. 信息反馈系统

信息反馈系统就是围绕财务控制的动态控制过程，建立相应的信息反馈系统。信息反馈系统应是一个双向流动系统，既可由下至上反馈财务预算的执行情况，也可由上至下传输调整预算的偏差要求。信息反馈系统又是一个传输程序和传输方式都十分规范的系统。传输程序应明确传输的路径、环节，传输方式应明确传输的媒体及标准样式等。信息反馈系统还应是一个灵敏有效的系统，即信息传输及时、迅速、真实、可靠。

6. 奖罚制度

奖罚制度就是围绕财务控制的最终效果，制定相应的奖罚制度。奖罚制度要结合各个责任中心的预算目标制定，体现公开、合理、有效的原则；要建立严格的考评机制，包括建立考评机构、确定考评程序、审查考评数据、依照制度考评和执行考评结果等；还要把过程考核和结果考核结合起来，把即时奖罚与期间奖罚结合起来。总之，要严格考核，奖勤罚懒。

二、收入控制与管理

这里研究的收入控制与管理，专指事业单位的收入控制和管理。

（一）收入的概念

收入就是指事业单位为达到一定的目标而开展的业务以及其他活动，并依法取得的非偿还性资金。事业单位为实现应达到的目标，在进行的工作和开展的业务活动过程中，因向社会提供劳务、技术、产品或者采取行政措施，依照国家规定的收费标准所取得的为收入。它是进行社会主义现代化建设的财力保证，是国家财政收入的主要来源和基本形式。因此，合理组织预算收入，对收入进行严格、科学的控制与管理是十分有必要的。

（二）收入的内容

事业单位收入的内容包括财政补助收入、上级补助收入、事业收入、经营收入、附属单位缴款、其他收入等。

1. 财政补助收入

财政补助收入是指事业单位按核定的预算和经费领报关系直接从财政部门取得的和通过主管部门从财政部门取得的各类事业性经费，包括正常经费和专项资金，但不包括国家对事业单位的基本建设投资。

2. 上级补助收入

上级补助收入是指事业单位从主管部门和上级单位取得的非财政补助收入。即事业单位的主管部门或上级单位用自身组织的收入和集中下级单位的收入拨给事业单位的资金，亦或者是事业单位的主管部门或上级单位用财政补助收入之外拨给事业单位的资金。

3. 事业收入

事业收入是指事业单位通过开展专业业务活动及其辅助活动取得的收入。所谓专业业务活动是指事业单位根据本单位专业特点所从事或开展的主要业务活动。如教育事业单位的教学活动、卫生事业单位的医疗保健活动等。而辅助活动是指与专业业务活动相关，直接为专业业务活动服务的单位行政管理活动、后勤服务活动及其他有关活动，通过上述活动取得的收入。如科研收入、技术收入（包括技术转让收入、技术咨询收入、技术服务收入、技术培训收入）、学术活动收入、科普活动收入、试制产品收入等，均作为事业收入处理。

4.经营收入

经营收入是指事业单位在专业业务活动及其辅助活动之外，开展非独立核算经营活动而取得的收入。一般说来，事业单位的经营收入，必须同时具备以下两个条件：一是经营收入必须是经营活动取得的收入，而不是专业业务活动及其辅助活动取得的收入。二是经营收入必须是非独立核算的经营活动取得的收入，而不是独立核算的经营活动取得的收入。单位对其经济活动过程及其结果独立地、完整地进行会计核算，称之为独立核算。单位从上级单位领取一定数额的物资、款项从事业务活动，不独立计算盈亏，把日常发生的经济业务资料，报请上级集中进行会计核算，称之为非独立核算。比如，学校的车队、食堂等后勤单位，财务上不实行独立核算，其对社会服务取得的收入，由学校集中进行会计核算，应当作为经营收入处理。有些经营活动规模较小，不便或无法独立核算的，纳入经营收入进行核算。

经营收入与事业收入区分标准主要是看取得收入的业务活动性质。如果是开展专业活动及其辅助活动取得的收入，就是事业收入；如果是在专业活动及其辅助活动之外取得的收入，就是经营收入。这个范围和内容的区别，绝大部分是能够划分清楚的，但少部分事业收入与经营收入的性质和内容相互有交叉，难以准确划分，主管部门和财政部门可根据实际情况予以确定。

5.附属单位缴款

附属单位缴款是指事业单位附属独立核算单位按有关规定上缴的收入。它包括附属的事业单位上缴的收入和附属的企业上缴的利润等。附属单位补偿事业单位在支出中垫支的各种费用，应当相应冲减支出，不能作为上缴收入处理。

6. 其他收入

其他收入是指上述范围以外的各项收入，如投资收益、利息收入、捐赠收入等。

（三）收入控制与管理

事业单位的收入管理，实行"收入统管"。即事业单位所有的收支活动都必须归口到财政部门，实行统一核算、统一管理。根据这个要求，事业单位必须在银行开户，且开户必须规范，并对所有资金都必须通过银行账户；对于财政补助收入，要严格按规定的程序进行申报、使用、核销，并按规定进行明细项目反映；各部门、各单位在组织收入时，属于行政事业性收费，必须使用省以上财政部门统一监制的票据；属于经营收入，应使用税务发票并按章纳税。

事业单位还应做好事业收入与经营收入的划分、事业收入中预算外资金的划分、预算外资金中应当上缴财政专户资金的划分等。对按规定应缴预算款要及时上缴，应上缴财政专户的预算外收入要及时上缴财政专户，不能直接作事业收入处理。对经营性收入，要依法缴纳各项税费。

随着国民经济的发展，为了满足人们不断增长着的物质和文化生活的需要，各项事业需要获得较快的发展。因此，除了政府财政部门积极给予支持以外，有条件的事业单位要按照市场经济的客观要求，充分利用现有的人力、物力、财力资源和设备，外拓服务范围，扩大财源，增强自我发展能力。同时，在收入管理中，要强调收入的合法性和合理性，并将事业单位组织收入活动纳入正确轨道。

除以上几个方面外，事业单位还要开展各种组织收入的活动，必须将社会效益放在首位，必须有利于事业发展，有利于丰富人民群众的物质文化生活，有利于社会主义精神文明建设。按照市场经济规律办事，正确处理社会效益与经济效益的关系。

三、支出控制与管理

（一）支出的概念

事业单位支出是指事业单位为开展业务活动和其他活动所发生的各项资金、耗费和损失以及用于基本项目的开支，或者是事业单位开展各项专业业务活动及其辅助活动发生的支出。

（二）支出的内容

事业单位支出内容包括事业支出、经营支出、专款支出、对附属单位补助支出、上缴上级支出、基本建设支出等。

1.事业支出

事业支出是指事业单位开展各项专业业务活动及辅助活动发生的支出。它包括：

（1）用于个人开支方面的人员经费支出。具体包括：

①基本工资。它主要反映国家统一规定的基本工资，包括机关行政人员的基础工资、职务工资、级别工资、工龄工资、机关工人的岗位（技术等级）工资与国家规定比例的奖金，事业单位工作人员的固定工资与国家规定比例的津贴，各类学校毕业生见习期间的临时待遇。

②补助工资。它主要反映国家统一规定的津贴、补贴，包括各项岗位津贴、价格补贴、地区性补贴、冬季取暖补贴、职工上下班交通补贴等。

③其他工资。主要反映在基本工资补助工资外，发给在职人员的属于国家规定工资总额组成范围内的各种津贴、补贴、奖金等。

④职工福利费。主要反映提取的工会经费、按标准提取的工作人员福利费、独生子女保健费、公费医疗经费、未参加公费医疗单位的职工医疗费、因公负伤等住院治疗及疗养期间的伙食补助费、病假（两个月以上）期间的人员工资（不含符合离休条件的在职人员工资），职工探亲旅途费、由原单位支付的退职金、退职人员及其随行家属路费、职工死亡火葬费用、遗属生活困难补助费、长期赡养人员补助费等，由"预算包干结余"开支的集体福利支出。

⑤社会保障费。主要反映离退休人员的离退休金、津贴补贴、离退休人员开支的公用经费、按国家规定缴纳的各项社会保险费和职工住房公积金等支出。

（2）为完成事业计划，用于单位公务、业务活动方面的公用经费支出。包括：

①公务费。主要反映办公费、邮电费、水电费、公用取暖费、工作人员差旅费、驻外机构人员出国回国旅途费、器具设备车船保养修理费、机动车船燃料费、保险费和养路费、牧区办公用车马费、会议费、场地车船租赁费等。

②业务费。主要反映行政事业单位为完成专业所需的消耗性费用开支和购置的低值易耗品。包括为进行防治防疫用的消耗性的医药卫生材料费。为进行科学实验购置的工器具等低值易耗品、化学试剂、材料，以及专业资料印刷、科学考察研究费用。

③外事部门及其他行政事业单位的临时出国人员制装费、差旅费、国外生活补贴和外宾差旅费、招待费。财政、税务、统计部门、财务主管部门的大宗账簿、表册、票证、规章制度资料、材料的印刷费等。地质勘探费也适用项目。行政事业单位不属于专业业务的开支，列入"公务费"等有关科目，专业设备设置列入"设备购置费"，不使用本科目。

④其他费用。主要反映外籍专家往返费、驻外机构聘用外籍费、出国实习人员生活费、来我国实习人员生活费、本单位职工教育经费，各种医疗减免经费、发给个人的抚恤费、救济费和烈军属、复员退伍军人安置费，民政事业单位休养、收养人员的生活费、服装费、民政部门收容人员供养费，国家支援农业生产支出的各项生产事业费，以及以上各科目未包括的其他必要开支。

2. 经营支出

经营支出是指事业单位在专业业务活动及辅助活动之外开展非独立核算经营活动所发生的支出。事业单位非独立核算的经营活动所发生的全部支出，都应纳入经营支出。

3. 专款支出

专款支出主要是指用于科研课题经费、挖潜改造资金、科研三项费用等指定项目或用途的资金支出。

4. 对附属单位补助支出

对附属单位补助支出是指事业单位用非财政预算资金对附属单位补助产生的支出。

5. 上缴上级支出

上缴上级支出是指实行收入上缴办法的事业单位按规定标准或比例上缴上级单位的支出。

（三）支出管理

事业支出是事业单位支出的主要内容，是考核事业成果和资金使用效益的重要依据，因此事业单位必须抓好事业支出管理。对于国家统一规定的各项开支如单位职工工资、津贴、福利待遇等项目，必须严格按国家统一的财政财务制度和纪律执行，事业单位应本着勤俭节约、提高资金使用效益的原则做好支出管理。除此之外，事业单位应以事业支出和经营支出为重点进行支出的分类管理。具体的管理方法如下：

（1）事业单位应当保持支出结构的合理性，尤其是人员经费支出与公用经费支出应保持一个合理的比例，控制人员经费支出，相对增加公用经费支出。

（2）事业支出应当根据财政补助收入，上级补助收入、事业收入和其他收入等进行统筹安排，上述收入不得用于经营支出。

（3）经营支出要与经营收入配比。直接用于经营活动消耗的材料、工资等费用，直接计入经营支出。由单位在事业支出中统一垫支的各项费用，应当按规定比例合理分摊，在经营支出中列支，冲减事业支出。

（4）专项资金管理。注意划清支出界限。在支出管理中，要划清基建支出与事业支出、事业支出与对附属单位补助支出和上缴上级支出界限，正确管理有关费用，防止出现基建挤占事业、个人挤占国家、经营挤占事业以及虚增事业支出等情况的发生。

第十三章 中小企业特质与财务管理

中小企业由于资产规模小，市场拓展难度大，盈利不确定性强，信用程度低，融资渠道狭窄等特征，因而与大企业相比，有着不同于大企业的特质。这些特质将决定中小企业独特的财务特质，也不可避免地对中小企业的财务管理产生重要的影响，从而对中小企业的持续发展产生重要的影响。

第一节 中小企业财务的特质

国内中小企业财务管理的成果大多直接套用了一般企业财务管理的分析框架，对中小企业的特殊性认识不足，忽略了对中小企业财务特质的深入分析。实际上，由于经营规模、经营水平等各方面的差异，中小企业与一般企业相比有着显著的不同。

这些特点作为表征现象具有易变性，为了深入分析中小企业的财务管理，我们有必要透过这些现象把握具本质。企业的财务活动是以企业组织为载体的，并从属于企业组织的一系列活动。新制度经济学将企业视为一系列契约的制度安排，而财务活动所形成的结果也将作为一种状态从属于整个企业的制度安排。因此，中小企业本身的特质将决定中小企业财务的特质。笔者认为，中小企业具有两大特质：严重的信息非均衡和风险等级异质性。这两大特质对中小企业财务产生了实质性的影响作用，并形成了中小企业区别于大企业的财务特质。

一、信息非均衡与中小企业财务

信息非均衡是指各市场参与主体所获得的市场信息存在某种程度的差异，

即某些市场参与主体拥有私人信息。从狭义上来说，信息非均衡仅指不对称信息；从广义上来说，信息非均衡的含义要广泛得多，不仅包括不对称信息，还包括非完全信息、非完美信息等。信息非均衡在任何企业中都是普遍存在的，但中小企业的信息非均衡程度要远远高于大企业。因此，深入分析信息在中小企业中的分布和完善情况有助于了解中小企业财务与众不同的特征。

在进一步分析中小企业的信息非均衡之前，我们有必要了解一下信息非均衡的具体内涵。在经济活动中，所有影响未来收入流量的分析、判断和估价的资料、情报等，都可以视为信息。在金融市场理论中，根据各经济主体所获取市场信息的差异性，可将各市场参与主体分为掌握市场的均衡信息和非均衡信息两类。均衡信息是指各市场参与主体掌握着相同程度的市场信息，即各市场参与主体掌握着市场的完全信息或对称信息。完全信息是指每个参与人（市场经济主体）对所有其他参与人的特征（包括战略空间、得益等）有完全的了解，市场经济主体可以免费迅速获取其他参与人的各种市场信息，各经济主体在获取信息的能力和可能性上都是相等的，即市场参与者掌握着对称信息。各经济主体只有具备完备而迅速的市场信息才能及时对市场信号作出反应，以实现其行为的最优化。在信息经济学中，一般将拥有私人信息的参与人称为"代理人"，不拥有私人信息的参与人称为"委托人"。根据信息经济学的解释，委托人由于无法及时和充分了解企业的经营状况、资产状况等相关信息，常常处于信息的劣势地位。而受托人则拥有企业经营状况的完全信息，如利润率、产品销售情况、贷款回收情况等信息，因而往往处于信息的优势地位。

信息经济学理论表明，信息非均衡在任何企业中都是普遍存在的。然而，中小企业的信息非均衡程度要远远高于大企业。就中小企业而言，信息非均衡的情形主要体现在融资契约的缔结和贯彻过程中。我们以这个过程为分析对象，来比较中小企业和大企业的信息特征。

在融资契约的缔结和贯彻过程中，无论大企业还是中小企业，其与外部信息需求者之间所存在的信息非均衡都可以大致分为两类。一类是有关企业经营者人品、个人素质、经营能力等个人信息，这类信息具有与其所有者不可完全分离的特征，我们称之为人格化的信息。人格化信息也是现代人力资本理论的研究对象之一，是衡量人力资本的重要依据。人格化信息具有不可保证性的特征，它无法被有效观测。更准确地说，信息需求者需要付出昂贵的成本才能观测到人格化信息。人格化信息的有效范围存在于其所有者所处的某个社会关系网络中，这种网络的结点局限于家人、亲朋好友等熟人。另一类是有关企业经营方面的信息，包括资产状况、经营成果和现金流量等财务信息以及关于投资项目潜在盈利水平等预期信息。这类信息与企业经营者的个人素质、能力等无关，是一种以数据和书面资料形式反映的非人格化的信息。

在大多数情况下，企业经营方面的信息具有一定的可计算性，从而也就具备了一定的保证性。在正式的金融制度下，资本市场中有许多资金盈余者和资金短缺者，他们彼此的社会关系网络都是松散、短期的，尚无法形成人格化的信任关系和道义上的约束力。在这种情况下，资金盈余者将会降低人格化信息在风险量化分析与评估模型中的影响因子，而更多地考虑具有"可计算性"的企业经售方面的信息。因此，银行等金融机构进行资信调查时候，要求企业按照一定的程序和格式报送各种财务报表、商业计划书等反映财务信息和预期信息的资料，提供符合条件的抵押品、质押品或者通过有实力的担保企业以及社会担保机构进行担保。

对于任何企业，人格化信息和非人格化信息都存在一定程度的信息非均衡，但中小企业的信息非均衡程度要远大于大企业，并最终导致中小企业的融资困境等财务特征。

（一）中小企业非人格化信息更难以被掌握

中小企业的财务信息披露存在诸多问题。其一，公众的难以获得性。与大企业不同，中小企业没有大量的专业信息分析人员时刻关注其信息变化，也没有独立的第三方来保证其财务信息的透明度和可信度。此外，中小企业缺乏规范化的信息披露途径，不需要遵循《公司法》对上市公司信息披露的制度约束。出现上述信息披露问题的主要成因有：会计机构的设置不规范、会计基础工作薄弱、会计人员素质偏低，信息供给过程中缺乏监督等。在现实中，我们往往可以发现许多中小企业使用两套账簿，一套作为企业主自己会计核算用，另一套专门用于应付税务部门。显然，在这种情形下，中小企业的会计报表很难真实、完整反映企业的资产状况、经营成果和现金流量。金融机构也无法通过会计报表所传递的财务信息有效评价企业的经营业绩。因此，与企业经营者相比，外部市场主体面临严重的信息劣势。金融机构在获取预期信息方面同样面临着严重的信息非均衡。金融机构等向企业提供资金总是期望有一个安全的回报，这一安全性一方面来自企业现有的经营业绩，另一方面来自企业投资项目的预期盈利水平，显然，预期盈利水平越高，金融机构的资金所得到的保障性越强。因此，银行等金融机构通常要求借款企业提供能够合理解释说明投资项目潜在盈利水平的商业计划书。对投资项目进行审查时，金融机构需要对投资项目的宏观环境、市场风险、技术风险、技术优势、市场前景、行业竞争情形、有关财务指标、投资的退出渠道等，进行深入量化分析和评估。为了保证量化分析和评估的正确性，金融机构必须获取有关投资项目的相关信息。此外，高科技投资项目通常涉及对新产品、新服务的投资和开发，类似的投资案例比较少，可供对比、比较和参考的企业也不多，所以金融机构难以获得相关的评估经验和可供参考的准则。因此，在高科技项目的发展前景以及可行性等信息方面，金融机构面临着严重的信息劣势。

（二）中小企业人格化信息难被外部市场主体所掌握

由人格化信息所形成的社会网络只能局限于有限范围内的家人、亲戚朋友、同事熟人之间。这种社会网络的运行依赖于长期形成的社会关系产生的信任和道义约束力。很显然，这种信任和约束力同法律约束力相比要脆弱得多。当借款金额较大时，依靠个人社会关系网络所提供的人格化的信任就会远远小于违约后的净收益，借款人的违约动机也就会大大增强。我们可以发现，在非正式金融比较发达的江浙一带，凭借中小企业的人格化信息所缔结的融资契约往往是短期的，几个月或者一年，极少有长期的借贷行为，而且借款金额往往不大。处于这种社会网络边缘或者网络之外的金融机构或者风险投资企业，即使要达到同一般社会网络同等的信息地位也是非常困难的。与大企业相比，中小企业人格化信息的非均衡程度要高得多。金融机构和其他潜在的债权人、投资者无法在短期内掌握中小企业的诸如经营者的人品、素质、经营能力等无法量化的信息。而中小企业经营者的人品、素质、经营能力等则对融资契约的履约意愿和履约能力以及投资项目的成败往往具有决定性的影响，在科技型中小企业中这一点表现得更为突出。争取能更准确地获得有关企业经营者经营能力等信息，是金融机构和投资者降低信息非均衡程度，提高贷款安全性和投资成功概率的重要措施之一。因此，金融机构和投资机构往往要调查企业的信用状况、管理者以往的经营业绩，借以对中小企业经营者的履约能力和意愿及经营能力进行评估。

二、风险等级异质性与中小企业财务

风险等级就是一个企业或者一个投资项目的未来投资收益具有特定的风险折现率。企业的异质性假设的基本含义包括：第一，企业是一个历史的不断内生长和演化的有机体，企业在成长中所积累的核心知识和能力是独特的和有价值的；第二，企业的核心知识和能力作为企业的关键性生产要素是非竞争性和难以模仿与替代的，既无法通过公开定价和获得，又使其他企业的模仿和替代行为面临成本约束。我们应用企业的异质性假设分析中小企业风险等级的异质性及其财务特征。从总体上看，中小企业风险等级的异质性，主要体现在两个方面：意识不同成长阶段的异质性；二是不同企业之间的异质性。

中小企业的风险等级普遍要比大企业高，各国中小企业的低成活率便是一个例证。中小企业的高风险性源于该类企业的产品和劳务大都是创新企业，或者是在生产技术方面，或者是在管理技术方面，或者是在产品的用途方面。中小企业的高风险主要体现在以下几个方面：

（一）市场风险

企业开发出的产品能否被市场所接受，什么时候接受，以及该产品的扩散速度、竞争能力都存在不确定性。因此，存在营销失败的可能性，也就是企业的市场风险。

（二）技术风险

将新技术转化为现实的产品或劳务具有明显的不确定性，存在着因技术失败而造成损失的风险。另外，还存在着其他新技术、替代技术的产生，使现有技术急剧贬值所带来的风险。

（三）知识产权被侵犯风险

如企业科技人员投入大量的资金、物力等取得的技术、发明、软件程序等得不到法律的保护，在推向市场后被其他企业仿冒、侵权，市场将会很快饱和，研制该产品的企业或科研人员很快便会无利可图，甚至连研究开发费用都收不回来。

（四）财务风险

如果其规模与效益、投入与产出等不能匹配，产品销路不好，就不可能产生稳定的现金流；当企业债务融资过多、融资成本过高时，容易产生财务危机，形成财务风险。

第二节　中小企业财务管理的内容

　　财务管理是一项涉及面极广的综合性管理活动。不同时期、不同企业的财务管理在内容、方法、原则等方面都会有较大差异。中小企业严重的信息非均衡和风险等级的异质性，决定了中小企业与众不同的财务特征并反映在企业日常的财务活动中。财务活动本身貌似纷繁复杂，但透过现象的背后，我们还是能够把握其内在规律性，即财务本质。为了更好地理解中小企业财务管理的基本内容，首先要分析中小企业的财务本质。

一、中小企业财务的本质

　　在分析中小企业财务的本质之前，我们先对财务本质的研究现状进行简单评述。财务本质问题是财务理论研究中一个最基本的问题。对财务本质认识的角度、深度不同，直接影响到对各种财务问题的理解。然而，财务本质是深藏在各种纷繁复杂的财务现象背后的规律性的东西，它规定了财务区别于其他经济领域的独特性，反映了财务自身所固有的规律性，并具有客观性和相对稳定性。由于不同学者对财务现象的理解不同，就形成了对财务本质的不同认识。

　　从理论界对财务本质理论的认识来看，经历了资金运动——价值运动——价值和权利相结合的认识过程，在这一过程中，财务本质被逐渐揭示出来。但是，目前学术界关于财务本质的探讨大多以现代企业为研究对象。大多数学者认为，现代企业最主要的特征是所有权和经营权的两权分离。无论是经营者财务论、所有者财务论，还是资本受托责任观以及后来提出的财权流的观点，都是基于现代企业的产权特征。而大多数中小企业则恰恰不符合这一产权特征。大多数中小企业的所有者同时也是经营者，所有权与经营权没有分离，由此导致的受托责任问题，企业决策权集中于所有者，这也可以从中小企业内部独特的信息特征可以看出。因此，用"财权流"和"所有者财务、经营者财务"的观点来理解中小企业财务的本质是不合适的。当然，如果中小企业本身的产权尚未明晰，像一些红帽子企业，那就另当别论，要理解这些企业的财务本质，的确需要借助产权理论的一些分析方法。而对于两权合二为一、产权清晰的中小企业而言，产权理论在理解财务本质方面并不具有理论优势。近些年来，虽然产权经济学等新制度经济学流派风靡经济学界，但它并非可以用来解释所有现象。我们认为用"价值运动"来理解中小企业财务的本质是比较合适的。从企业组织的历史沿革可以看出，企业组织经历了从独资企业——合伙企业——公司制企业的变迁，而这一变迁的真正原因在于价值的驱动。从本质上看，市场中的企业可以视为价值驱动的契约模型，而财务活动作为企业内在的活动也必然受到价值的支配。从企业成长的生命周期看，中小企业从创业期到成长期再发展到成熟期的内在驱动力还是在于价值，企业的财务活动是为企业的价值活动服务的，并贯穿于企业的价值链之中。一旦权利被事先界定好，它就成了价值活动的外生变量，而不再是其支配作用的变量了。对于产权明晰的中小企业而言，其财务本质就是价值创造的活动。

二、中小企业财务管理的内容

美国管理大师西蒙认为，"管理就是决策，决策贯穿于管理的全过程"。这句话道出了管理的本质。据此，我们可以总结为：中小企业财务管理的核心内容就是财务决策，财务决策贯穿于中小企业的整个财务活动过程。就一般状态的中小企业而言，财务活动即价值创造活动的具体表现通常有融资活动、投资活动和营运资本管理活动等三个方面。因此，财务决策就可以分为融资决策、投资决策和营运资本管理决策等三个方面，但决策需要一系列相关信息，信息则来自中小企业的理财环境。

（一）中小企业理财环境的理性分析

战略学通常把企业环境分为宏观环境、行业环境和内部环境。中小企业的决策者需要收集和分析由这三个层面的环境所释放出来的信息，以期为中小企业的财务决策提供相关性、及时性、可靠性的信息。威廉姆森指出，决策者收集信息的过程是追求主观理性的过程并以效用最大化作为行为目标。西蒙也认为经济人总是"蓄意要有理性"。根据战略学的观点，中小企业进行环境分析的过程，即追求主观理性的过程大体可以分为四个环节：搜索、监测、预测和评估。搜索包含了对各层面理财环境总体上的研究。通过搜索，企业能够辨认出企业所处理财环境潜在变化的早期信号，以期为下一步调整自己的融资和投资策略做好准备。监测是指企业继续观察环境的重大变化和趋势，判断不同环境中所发生重大事件的含义。监测往往在搜索所定位的领域里进行。一些行业与经济周期的相关性特别明显，处于这些行业中的中小企业要特别需要监测经济的总体态势，以制定下一步的投资策略。预测主要根据搜索和监测所观察的信息资料对将来的变化或趋势作出预测分析并得出一个合理的结论。评估的主要目的是判断趋势或变化对企业理财的方式、范围、策略等造成重大影响的时间点和重要程度。通过搜索、监测和预测，企业应该能够了解到大体环境。评估就是在前面分析的基础上，衡量这些趋势或变化的影响程度。

（二）中小企业财务管理的内容框架

中小企业的财务决策者根据理财环境的理性分析结果，作出一系列财务决策，并采取相关的财务战略和策略。

1. 中小企业的财务战略

学术界对战略所下的定义不下几十种。如安索夫认为，战略研究产品与市场之间的内在联系，以把握企业的运营方向、选择企业发展的新使命；安德鲁斯认为，战略是经营决策模式，它决定和揭示企业的目的和目标，提出重大经营方针和计划；贝孜和埃德雷奇则认为，战略是组织投入其资源实现其目标的指导哲学。尽管战略的定义各有差异，但大多突出了战略的一些基本特征——长期性、全局性、相对稳定性、预先性、适应性，对企业发展有决定性的影响。战略的本质在于形成独特的自我创新机制。

财务战略是战略学理论在财务领域的应用和延伸。财务战略既有一般战略的某些共性，又有自己的特殊性。财务战略的独特性在于它所关注的对象是企业价值创造的活动，其外在表现为企业资金长期均衡有效的流动，即资金来源和资金占用的合理匹配以及资金尽可能多地增值。

中小企业财务战略最重要的特点在于相对灵活性。中小企业弱小的市场地位使它很难通过行动影响市场环境，相反只能适应大企业所引领的潮流。中小企业受管理人才和资本等资源条件的约束，不可能面面俱到，只能将有效的财务资源集中于某一个重要的方向，因为战略的实施需要企业的一系列知识和能力加以管理，超出自身资源条件的战略计划是无法得到有效实施的。此外，中小企业受信息成本的约束，不可能获得制定战略所需的全部信息，因此需要在信息不完全的条件下对变革环境作出创新性、适应性的反应。

2. 中小企业财务决策、财务战略和策略选择

中小企业的财务决策贯穿于整个财务活动过程中，并形成企业日常战术性的财务策略。财务决策根据决策对象的性质和内容的差异可以分为融资决策、投资决策和营运资本管理决策，并相应地形成融资策略、投资策略和营运资本管理策略。一般认为，战略是全局性、长期性的谋略，而策略则可以视为战略的具体化、细致化，是战略在企业日常活动中的具体执行。

企业的融资活动是为投资项目或者日常经营筹集所需资金的过程。融资战略主要解决中小企业中长期内资金筹集的规模、渠道、方式、结构、时机等问题。融资规模的战略是关于中小企业在一定时期内融资总额的战略决策。融资规模要求经济合理。融资不足则会导致资金短缺，无法满足投资项目和日常经营的资金需求，造成生产萎靡和效益下降。融资规模过大，则会导致资金的闲置和浪费，无法充分利用有限的资金资源，同样也会损害中小企业的长期发展。

确定中小企业合理的融资规模需要考虑以下几个方面：企业资金需要量及资金缺口；投资规模和投资收益；融资难易程度及融资成本的高低；经营能力及管理水平。融资渠道和方式是指取得资金的来源和具体获取方式，一般认为企业可以选择的融资渠道有内部融资和外部融资两种渠道，而每一种渠道又有多种融资方式，如股票、债券等融资方式。但由于中小企业的财务特质，这些融资渠道和方式的选择受到诸多限制。融资结构主要是指不同融资渠道和方式的合理安排，以保证企业财务既有稳定性又有一定的灵活性，同时，保证企业在享受节税收益的同时将财务风险控制在可以接受的范围内。融资时机的本质就是融资弹性问题，中小企业需要根据自身情况、外部融资环境的变化以及企业未来预期的融资情况及时更新和选择融资方案，使企业在享受较低融资成本的同时能够在可预期的一段时期内继续保持融资能力。然而，由于中小企业的

融资能力普遍较差，融资时机的选择会受到一定程度的限制。严格意义上说，融资策略主要解决融资的具体方法如何选择和运用的问题。不过具体财务决策总是将融资策略和战略结合一起进行的，财务策略的选择需要依据既定的财务战略。财务战略也需要根据策略实施的效果作出修正，许多战略的问题归根结底也是策略的问题。

中小企业的投资领域战略，主要解决如何在不同流动性的资产之间、企业内部和外部、不同行业之间分配有限资金的问题。投资方式战略主要是指企业以哪种方式进行投资的问题，这些投资方式包括存货、固定资产、无形资产和货币资金，等等。这同时也是一个策略问题，企业应当根据自身情况和各种方式的价格水平、流动性等选择投资方式。投资规模战略则是企业如何控制总体规模以及具体投资项目规模的问题，企业应当根据具体项目的投资风险和收益以及企业现有的现金流选择合适的投资规模。投资时机的选择——要求中小企业根据宏观、行业以及内部环境的现状以及变动趋势选择合适的时间，尤其在准备投资一些周期性行业前，企业必须对宏观环境作出准确判断，然后选择一个合适的出击时机。

第三节　中小企业财务管理目标体系

西方财务理论界对企业财务管理目标进行了深入的研究，并提出了多种理财目标理论。长期以来，学术界很少从中小企业的财务特质出发研究中小企业财务管理的目标。

一、现代企业财务目标理论

无论是中小企业财务管理本身的要求，还是研究理论问题的需要，目标都是中小企业财务管理理论的组成要素之一。20 世纪 50 年代之前，学者一般认为企业是以追求利润最大化为财务目标的经济实体。50 年代，随着西方财务经济学理论的创立和企业制度、治理结构的不断发展与更新，学术界提出了与传统的利润最大化目标不同的诸多观点。目前，有关企业财务目标的观点不下 20 余种，下面简单介绍几种主要的观点：

（一）企业利润最大化

以利润最大化作为企业目标，是 19 世纪初发展起来的。那时企业的组织形式比较简单，由于当时资本市场极不发达，企业的资本结构也很简单，其资本结构的特征是私人融资、私人财产和独资形式，此时企业的经营者和所有者是合一的，其生产经营的唯一目标就是增加私人财富。因此，从历史发展的观点来看，最初的企业财务目标模式是企业利润最大化，即以利润总额的大小来确定企业距离目标的远近。这种观点认为，企业是盈利性的经济组织，利润代表企业新增加的财富，利润越多则企业增加的财富越多，越能体现出企业的本质，而利润作为社会扩大再生产的基础，利润越多也表明企业对资源的利用越合理、对社会的贡献越大。

（二）股东财富最大化

目前，在财务理论界最流行的观点是企业经理应当以股东财富最大化作为企业的财务目标。在这一目标模式下，企业接受的所有投资项目的收益率应当高于资本成本，更复杂的资本成本是从资本资产定价模型中推导出边际成本，从而能处理多变的风险投资项目。由于权益融资成本的波动性和股利的个人所得税，股东保存盈利似乎很少当作股本来计算资本成本，从而会引起在这种股东财富最大化的目标模式下，经理会更偏好通过保留利润即通过内源融资的方式进行融资，而不是通过发行股票进行权益融资。在考虑股东财富增长率时，经理人员也会更多地利用财务杠杆以增加股东的收益，但如果过度地利用财务杠杆，则会不可避免地增加企业的风险。如果过多地利用企业净利润发放股利，公司的财富增长就会受到影响。因此，企业经理一般是希望保留足够多的利润，这也是股东财富最大化的重要财务策略。如果单纯要求股利最大化，则会引起过度的利润分配，可能导致企业追求短期利益和过度利用财务杠杆，增加企业的风险，甚至会导致企业破产。

（三）企业价值最大化

企业价值最大化是财务经济学理论文章最经常引用的目标模式，这一目标也被实务界所接受。这一目标的起源是著名经济学家莫迪格利安尼和米勒（Modigliani & Miller，1958）提出的 M-M 定理，在一定的条件下，企业价值最大化与企业股东财富最大化是等价的，所以这一目标模式性质和特征与股东财富最大化基本上是相同的。契约理论认为，企业是一组契约关系的组合，实际的和内涵的合同是企业组织中的各种成员（经理人员、雇员、股东、债权人）的作用具体化，并且规定了他们的权利、义务和在不同条件下的收益。大多数成员要求有限的风险和固定的收益，企业股东则承担剩余风险。虽然契约减少了企业内部利益的冲突，但他们不能完全杜绝组织内因所有权与控制权分离而产生的潜在的冲突。这就要求企业的财务目标不仅要与股东的利益一致，而且要兼顾与企业有利害关系的各种利益集团，只有企业市场价值最大化作为资本结构的优化目标，才能达到这一要求。

（四）经理人员利益最大化

在一些企业中，特别是在所有权与经营权分离的情况下，企业的经理人员有可能不以股东利益最大化为目标，而是追求经理人员个人利益的最大化。例如，丰厚的报酬、舒适的生活、个人职务的升迁、可支配资产规模的扩大等。因此，在财务理论界也有许多人提出企业是以经理效用（利益）最大化的目标来经营企业。这种目标模式被称为"经理利益最大化"模式。这一模式的提出是根据贝洛和米恩斯在《现代公司和私有资产》一书中提出的经营者实质上控制了股份制企业。这一模式正在改变之中，其发展趋势回归到有条件地限制股东财富最大化或企业总价值最大化。

二、中小企业财务目标的有效性

财务目标是财务活动的出发点与最终归宿，是企业财务活动所要达到的根本目的。财务目标在现代企业财务管理中具有重要的作用，企业的一切理财活动都离不开财务目标的指导与约束。中小企业财务目标对中小企业成长的重要性也是如此。不过，这也需要有一个前提，即财务目标的有效性，只有有效的目标才能发挥预期的功能。

（一）有效财务目标的功能分析

一个有效的财务目标应当具有两个方面的功能。

1. 导向与约束功能

有效的财务目标应当能够引导与推动企业开展积极的财务活动，处理好利益相关者之间的财务关系，并与企业的目标保持一致。财务一方面为企业的经营管理提供相关的辅助决策和监测职能，另一方面又直接表现为一定的财务状况和经营成果。财务目标只有与企业的总体目标保持一致，才能发挥积极的作用。当企业在不同发展阶段的目标发生改变时，财务目标也需要相应调整。因此，从动态的角度看，财务目标是企业目标体系中居于"支配"地位的"职能化"目标。企业目标往往就等价地表达为财务目标。财务目标的导向性与约束性其实是一个问题的两个方面，为了保证财务目标与企业目标的协调性，还应当约束偏离目标的财务活动，如投融资决策是否有悖于企业的发展目标，各部门的财务决策是否与财务总目标协调一致，等等。

2.评价功能

财务目标的实现与否以及实现的程度如何，是评价财务工作的最终标准。可操作性包括可计量性、可验证性、可控制性。只有具有可操作性的目标才能具备评价功能。如企业要从备选方案中选择合适的投资方案，首先要有一个评价标准。这个标准即为是否能够实现财务目标，并在此基础上衍生出指标评价体系。对于企业的融资方案选择、日常营运资本管理的绩效考核，同样需要依据财务目标加以评价。财务目标只有较好地发挥了导向与约束功能以及评价功能，才能使企业财务处于一个良性运作的状态，企业的发展才具有可持续性，这样的目标才被认为是有效的；相反，在指导实践过程中，若目标起了误导理财的作用，则财务目标会导致企业的"短期行为"，这使目标功能的作用效果走向了反面。可以说，财务目标是构建财务理论的重要组成要素，许多学者坚持的财务目标起点论认为，财务理论只有确定合理的目标，才能实现高效的财务管理，才能演绎出整个理论体系。财务目标起点论的合理之处正在于财务目标的两大功能对构建财务理论体系的基础作用。

（二）"企业价值最大化"与"利润最大化"

当前学术界的主流观点是企业价值最大化，并对传统的利润最大化目标提出了不少批评。企业价值最大化是指通过企业的合理经营，采用最优的财务决策，在考虑货币时间价值和风险价值的基础上不断增加企业财富，使企业总价值最大。一般认为，以"企业价值最大化"作为财务管理的目标，可以克服"利润最大化"目标没有考虑货币时间价值和风险价值，以及过度追求利润最大化使企业财务决策带有短期行为，忽略企业的社会责任等缺点，从而避免收益和风险的脱节使企业盈利性和社会责任相统一，因此是企业财务行为的最佳目标。当然，作为上市公司和大型企业来说，企业价值最大化目标得到了大部分学者的一致认可。然而，由于中小企业的财务特质，企业价值最大化或者股东财富最大化作为中小企业的财务目标未必合适，尤其对相当一部分的中小企业。财务目标作为企业目标的近似等价目标，必须与企业自身的特质相结合。

相比较而言，利润最大化目标比企业价值最大化目标更具有可操作性。可以说，企业价值最大化目标是应公司制企业而产生的。从19世纪中叶开始，随着资本主义原始积累的完成和金融业的兴起，特别是欧美产业革命的完成，制造业迅速崛起，企业规模不断扩大，公司制企业应运而生。现代公司制的主要特征是所有权与控制权分离，企业由所有者（股东）进行投资，并由职业经理集团来控制和管理。此外，各种债权人、消费者、雇员、政府和社会等，都是与企业有关的利益集团。在这种情况下，实施企业价值最大化目标是可行和必要的。但中小企业的组织结构和管理行为远比两权分离的公司制企业来得简单，它与外部的利益相关者之间关系也远没的有这么复杂。因此，利润最大化目标更有效。

人们对利润最大化目标的批评主要集中在以下几个方面：一方面，忽视企业的投入产出关系，即股东投入企业的资本与所获取的利润之间的关系，因为当投入股本的规模不同时，所获取的利润的绝对额并无可比性；忽视货币时间价值和风险价值。而在中小企业的实际财务工作中，因为筹资能力和投资额大小的限制，它们没有诸多投资方案可供选择，在很多情况下，企业只能通过预期利润的比较来选择投资方案。另一方面，中小企业关心的首要问题是企业的生存。从总体来看，中小企业在市场经济中扮演着相当活跃的角色，但同时也是成活率最低、流动性最强的企业群体，几乎每天都有很多新的中小企业出现，每天又有新的中小企业破产、倒闭。在激烈的竞争中求得生存，持续的获利是中小企业梦寐以求的经营状态。利润能使它在市场中暂时生存和避免淘汰。现有的融资制度决定了中小企业的主要资金来源必然是自有资金和资本积累。因此，利润最大化对中小企业来说具有相当重要的意义，它们在作财务决策时没有考虑货币时间价值和投资风险的内在动机或倾向，也是非常自然地结果。

第十四章　中小企业可持续发展财务观

中小企业可持续发展的驱动力来自企业内外诸多因素。就企业内部而言，财务观念对中小企业可持续发展起到了阻碍或者促进作用。财务观念是中小企业的一种"意识形态"，是中小企业在财务活动的运行过程中所秉承的财务理念和价值观，对于中小企业财务的理论和实践起着重大的指导意义。在某种程度上说，财务观念是中小企业开展财务活动并为其选择合适方式和范围的出发点。为促进可持续发展，中小企业应当持有三大核心的财务观念，包括财务成本观念、风险观念和创新观念。

第一节　中小企业的财务成本观

财务成本观是中小企业所持有的有关财务成本的价值观。现代的商业环境中，中小企业是最为活跃也是流动性最强的竞争主体。因此，对于中小企业而言，应树立怎样的财务成本观来支配企业的一系列财务行为，具有一定理论意义和现实意义。

一、中小企业的可持续发展观

可持续发展的思想由来已久，里约会议结束以来的十多年中，环境、社会学、经济学等各学科都积极探讨了可持续发展的内涵和外延，尤其是指标体系、存在的问题及今后研究的方向。目前对可持续发展的概念可以从观念形态层次、经济—社会体制层次、科学技术层次等三个层次上展开和深入。从研究对象和研究方法看，以上三个层次有较大的差异。可持续发展本身的含义包含相当广泛的内容。为了具体分析问题，我们所要研究的中小企业可持续发展属于经济——社会体制层次的微观层面。中小企业的可持续发展意味着中小企业发展能力的可持续性、全面性、系统性，突出表现在企业文化、企业素质、产权结构、组织结构、企业的人力资源、经营理念、经济效益等指标的不断优化和升级。从本质上看，中小企业的可持续发展是一个整体协调的动态发展过程。具体地说，中小企业的可持续发展有三个维度，即生存、发展和盈利。在中小企业的成长过程中，这三个维度是交替上升的，并没有一个固定的先后顺序。

中小企业的生存是发展和获利的基础。中小企业自从开办之日起就始终处于一种倒闭、萎缩的危机之中，时刻面临着同行业的竞争。据美国商务部统计，美国企业的倒闭率在 20 世纪 70 年代为 2.3%～4.3%，但是到了 80 年代，这一比例却猛增到 6%～12%。美国波士顿咨询公司对《财富》世界 500 强企业的研究表明，即使是世界上规模最大的公司也难逃生存危机的厄运。20 世纪 50 年代《财富》杂志所列的世界 500 强名单中的近一半企业在 90 年代的名单中消失了。这是有关大企业生存率的调查，而与大企业相比，有关中小企业生存率的调查结果更令人吃惊。美国中小企业 5 年的生存率是 40%，10 年的生存率不过 13%；连进入道·琼斯股票指数的超巨型企业在几十年中也会倒闭 1/3。根据巴西扶持中小微型企业服务中心调查资料显示，2000 年来，巴西中小微型企业倒闭率占 50%。据英国贸工部的统计资料显示，7% 的新建企业在开业 6 个月内关闭，40% 的新建企业在开业 6 个月后到 3 年内关闭，即近一半的新建企业"活"不过 3 年；企业成立 3 年后，关闭率逐渐下降，但"活"过 6 年的只有 35%。我国中小企业的情况也大抵如此，据 1986～2000 年的有关资料表明，我国中小企业平均寿命为 3～4 年，也有不少研究认为我国中小企业平均寿命为 2～3 年。据此推测，我国中小企业 3 年存活率约为 30%。因此，如何提高生存率对中小企业的经营者来说是一个严峻的挑战。

中小企业的发展意味着经营方式、组织结构、经营效益等评价指标的优化与升级。中小企业是在发展中求得生存的。在瞬息万变的商业环境中，中小企业如果不能发展，不能提高产品和服务的质量，不能扩大自己的市场份额，就会被其他企业排挤出去。中小企业的发展过程实质上是动态能力的演化过程，所谓动态能力即指企业对外部环境变化的反应能力。在一个不确定是唯一确定因素的经济环境中，只有那些能够适时反映技求和市场环境变化，迅速对企业内部和外部资源进行有效整合的企业才能得以继续发展。

不可否认，中小企业具有先天的不足，如规模小、技术设备落后、资金缺乏、信贷困难、承受市场风险的能力较弱等，这些因素成了中小企业发展中的障碍。但中小企业的能力发展具有路径依赖的演化特征，总是与特定的历史发展阶段联系在一起的。新世纪中小企业的新面孔并非仅仅表现为高科技中小企业的脱胎换骨，社会进步对中小企业的冲击是全方位的，因此造成的影响也是全方位的。中小企业已经发生了"质的飞跃"，需要以新目光、新观念去审视的是作为全体的中小企业的"新型"，而不是只关注其中最夺目的"新兴"的那一部分。中小企业从"传统"到"新型"的"质的飞跃"为我们认识中小企业如何发展提供了独特视角。

中小企业是一个以盈利为目标的组织，其出发点及最终目的都是盈利。中小企业的生存和发展最终要体现在盈利上，只有盈利才有生存和发展下去的价值。因此，盈利不但体现了企业的出发点和归宿，而且可以概括其他目标实现程度，并有助于其他目标的实现。财务的本质是企业价值的创造活动，从这个角度看，盈利即企业价值的增加，具体地说，就是使资产获得超过其投资的回报。就这一点看，利润最大化目标与企业价值最大化目标是一致的；它们最大的争论焦点则在于如何实现盈利，什么是盈利实现的评价标准。我们认为，从企业可持续发展的角度看，中小企业的盈利必须是长期性的、可持续的。短期化的盈利目标并不能给中小企业带来可持续的发展。在市场经济中，资产的每项来源都需要花费成本，生产要素的所有者通过向企业投资从而获得一定的投资回报。中小企业只有获得比各要素所有者要求回报多的收益才能实现企业的盈利，这就要求中小企业充分有效地利用各种来源的资金。

生存、发展和盈利三个维度为我们深入认识中小企业的可持续发展提供了切入点。从中小企业成长的总过程来看，这三维度并不是先后出现的成长目标，相反，它们贯穿于整个成长过程中，在任一发展阶段，中小企业都会要求生存、发展和盈利，只是在不同的阶段，急迫程度有所差异而已。

二、中小企业的财务成本效益观

中小企业传统的财务成本观通常有两个截然不同的极端表现。有一些中小企业以是否节约资金为依据，片面地从降低成本乃至力求避免某些费用的发生入手，强调节约和节省资金的支出。这类财务成本观念可以简单地归纳为"该花的钱不舍得花"，即"吝啬"的财务成本观念。有一些中小企业则与此相反，它们的财务决策往往不计资金成本，只是片面地追求绝对效益。这种财务观念可以归纳为"财大气粗地花钱"，即"奢侈"的财务成本观念。这两种极端的财务观念与中小企业的可持续发展都是背道而驰的。

中小企业的财务目标总是和企业总目标协调一致的。追求经济效益是中小企业可持续发展的内生性要求，企业的财务活动也应该树立成本效益观念，实现内传统的"吝啬"的财务成本观和"奢侈"的财务成本观向现代的财务成本效益观念转变。在市场环境中，中小企业管理的目标是可持续发展，通过向市场提供所需的物美价廉的商品，并在此过程中获得最大化的盈利。与中小企业管理的这一基本要求相适应，财务管理也就应与企业的可持续发展直接联系起来，以一种新的认识观——财务成本效益观看待财务成本及其控制问题。财务成本效益观的核心内容是从"投入"与"产出"的对比分析来看待"投入"（成本）的必要性、合理性。财务成本的必要性和合理性包含两层含义：一是努力尽可能少的成本支出，创造尽可能多的经济效益，企业应当减少无为或者无效率的"奢侈"支出。我们所提倡的"精细化财务管理"就是主张财务活动应当关注企业的细节方面，从管理企业日常的资金使用入手，提高使用效率，减少不必要的浪费；二是不能"吝啬"必要的成本支出。虽然有些成本支出可能减少短期内的利润，但如果可以使长期的效益增长的话，这种支出就是必要的。如在创业期的中小企业，可能根本没有利润，但它还是应当支出必要合理的科研经费，因为后者的支出可以给中小企业成长潜力的发挥提供必要条件。再如，为充分论证各投资方案的可行性而发生的费用开支，可保证决策的正确性，使企业获取最大的效益或避免可能发生的损失。而在现实中，许多中小企业由于资金规模的限制，总是吝啬诸如市场调查或者投资项目论证等方面的经费支出，而投资不合理的项目却可能给企业带来比所节约的支出多得多的损失，所谓"得不偿失"。总之，中小企业的财务活动应当树立财务成本效益的观念，对比分析"产出"和"投入"，研究成本增减与收益增减的关系，以确定最有利于提高效益的融资、投资和营运资本管理的方案。

三、中小企业的价值链财务

从本质看，中小企业财务是一种创造可持续的价值增长的活动，从可持续发展的角度看，财务成本效益观是企业价值创造所提出的内生性要求。因此，为了更好地认识财务成本效益观，我们有必要从价值创造的角度分析中小企业的财务活动。

价值链的分析方法为我们认识企业价值的创造提供了一种良好的分析工具。价值链的概念是由波特于 1985 年在《竞争优势》一书中最先提出的。波特将企业的价值活动分为五种基本活动和四种辅助活动。五种基本活动分别是物流输入、运营、物流的输出、市场与销售以及服务；四种辅助活动分别为采购、技术开发、人力资源管理以及企业基础设施。基于这些价值活动，波特建立了企业内部价值链。我们称之为狭义的价值链。价值链的基本含义是尽量以最小的成本带来更多的价值。价值链的概念还体现了一种集成的管理思想和方法，强调优化核心业务流程，从整体上降低企业成本，提高管理效率和经营效率，增值实现价值。

财务成本观念应当贯穿于价值链的各个环节，包括采购、仓储、生产、销售等内部价值链和投资活动、融资活动等，并形成价值链财务活动。价值链财务与传统财务的区别主要体现在以下两个方面。

（1）财务活动从事后的静态核算和分析转向全过程、全方位的动态控制和分析。通过财务与价值链的融合，可以保证财务信息采集、加工的实时性、完整性、正确性和有用性，从而真正监督和控制企业资金的使用状况，减少不必要的费用支出，提高营运资本管理的效率，确保价值、增值的目标。

（2）价值链财务是传统财务在价值链方向的延伸，从而大大拓展了财务工作的广度和深度。传统财务和生产经营活动联系很少，前者对后者仅仅做一些事后的财务分析工作。而价值链财务则要求财务部门与生产等各业务部门全面协作，根据实际情况，将财务内容进行细化、分解、整合，并落实到每一岗位、每一项具体的业务，并辅以一套相应的工作流程和业务规范。这不仅支持了业务部门更好地发掘潜在的价值，而且还将财务活动真正视为一种高附加值的活动，从而更好地为企业创造经济效益。

四、中小企业的货币时间价值

中小企业财务的本质是价值创造，而资金即资本化货币的运动则是价值活动的表现形式。马克思主义哲学指出，任何运动都离不开一定的时空。于是时间与空间成了衡量货币增值的必要条件和计算依据。我们提出的价值链财务是倡导将财务活动与价值链的各个环节相融合，深入分析资金在不同环节上的增值活动。从本质上看，价值链财务体现了资金的空间价值，在不同环节（空间）的资金体现了不同的增值潜力。但空间价值只仅仅是问题的一个方面，我们还需要考察资金在不同时期的价值，即通常所说的货币时间价值。可以说，货币的时间价值为不同会计期间货币的静态表现形式建立了联系。离开了时间价值的因素，就无法衡量不同会计期间的企业收支，也就无法衡量企业的盈亏状况。

货币时间价值对中小企业的财务活动的影响主要体现在融资决策和投资决策中。融资决策及资金的来源，而投资决策涉及资金的占用，如何合理经济地筹集资金，如何经济和有效地使用资金，对中小企业的可持续发展具有决定性的影响。

考虑货币的时间价值是中小企业树立财务成本效益观的必要之举。虽然现在许多中小企业的条件还不能满足应用的条件，但仍然有必要将其作为一种重要的辅助决策方法。现代财务理论已经证明应用货币时间价值的决策方法是科学合理的，并能有助于落实财务成本效益观。中小企业可以将其作为一种财务理念来看待，并将其融入日常的财务工作。当中小企业的内部资源与条件和外部的经营环境得以改善，尤其在成长阶段的后期时，中小企业应当逐渐考虑货币的时间价值。据了解，目前已经有相当部分的中小企业开始应用货币的时间进行财务决策，这是未来企业财务决策的必然趋势。

第二节 中小企业的风险管理观

中小企业的成长过程面临着诸多风险。能否对这些风险进行有效管理和控制，对中小企业的可持续发展具有重要的意义。

一、中小企业风险特性和规律

关于风险的定义有许多种。所谓风险，是一种不确定性。不确定性主要是指人们的认识与事物客观发展结果之间的距离，是一种信息差距或者是理性差距的具体反映。在不确定性的情况下，人们的认识与事物客观发展结果之间的距离大于零，而且随着不确定性增加而不断增大。从经济学意义上讲，存在着两种不确定性的定义：一是外生的不确定性，即与经济系统本身的运行不存在关系的不确定性，如消费者的偏好或者厂商的生产技术等。它们不是由经济系统本身内在地决定的，因而在大多数经济分析中是作为一种给定的前提或变量来对待和处理。二是内生的不确定性，即与经济系统本身运行有关的不确定性。这种经济系统本身的不确定性，来源于经济行为者的决策，因而是许多经济学家研究和分析的对象。

中小企业的风险之所以产生，主要是因为任何经济决策都存在着三个变量的约束：一是中小企业能够控制的决策变量；二是中小企业无法控制的环境变量；三是由决策变量和环境变量确定的其他变量。风险程度的大小则取决于这三个变量之间的相互作用。中小企业可控制决策变量的多少主要与信息有关，信息越充分、相关与可靠，企业决策的不确定性就越小。由于环境本身的不确定性和人的有限理性，中小企业能够控制的决策是非常有限的。因此，中小企业的风险具有不可控制性的特征，在企业的经营活动中，不可能存在没有风险的情况。据此，中小企业的管理者对风险的态度既不能放任不管，也不能幻想各种经营活动都按预期计划进行。中小企业风险除了具有客观性的特征之外，还具有可控制性的特征。所谓风险的可控制性，不是说要完全消除风险，而是改变、控制风险的"受险部位"，从而消除或削弱风险对企业财务的影响程度，使得企业决策结果的风险等级低于经济变量的风险等级。风险的可控制性为中小企业的风险管理提供了依据。

中小企业的风险遵循守恒、风险收益均衡等两大定律。风险守恒定律与物理学上的能量守恒定律类似，它是指收益的不确定性所带来的风险性对全体企业来说是绝对的。以中小企业在融资决策中所存在的风险为例，在既定的投资状况和完善的市场环境，企业不管采用什么样的融资政策都不会改变其风险。如果采取内部融资，则企业股东和员工分担了企业一部分风险；若贷款，则一部分风险由贷款人承担；若增发新股，则一部分风险内由新股东承担，等等。在不同的市场成熟度和信息水平上，有不同的风险概率和损失与之相对应，并在特定的风险上守恒。但是，对于中小企业个体而言，有可能通过风险管理在一定程度上规避风险，不过，这并不意味着风险就消失了，而是将风险转移给其他市场主体。这也为中小企业风险管理提供了可能性。中小企业的风险还遵循风险收益均衡定律。根据均衡定律，中小企业承担的风险与收益成正比，预期收益大，其风险就大；预期收益小，其风险就小。这就涉及了对风险选择的不同态度。有些人或企业愿意为获得较高的收益而承受较大的风险，我们称之为风险偏好型；而有的却为避免很小的风险而宁愿放弃较有利的获利机会，我们称之为风险规避型。

二、中小企业风险的类型

中小企业在各个成长阶段都存在诸多风险，由于各种风险的特征及其对企业财务结果的影响具有较大差异，因此，有必要对中小企业风险的类型进行分析以分别进行管理。风险的分类方法有许多种。根据风险对市场参与主体的影响范围分为系统风险与非系统风险。系统风险是内该范围内任何企业都无法控制的整体性出发带来的风险，具有全局性的影响。中小企业无法规避系统风险，但可以通过一定的措施和手段减少风险带来的可能的损失，比如保险。非系统风险则是由企业可控因素带来的风险，只对局部和企业个体产生影响。非系统风险是一种与企业的决策有关的风险，又称为商业风险或市场风险。中小企业只有尽可能地减少非系统风险,才能在一定程度上减少企业所面临的各种风险。

根据企业的生命周期理论，中小企业在其成长、发展的过程中，面临各种各样的风险，主要有以下几类。

1. 创业风险

面对某个商业机会，创业者将承受相应的技术风险、市场风险、财务风险、政策风险、法律风险、宏观环境风险和团队风险，这是任何创业者都会遇到的问题，只是特定创业者面临的风险的结构和程度不同罢了。初创期的企业面临的风险千头万绪，我们关注的是企业如何通过对环境的分析选择合适的商业机会，以及利用有限的资源来尽快渡过创业期，步入正轨。

2. 技术创新风险

企业的发展，需要有一系列品质可靠，有极强竞争力的产品。即使企业在创业阶段可以采取跟进战略，模仿畅销产品，但是从企业长远发展的角度来看，企业应该逐步加大研究开发的资金，进而实现技术创新，以优秀的产品巩固其市场优势地位。中小企业是技术创新的重要源泉之一，在技术创新方面发挥着重要的作用。鉴于创新活动本身的复杂性以及技术创新收益的不确定性，企业会在技术创新过程中遇到各种各样的风险，由此可能导致中小企业经营的失败。这主要是由中小企业在创业、成长过程中必然涉及的技术研究开发、产品试制、生产技术的探索性等引起的。

3. 市场风险

企业生产的产品只有在市场上实现其价值，才能使其得以生存和发展。市场风险即指企业生产出的产品能不能为消费者所认可、能不能被市场所接受以及接受的程度如何等不确定性。对中小企业而言，消费者偏好的改变，其对产品的质量、品种、价格选择性的增强，销售渠道的忽然失灵，市场信息的可能失真或失误时，所有这些都会造成企业的市场风险。这就需要中小企业做好市场定位、对产品的市场需求预测、生产过程的控制以及提升其总体营销水平。

4. 财务风险

中小企业要创业，要进行技术创新，要占领市场，也就是说要生存和发展，都需要筹集资金。中小企业可以采用各种方式筹措资金，而债务融资是其最主要的融资方式，财务风险就是企业利用举债融资时产生的由股东所承担的风险。

这个风险表现在两方面：一是中小企业由于利用财务杠杆而使其丧失偿债能力，陷入财务危机的可能性，也称为破产风险或财务危机风险；二是指中小企业所有者收益的可变性。这就需要中小企业确定好融资规模、融资方式以及融资结构，加强财务风险管理。

三、中小企业风险的基础管理

风险管理是指企业为了实现文件经营，在分析企业外部环境和内部条件的基础上有计划有组织地进行风险识别、评估和化解等活动的总称。实施风险管理的主要目的在于保全企业的资产和提高企业的盈利能力。目前，我国许多中小企业的抗风险能力比较弱，这跟企业风险的基础管理缺失有直接关系。所谓基础管理，是指中小企业为防范风险所必需的前提和基础条件。

具体地说，中小企业风险的基础管理主要体现在以下几个方面：

（一）中小企业要把风险管理融入到企业文化中

为适应企业风险管理的要求，中小企业要通过重建企业文化，使风险管理成为员工一项自觉的行为。中小企业的管理者首先应该从个体因素、团队因素、企业整体因素等几个方面分析企业已有的风险管理能力，评估企业现有的风险管理意识、风险管理决策和实施程序，分析其是否需要调整以适应变化的风险管理环境。在此基础上，编制风险管理方针书以表明决策层对风险管理的支持态度和风险管理的原则，制定风险管理计划书明确风险管理的目标和各自的职责以及通过教育培训等手段让员工真正了解风险管理的全过程，使所有员工都能意识到风险管理不是某一个人或部分人的职责，而是所有员工的共同职责，从而营造一种适应风险管理的全新文化。此外，企业的管理者还应该制定统一的风险管理标准和规范，以减少各个部门之间因风险态度不同而导致的冲突。

（二）中小企业有必要完善风险学习机制

风险知识的学习和积累是企业获得和保持风险管理能力的一项重要途径，学习机制可以在公司内营造一种平等竞争、激发智慧的环境，弥补个人与团队的能力差距。风险学习应成为风险管理的中心任务之一，学习过程必须是持续不断的，而不是与特定风险管理项目相联系的暂时性工作。持续学习过程依靠完善、严格的制度来保证和规范，必须有明确的责任制度加以约束。详细的风险管理记录可以促进经验交流和信息反馈，也是风险学习的重要工具。中小企业风险管理能力的培育在很大程度上取决于风险知识的学习和积累。一个善于学习的企业组织，能够不断地获取知识、资源，更新知识、使用知识、创造知识，从而不断强化现有的风险管理能力、开发和学习新的风险管理能力。从这个意义上看，风险的学习机制决定了中小企业在风险中成长的时间路径和抵御风险的能力的大小。

（三）中小企业需要建立企业信息系统，健全风险预警机制

信息不充分是造成不确定性的主要原因之一，充分的信息可以使风险性决策转化为确定性决策，从而规避或者减弱各种风险。因此，信息的采集和处理能力就成了风险管理成功的基石。借助于灵敏的信息系统和监控系统，对不利的意外事件和主要风险因素进行辨认、分类、评估和控制，可以将企业的风险损失降到最低限度，获得尽可能大的收益。风险预警是在社会调查的基础上，借助计算机技术、信息技术、概率论和模糊数学方法，设定预警指标体系及其值域和临界点，迅速捕捉风险前兆，作出评估判断，对不同性质和程度的风险适时发出警报，提醒决策者和管理者及时采取防范和化解风险的措施。通过信息系统和预警机制，中小企业就可以建立一种全方位立体性的信息网络，使得信息收集和处理的流程得到优化，保证企业在合适的时间把合适的信息传送到目的地。不过，信息化本身并不是每一个中小企业都可以实现的。但可以预见，随着网络技术、信息技术等的日益普及，中小企业实施信息化的成本将会逐渐降低，并可以初步实现由半信息化向全部信息化的转变。

（四）中小企业要建立风险管理绩效评估机制

中小企业的风险管理应当能够给企业带来预期的收益，并符合企业整体的战略目标。集成风险管理理论就强调风险管理的目标必须服从企业的战略目标，并将目标根据不同的部门和业务活动进行分解形成子目标体系。因此，企业还

需要对风险管理的绩效进行评估，对其适用性、成本收益比、与战略目标的一致性进行分析、检查、修正和评估，并将评估结果反馈给相关的责任人，以确保风险管理的持续有效进行。

四、中小企业风险的过程管理

中小企业风险的过程管理主要有以下几个程序：

（一）风险识别

主要是识别风险类别、产生原因和影响。风险识别是信息收集和归类的过程，具体分为以下三个步骤：搜索、监测和预测。搜索包含了对内部和外部环境各因素的研究。通过搜索，企业能够辨认出企业金融所处环境潜在变化的早期信号，洞悉其中隐藏的风险。监测，要求企业继续观察环境的重大变化和趋势，判断不同环境中所发生重大事件的含义。监测往往在搜索所定位的领域里进行。预测主要根据搜索和监测所观察的信息资料对将来的变化或趋势作出预测分析，并与企业的经营活动联系起来进行考察，从而估计变化或趋势预期给企业带来的影响。

（二）评估风险

在对各类风险进行识别之后，就应当评估各类风险发生的概率、损失及其影响。为了风险管理的需要，中小企业的管理者有必要根据重要性程度，将风险分为三类：关键风险，即可能导致企业破产的风险，对这类风险的评估要尽量追求准确；重要风险，即对企业的生产经营活动产生重大影响，但尚不至于导致破产的风险；非重要风险，即对企业的生产经营活动的影响不大的风险，对这类风险的评估可以简单粗略以节省风险评估的成本。

风险评估的方法应当采用定量分析和定性分析相结合的方法。所谓定量分析是指借助计算机技术、运用数学模型等进行定量分析的评估方法，其资料主要源于历史资料或者实验数据。定性分析主要是由风险管理者或专家根据个人的判断对风险进行评估，主要有头脑风暴法、德尔菲法、电子会议等。根据集成风险管理的系统原则，企业的管理者应当对这些方法进行整合，以避免风险分析有失偏颇。

（三）处理风险

对风险进行评估以后，就需要根据风险的不同类型、不同概率和不同危害制定应对风险策略。具体地说，主要有以下几种风险策略。

1. 风险规避

所谓风险规避，是指通过不参与有风险的活动来防止风险的方法。对突发性、高风险、损失巨大而又难以回避的风险，中小企业应当有意识地采取避险措施。风险规避可以从三个层面展开：战略风险规避、项目风险规避和方案风险规避。战略风险规避是指从战略的高度出发，通过制定相应的战略规避风险。比如，市场风险控制能力比较差的企业可以通过制定避免不相关多元化的战略。项目风险规避则是指企业不参与某些风险项目的方法。方案风险规避主要指在一个项目当中避免采用某些方案的方法。

2. 风险降低和控制

企业可以通过采取一些控制措施以降低损失发生的频率、严重性或不可预见性的行为。企业可以在生产经营或项目进行的过程中，通过加强监控来防范风险，使经营和投资朝着预期目标发展。当发现风险很可能发生或已经发生时，及时采取措施减少损失。例如，中小企业应当对库存现金采取必要的防护措施，以降低现金保管中的道德风险和自然灾害等造成的自然风险；又如，企业有必要采取各种可能的措施来降低火灾发生的可能性和造成损失的严重性。

3. 风险转移

风险转移是指企业以一定代价，采取某种方式将风险损失转嫁给他人承担，以避免可能给企业带来灾难性损失。具体而言，风险转移主要有以下几种方法：首先是向专业性保险公司投保。企业只需定期缴纳一定数额的保险费，即可在巨额风险损失发生时获得保险公司的补偿。保险是中小企业转移风险的重要方法之一。然而，许多中小企业往往是在重大损失发生后才认识到保险的作用的，合理的风险管理需要在损失发生之前就对保险单的条款进行仔细的研究，根据企业自身需要制定一个健全的保险方案。其次是风险分担，即由多个主体共同承担风险。如为避免研发风险，中小企业可以和其他企业联合开发某种新产品。再次是风险主体转移。即通过与其他企业签订某种合同的形式将风险转嫁给他人的行为。如通过技术转让、特许经营、租赁经营、业务外包等。根据风险收益均衡定律，风险转移就意味着收益的转移，其他主体因为承担风险必然要求相应的回报，而且承担风险越大，要求的回报越高。

中小企业在选择风险处理的策略时，企业的管理者通常需要考虑潜在损失的规模和严重性、损失发生的概率、损失发生后用来弥补损失的可用资源情况等方面选择合适的方式。一般地说，潜在风险损失的严重性越大、发生频率越高，中小企业依靠自身资源处理风险的能力越弱，这时企业应当选择风险转移、风险规避、风险减少等方式；反之，若潜在风险损失的严重性越小、发生频率越低，中小企业可以采取风险自留的方式，并可因此获取预期收益。

第三节　中小企业的财务创新观

中小企业的成长过程是一个不断学习和创新的过程。财务创新是中小企业创新体系中的主要内容之一，也是中小企业的可持续发展所提出的内生性要求。我们将基于可持续发展的视角，对财务创新的内涵和机制作深入分析。

一、创新与中小企业财务创新

财务创新的概念范畴源于"创新"的范畴。在深入剖析财务创新的内涵之前，有必要首先了解创新的范畴和内涵。

经济学家约瑟夫·熊彼特在 1911 年德文版的《经济发展理论》中提出了关于经济增长非均衡变化的思想，在 1928 年英文版的论文《资本主义的非稳定性》中首次提出了创新是一个过程的概念，并在 1939 年出版的《商业周期》一书中提出了创新理论。约瑟夫·熊彼特认为，创新是企业家对生产要素及生产条件的新组合。

这种新组合包括以下内容：

（1）引入新产品；

（2）引入新技术，即新的生产方法；

（3）开辟新的市场；

（4）开辟并利用原材料新的供给来源；

（5）实现工业化的新组织。

约瑟夫·熊彼特的创新理论提出了企业家能力的重要性。他把"创新"的倡导者与组织实施者称为企业家，认为只有那种敢冒风险、把新的发明引入经济之中的"企业家"才是创新者。企业家与普通的经营管理者有所不同，企业家倡导进行创新活动，是资本主义的灵魂，其职能是实现"创新"，引入"新组合"，而经营管理者只按传统的方式经营企业。尽管约瑟夫·熊彼特的理论主要集中在宏观层面的经济增长，但仍然对微观层面的企业创新有重要的理论指导与实践意义。

针对企业财务管理所存在的一些问题，一些学者提出了"财务创新"的概念。财务创新是一个发生在企业财务管理系统的创新活动。从空间看，财务创新属于企业创新体系的一个组成部分。前面提到了企业创新体系的三大组成部分，即制度创新、技术创新和财务创新。从具体内涵看，财务创新不能简单地归入其中的一种。笔者认为，从企业财务管理职能的角度看，财务创新属于一种管理创新。通过财务创新，企业重新组合了财务管理中的各种要素，并创造出一种更适合于企业发展的财务资源整合范式。财务管理通常包括投资、融资、营运资本管理等各种活动，这些活动的核心目标就在于如何为企业创造更多的价值。财务创新则是企业管理者追求这种财务目标的集中体现。从另外一个角度看，财务创新还是一种制度创新。企业的利益相关者往往通过财务活动将自身的利益最大化，即财务治理与控制。因此，财务创新还体现为财务治理结构和机制以及财务控制的创新。通过财务创新，企业可以与外部利益相关者保持良好的协调与合作关系，同时在企业内部实施有效的财务控制。

中小企业的可持续发展是一个不断学习和创新的过程。创新是中小企业发展的源头和动力，任何一个停滞的企业，都无法在激烈的市场中生存下去。财务创新作为企业创新体系中不可缺少的组成部分，与中小企业的可持续发展之间具有内生的相关性。

二、中小企业财务的制度创新

制度层面的财务创新（或称为财务的制度创新）也是中小企业可持续发展必不对少的创新活动。财务的制度创新是企业制度创新在财务方面的集中体现，它是指利益相关者之间为实现利益的协调与合作，而寻求一种财务合约的新的制度安排。

（一）财务的制度创新与中小企业的可持续发展

制度创新理论认为，一种新的安排只有在创新改变了潜在的利润或者创新成本的降低使得安排的变迁变得经济合算时才会发生。也就是说，游离于现有制度安排之外的利润产生了企业制度创新的需求。企业制度创新表现为从一种均衡状态到不均衡状态再到新的均衡状态的制度变迁过程。对经济利益的追逐决定了制度创新的结果必然表现为经济利润的增加，至少与原来持平。企业制度创新的内容很丰富，我们主要从财务的视角出发，研究制度创新与中小企业的可持续发展之间的密切联系。财务的制度创新主要包括财务治理与财务控制两个方面的内容。

财务治理主要是指企业的股东大会、董事会、经理层等关于财权配置的一系列制度安排。健全的财务治理机制是完全公司治理结构的重要内容，有助于提高公司治理的效率。现代公司治理理论已经充分证明了公司治理效率与企业发展之间的正相关性。邓宁（Dunning，1997）指出，在激烈的竞争中，任何企业只要在治理机制的某一方面存在缺陷或处于劣势，就会在长期的竞争中输给治理机制完善的竞争对手。中小企业的财务治理机制还包含财务约束和激励机制。有效的财务治理机制，能够鼓励利益相关者向企业投入更多的专用性资源，从而为中小企业的可持续发展提供必要的资源支持。

财务控制是中小企业内部控制的核心。有效的财务控制可以避免财务管理漏洞、确保财务运行机制的顺利运行。随着中小企业的成长，其业务流程将发生较大变化。与此同时，财务控制制度逐渐显示出不适应性甚至产生较大的管理漏洞。许多中小企业就是因为无法有效实施财务控制而导致对业务快速增长的失控，如河南郑州的亚细亚商场。因此，中小企业必须根据经营环境、业务等因素的变化进行财务控制制度的创新，以保持信息流和业务流的畅通和一致，以有效控制财务活动，从而为中小企业的可持续发展提供保障。

（二）中小企业财务的制度创新体系

具体地说，中小企业财务的制度创新体系主要包括财务治理与财务控制两个方面的创新。财务治理与财务控制是两个既有区别又相互联系的概念。财务治理的核心是解决财权在不同治理主体之间的配置问题，注重利益相关者之间的利益协调，属于公司治理的范畴；而财务控制的核心则是通过一系列的控制措施和方法进行企业的价值管理，反映了财务管理的基本职能，属于内部控制的范畴。财务治理与财务控制无论在实务还是理论上都是两个相互联系的概念。一方面，两者的目标是一致的，都服从于企业的财务目标；另一方面，两者互为前提，相互促进。财务治理为财务控制提供制度和机制保障，而财务控制则在财务治理的框架下控制和调节具体的财务活动。因此，财务治理与财务控制的创新应当齐头并进。

1. 中小企业财务治理创新

财务治理理论主要来源于公司治理相关的一系列理论，同时是公司治理重要的组成部分。财务治理作为公司治理的一部分，在研究问题的角度、思路和方法等方面必然要遵循、借鉴公司治理理论。应当说，公司治理理论对财务治理理论的指导是全方位的。一般认为，公司治理产生于代理问题。哈特指出："在不存在代理问题的情况下，公司治理是无关紧要的。"哈特将中小企业最重要的代理关系归纳为五类，即业主与经理、业主与雇员、业主与债权人、业主与少数股东、业主与政府之间的代理关系等。在中小企业不同的组织形式中，代理关系有一些差异。但是对绝大多数中小企业来讲，业主往往同时兼任经理之职。因此，企业所有者与企业经营者之间的代理关系一般不存在或者很微弱。规模越小，这一代理关系越淡薄。也就是说，对于绝大部分来说，控制权和经营权的分离基本上是不存在的。而且，许多中小企业仍然实施家族式管理，远未建立起现代公司的法人治理结构（包括股东大会、董事会、监事会"三会"）。可见，中小企业的代理关系与大企业的代理关系有较大差异。在这样的情形下，中小企业的公司治理将表现出与大企业显著不同的特征。

2. 中小企业财务控制创新

财务控制是通过制定财务制度、财务定额、财务计划、财务目标等对企业日常财务活动进行指导、组织督促和约束，以确保财务计划（目标）实现的管理活动。财务控制是现代控制论在财务管理活动中的应用，是财务管理的核心，与财务预测、财务决策、财务分析与评价一起成为财务管理的系统或全部职能。

中小企业内于受企业规模和人员素质的限制，在财务控制方面存在以下几个弱点。

（1）没有良好的现金控制计划，造成现金闲置或者短缺。有些中小企业，对现金管理没有投资理念，认为现金越多越好，造成现金积压和闲置。而有些企业则采用了过于激进的现金管理策略，用营运资金购置了大量的固定资产，造成资金周转的困难和现金短缺。

（2）存货控制薄弱，没有按照科学的控制方法管理存货。存货超过经济持有量，自然就会增加存货的持有成本，从而造成资金呆滞。

（3）信用风险控制薄弱，导致中小企业的坏账过多。

（4）财务活动脱离了价值链，无法对各环节的风险、收益、成本进行有效监控。

（5）疏于日常记录，缺乏完整的财务资料，这势必会给自我评估、融资、计划、预算等财务管理工作带来很多困难。

对此，中小企业有必要进行财务控制的创新。财务控制创新是财务控制能力的重构和建立。由于中小企业与大企业的财务控制能力原本就处于不同的水平上，因此，大企业和中小企业财务创新的衡量标准是不一致的。只要能够提高自身的控制效率、风险防范能力的新的控制方式和方法都是创新。

第十五章 中小企业财务分析与增长管理

中小企业财务管理的基础工作之一就是财务分析。通过财务分析，中小企业的管理者可以评估企业目前的财务状况和预测未来的增长，并据此作出相应的财务决策。

第一节 中小企业财务分析概述

财务分析是中小企业财务管理的主要内容，财务分析的对象是中小企业的定期财务报表。财务报表能综合地反映企业在一定会计期间内资金流转、财务状况和盈利水平的全部信息，它是企业向外部传递经营信息的主要手段。外部投资者通过财务报表就账面会计数据间的相互关系、在一定时期内的变动趋势和量值进行分析，以判断企业的财务状况和经营状况是否良好，并以此预测企业的未来发展以及作出投资决策。企业内部管理者也可通过对财务报表的分析，掌握企业运行的真实信息，从而确定财务管理的原则和策略。

一、中小企业财务分析的作用

财务分析是以企业的财务报表等会计资料为基础，对企业的财务状况和经营成果进行分析和评价的一种方法。财务分析可以提供比财务报表更全面、更可靠的财务信息，在企业的经营管理中具有重要的作用。

（1）通过财务分析，可以了解企业的偿债能力、营运能力和盈利能力，便于管理当局评价企业一定时期的财务状况和经营成果，发现企业生产经营活动中存在的问题，总结财务管理工作的经验教训。通过对历年财务报表数据的分析对比，揭示出各期的变化情况及规律，为企业生产经营决策和财务决策提供重要的依据。

（2）财务分析可以为投资者、债权人和其他有关部门和人员提供系统的、完整的财务分析资料，克服、弥补财务报表信息的单一性，揭示出报表信息中隐藏的丰富内容。便于报表使用者更加深入地了解企业的财务状况、经营成果和现金流量情况，为经济决策提供依据。

（3）财务分析可以作为衡量经营业绩的重要依据。通过对企业内部各职能部门和单位完成财务计划指标情况的检查，可以考核各部门和单位的工作业绩，从而划清经济责任，促使经营者不断改进工作，提高管理水平。

财务分析的目的包括总体目的和具体目的。财务分析的总体目的是识别企业的财务活动在趋势、数量及其关系等方面的主要变化，并了解这些变化的原因，明确决定性因素和问题的关键，增强对现有活动规律的认识，科学地预见未来的发展潜力。财务分析的具体目标是在总体目标的制约下，各分析主体根据自己的切身利益进行特定目的的企业财务分析。

财务分析主体的最大特征是多元化，包括投资者、债权人、经营者、政府部门和其他利益相关者。不同的主体有不同的分析目的和内容。一般认为，企业所有者最主要关心企业的资本保值和增值状况，其进行财务报表分析的目的是衡量企业现在和将来的盈利能力及盈利的稳定性；企业经营者必须考虑多方面的因素，满足不同利益主体的需要，协调各方面的利益关系，其进行财务分析的目的也综合了各种利益主体的目的；债权人主要关心投资的安全性，其分析目的在于衡量企业的偿债能力、资产的流动性和长期的盈利能力；职工、中介机构等其他利益关系人的分析目的也与维护其自身的利益有关。

二、中小企业的财务报表

中小企业财务分析最主要的资料来源是财务报表，包括资产负债表、利润表和现金流量表。详见第三章详细内容。

三、中小企业财务分析的程序

中小企业财务分析一般需要遵循以下几个步骤：

1.确定分析目的，制定分析计划，选定适当的评价标准

进行财务分析要明确分析目的，这是分析的出发点和归宿，只有先明确要对哪些方面的内容进行分析，才能确定分析的对象和范围，搜集有关资料。其次，还需要选定适当的评价标准，以据此评价分析对象。

2.搜集有关资料

在进行财务分析时，仅有企业的几张报表是不够的，还需要搜集相关信息。收集的资料应包括宏观信息和微观信息。宏观信息一般包括国家的法令和政策、国民经济所处的经济周期、通货膨胀率、利率以及企业所处行业的经济情况。微观信息主要指来源于企业本身的资料，一般包括：企业定期编制的财务报告及其有关会计核算资料、企业采取的会计政策、注册会计师的审计报告等。

3.采取适当的方法，作出评价

根据分析目的、分析重点，采取相应的分析方法、手段，对搜集到的资料进行适当的加工整理和计算，以便获得隐含在报表资料中的重要关系和其他一些新的财务数据和指标。将分析结果与设定的标准进行比较，以查找出现差异的原因，找出影响企业经营活动的各种因素，包括外部因素和内部因素。在分析的过程中，企业应当抓住主要问题，即影响企业生产经营活动的主要因素，进行重点分析，以便查明影响企业经济指标增减变动的原因。

4.出具分析报告

在分析的基础上，将分析的结果作出书面报告，得出结论，并予以解释。一个好的财务分析报告应该能够全面、准确、及时地反映企业的财务状况。财务分析报告的内容主要包括各财务指标的实际数、设定标准、差异以及差异的分析结果和对策，等等。财务分析的时间一般分为定期和不定期两种。对于常规的评价和控制项目，企业可以定期进行财务分析。如每月出报表后，企业的财务人员应当及时对当前的财务状况进行分析，并对下个期间的财务状况作出预测。对于非常规的项目，则应根据企业管理者的决策需要随时分析和报告。中小企业最大的优势在于反应灵敏，能对外部环境的变化作出及时反应。与此

相配合，客观上就要求财务分析应该迅速及时，以便使管理者掌握企业当前的财务状况，了解自身的优势、劣势、机会和威胁，作出正确的经营决策。

四、中小企业财务分析基本方法

财务分析通常有以下几种基本方法。中小企业可以根据财务战略目标、自身的资源条件选择合适的财务分析方法。

（一）比率分析法

比率分析法是指通过将两个有关的会计项目数据相除，从而得到各种财务比率，以揭示同一张财务报表中不同项目之间或不同财务报表的有关项目之间存在的内在联系的一种分析方法。比率分析法可以把某些不可能直接对比的指标经过计算得出比率后，利用其比率数值进行分析，得出评价结果。

比率分析法包括相关比率分析法、结构比率分析法及动态比率分析法。相关比率分析法，即利用两个性质不同，但又有联系的相关指标加以对比分析的一种技术方法。结构比率分析法，即通过计算各指标占总体指标的比重进行评价分析的一种方法。动态比率分析法，即将不同时期同一类指标的数值进行对比分析的一种方法。比率本身只是一种指标信息，只有通过前后期比率的比较，或以本企业的比率与同行业的经验比率或标准比率对比，才能观察到企业财务状况的变动趋势与程度，衡量出企业某一方面在同行业中所处的地位。

（二）横向分析法

横向分析法又称动态分析，是将反映企业报告期财务状况的财务报表与反映企业前期或历史上某一时期财务状况的报表进行并列进行对比，研究企业各项经营业绩或财务状况的发展变动情况的一种分析方法。通常将企业连续两年或多年的会计报表数据并行排列在一起，并增设"绝对金额增减"和"百分率增减"两栏，编制出比较财务报表，以揭示各会计项目在这段时期内所发生的绝对金额变化和百分率变化情况。横向分析法可以揭示出企业各方面存在的问题，为全面分析财务状况奠定基础，也可应用于同类企业之间的对比分析，以找出企业间存在的差距，明确本企业的定位。

（三）纵向分析

纵向分析法又称静态分析，是将企业编制的财务报表中的某一关键项目金额作为共同基数并定为100％，然后分别计算其他有关项目占共同基数的百分比，以揭示出财务报表各项目的相对地位及其与总体的关系。纵向分析主要通过编制"共同比财务报表"或称百分比报表来进行分析。纵向分析法可以将分析期各项目的比重与前期同项目的比重进行比较，研究其变动情况。同时，以百分比形式反映的财务报表，消除了同一企业不同时期和不同企业之间因规模等造成的差异，形成了可比基础。因而可以将本企业分析期各项目的比重与同行业平均水平或同类其他企业的可比项目比重进行比较，以找出差距。

（四）趋势分析法

趋势分析法又称趋势分析或指数分析，是横向分析法的延伸，是将连续多年的财务报表的数据集中在一起，选择其中某一年份作为基期，计算每一期间各项目对基期同一项目的百分比或指数，以揭示各期间财务状况的发展趋势。为便于找出趋势的规律，趋势分析法应涉及较多的年数或期数，至少应包括连续三个以上比较期间的数据。趋势分析法既可用于会计报表的整体分析，也可对某些主要指标的发展趋势进行分析。在进行趋势分析时，应选择恰当的基期和具有针对性的分析项目，以正确揭示其发展趋势。

（五）因素分析法

因素分析法是利用各种因素之间的数量依存关系，通过因素替换，从数额上测定各因素变动对某项综合性指标的影响程度的一种分析方法。一个经济指标的完成往往是由多种因素造成的，只有把这种综合性的指标分解为它的各种构成要素，才能了解指标完成好坏的真正原因。

第二节　中小企业财务比率和趋势分析

比率分析和趋势分析是最常用的两种财务分析方法。前者注重单一期间，后者则注重跨期间的发展趋势。通过比率分析和趋势分析，中小企业可以较为全面地评价企业当前的财务状况及其发展趋势。

一、基本财务比率分析

财务比率涉及企业经营管理的各个方面，主要包括企业的偿债能力、营运能力、盈利能力和发展能力。

（一）偿债能力分析

中小企业进行贷款时，贷款人主要关心企业能否到期还本付息，使其取得贷款收益，即企业的偿债能力如何。分析企业偿债能力的指标可以分为反映企业短期偿债能力的指标——变现能力比率和反映企业长期偿债能力的指标——负债比率组成。

1.变现能力比率

变现能力比率用来衡量一个企业的短期偿债能力，其主要取决于资产在短期内转化为现金的速度，即资产的流动性，变现能力比率也被称为流动性比率，主要包括流动比率、速动比率和现金比率。

（1）流动比率

流动比率是流动资产与流动负债的比值，它反映了企业用流动资产偿付流动负债的安全程度，其计算公式为：

$$流动比率 = \frac{流动资产}{流动负债}$$

一般来说，流动比率越高，流动资产超过流动负债越多，即营运资金越多，企业的短期偿债能力就越强；如果流动比率过低，则企业的流动资金除满足日常生产经营的需要外没有足够的资金偿付到期的债务。但是流动比率只是一个粗略的指标，并非越高越好，因为流动比率较高说明企业占用的流动资产较多，资金未得到有效的利用，企业的盈利能力受到影响。另外，过高的流动比率也可能是由于存货、预付账款等流动性弱的资产过多引起的，此时企业的短期偿债能力并不高。

按照国外公司的经验，流动比率一般要求在 2.0 比较合理，因为流动资产中变现力低的存货金额约占流动资产总额的一半，剩余部分至少应等于流动负债才能保证企业的偿债能力。应当说明的是，流动比率的评价标准与企业的行业类型，企业所处的时期等因素有关。目前并没有一个统一的标准来评价企业的流动比率合理与否，在进行分析时应与同行业平均水平及企业的历史水平进行横向与纵向的比较。

（2）速动比率

作为流动比率的补充，速动比率是比流动比率更进一步衡量企业资产流动性的指标，也称为酸性测试比率，是企业速动资产与流动负债的比值，其计算公式为：

$$速动比率 = \frac{速动资产}{流动负债}$$

其中：

$$速动资产 = 流动资产 - 存货$$

速度比率将存货剔除，以更加真实反映企业资产的流动性。流动资产中各个项目的变现能力是有差异的。其中存货的变现速度比较慢。一般不能在短期内转化为现金，还存在易受价格被动、成本与市价相差悬殊等问题。扣除存货后的流动资产剩余的是流动性更强的货币资金、短期投资、应收票据和应收账款，因此速动比率更为准确地衡量了企业的短期偿债能力。一般认为，企业正常的速动比率应当保持在一定的水平上。不过，不同的行业的速动比率因经营特点会有很大的不同。

2. 负债比率

负债比率，也称财务杠杆比率，反映了企业的负债与资产、净资产的关系，即企业的资本结构，由此来衡量企业的长期偿债能力。其中包括资产负债率、产权比率、有形净值债务率和已获利息倍数。

（1）资产负债率

资产负债率是指负债总额与资产总额的比值，其计算公式为：

$$资产负债率 = \frac{负债总额}{资产总额}$$

（2）产权比率

产权比率是指负债总额与所有者权益的比值，也被称为债务股权比率，用来衡量企业财务结构的稳定程度，其计算公式为：

$$产权比率 = \frac{负债总额}{所有者权益}$$

（3）有形净值债务率

有形净值债务率指企业负债总额与有形净值的比值，是对产权比率的更精确计算，将无形资产从股东权益中扣除，变为有形净值。其计算公式为：

$$有形净值债务率 = \frac{负债总额}{股东权益 - 无形资产净值}$$

（4）已获利息倍数

企业的债务包括债务的本金和利息，其中利息费用是当期负担的，衡量企业偿付借款利息的能力就需要计算已获利息倍数，也称为利息保障倍数，它是指企业息税前利润与利息费用的比值，其计算公式为：

$$已获利利息倍数 = \frac{息税前利润}{利息费用}$$

（二）营运能力分析

企业营运能力是指对资产的管理和使用效率，即企业对资产的管理水平。营运能力直接影响到企业的收益，体现了企业的整体素质。营运能力比率主要通过收入与各类资产的比率来表示，它与变现能力比率有很大的关系。其中包括应收账款周转率、存货周转率、营业周期、流动资产周转率和总资产周转率。

1. 应收账款周转率

应收账款周转率反映了应收账款在年度内转化为货币资产的平均次数，也称为应收账款周转次数，其计算公式为：

$$应收账款周转率 = \frac{赊销收入净额}{应收账款平均余额}$$

其中：

赊销收入净额=销售收入－现销收入－销售退回（包括折扣、折让）

$$应收账款平均余额 = \frac{应收账款年初余额 + 应收账款年末余额}{2}$$

应收账款周转率衡量了应收账款周转的速度。一般来说，应收账款周转率越高即应收账款周转天数越短越好。应收账款周转率越高，说明企业收账速度越快、坏账损失越少、偿债能力越强；相反，企业的应收账款周转率过低，即应收账款周转天数过长，则说明债务人拖欠账款时间过长，增大了发生坏账损失的可能，也说明企业的收款效率太低或信用政策过宽，影响了企业资金的正常周转。如果企业的应收账款周转率太高，则可能因为企业的信用政策过于严格，很可能是以丧失潜在的客户和销售收入为代价的。

2. 存货周转率

存货在流动资产中占比重较大，存货的周转速度直接影响流动比率的大小，存货的周转速度用存货周转率来表示。存货周转率是年度内企业存货周转的次数，又称存货周转次数，其计算公式为：

$$存货周转率 = \frac{销售成本}{存货平均余额}$$

其中

$$存货平均余额 = \frac{存货年初余额 + 存货年末余额}{2}$$

3. 营业周期

营业周期是指从取得存货开始到销售存货并收回现金为止的这段时间。其计算公式为：

营业周期＝存货周转天数＋应收账款周转天数

4. 流动资产周转率

流动资产周转率是销售收入净额与全部流动资产平均余额的比值，其计算公式为：

$$流动资产周转率 = \frac{销售收入净额}{平均流动资产}$$

其中：

$$平均流动资产 = \frac{年初流动资产 + 年末流动资产}{2}$$

5.总资产周转率

总资产周转率是指企业销售收入净额与总资产平均余额的比值，其计算公式为：

$$总资产周转率 = \frac{销售收入净额}{平均资产总额}$$

（三）盈利能力分析

盈利能力指企业获取利润的能力，获取利润是企业的主要经营目标之一，反映了企业的综合素质，企业要生存和发展，必须取得较高的利润，才能在竞争中立于不败之地。盈利能力可以提高企业的偿债能力和信誉。衡量企业盈利能力的指标主要包括两部分：利润与收入及成本的关系；利润与投资的关系。其中包括销售毛利率、销售净利率、成本费用利润率、资产净利率和净资产收益率。

1.销售毛利率

销售毛利率是指企业毛利与销售收入的比率，其计算公式为：

$$销售毛利率 = \frac{销售收入 - 销售成本}{销售收入净额}$$

销售收入净额是销售收入减去发生的销售退回、折让或折扣后的收入净额，销售收入净额与销售成本之差即企业的销售毛利，销售毛利率衡量了企业的经营效果，是企业初始盈利能力的反映，只有销售毛利率较大时才能保证弥补期间费用以至于形成盈利。

2.销售净利率

销售净利率是净利润与销售收入净额的比率，其计算公式为：

$$销售净利率 = \frac{净利润}{销售收入净额}$$

销售净利润用来衡量企业的销售收入扣除所有期间费用及所得税后的获利程度，反映了企业每一元销售收入带来的净利润的数额。

3.成本费用利润率

成本费用利润率是利润总额与成本费用总额的比率，其计算公式为：

$$成本费用利润率 = \frac{利润总额}{成本费用总额}$$

其中成本费用总额包括主营业务成本、营业费用、管理费用和财务费用。成本费用利润率反映了企业为取得收益而付出的代价是多少，即每投入 1 元成本费用能给企业带来多少净利润。这一指标越高，说明企业的投入产出水平越高，盈利能力越强。

4.资产净利率

资产净利率是指企业净利润与平均资产总额的比值，其计算公式为：

$$资产净利率 = \frac{净利润}{平均资产总额}$$

其中：

$$平均资产总额 = \frac{期初资产总额 + 期末资产总额}{2}$$

资产净利率是一个综合指标，表明一定期间企业资产利用的综合效果，能够反映企业在增加收入和节约资金使用等方面取得的效果。该指标越高，说明企业资产的利用效果越高。

5.净资产收益率

净资产收益率是指企业一定时期内的净利润与平均净资产的比值，又称权益净利率，其计算公式为：

$$净资产收益率 = \frac{净利润}{平均净资产}$$

其中：

$$平均资产 = \frac{年初净资产 + 年末净资产}{2}$$

净资产收益率用来衡量投资者投入企业的自由资金及其累计获取净收益的能力，反映企业资本运营的综合效益。一般来说，企业的净资产收益率越高，企业自有资本获取收益的能力越强，经营效益越好，对企业投资人、债权人保障程度越高。

（四）发展能力分析

中小企业要发展壮大必须重视对发展能力的分析，衡量发展能力的指标包括：销售增长率，总资产增长率、三年利润平均增长率和三年资本平均增长率。

1.销售增长率

$$销售增长率 = \frac{本年销售增长额}{上年销售额} \times 100\%$$

2.总资产增长率

$$总资产增长率 = \frac{本年总资产增长率}{年初资产总额} \times 100\%$$

3.三年利润平均增长率

$$三年利润平均增长率 = \left(\sqrt[3]{\frac{当年利润总额}{3年前利润总额}} - 1 \right) \times 100\%$$

4.三年资本平均增长率

$$三年资本平均增长率 = \left(\sqrt[3]{\frac{年末所有者权益总额}{3年前末所有者权益总额}} - 1 \right) \times 100\%$$

在一般情况下，以上四个指标越高，企业的获利能力越稳定，未来的增长机会越大。

二、中小企业财务的趋势分析

趋势分析是对企业连续几个会计期间的财务报表或财务比率进行比较，以了解企业财务状况的变化趋势。趋势分析对于帮助中小企业管理者了解财务状况的动态变化具有重要意义。

趋势分析财务报表是将连续多年的财务报表数据集中在一起，选择其中某一年份作为基期，计算每一期间各项目对基期同一项目的百分比或指数，以揭示各期间财务状况的发展趋势。表 15-1 和表 15-2 是某企业 2000-2002 年趋势分析报表。

表 15-1　趋势分析资产负债表（%）

项目	2000 年	2001 年	2002 年
资产			
货币资产	100	451.1	783.7
应收账款	100	121	168.3
存货	100	118.1	153.2
其他流动资产	100	96.3	93.3
流动资产	100	123.9	167.7
固定资产	100	119.5	145.8
其他长期资产	100	125.6	117
资产总额	100	122.5	159.5
负债及所有者权益			
应付账款	100	105	175.9
应付票据	100	71.6	84.4
其他流动负债	100	73.6	142.4
流动负债	100	89.7	142.5
长期负债	100	143.7	451
负债总额	100	90.4	146.5
实收资本	100	164	190.9
资本公积	100	185.4	231.2
留存收益	100	116.5	141.1
所有者权益总额	100	135.2	164.6
负债及所有者权益总额	100	122.5	159.5

表 15-2 趋势分析利润表（%）

项目	2000 年	2001 年	2002 年
一、主营业务收入	100	115.8	148
减：主营业务成本	100	124.6	151
二、主营业务利润	100	108.5	145.4
减：营业费用	100	106.9	137
管理费用	100	124.6	146.2
财务费用	100	79.39	9.6
三、营业利润	100	112.4	179.5
四、利润总额	100	112.4	179.5
减：所得税	100	115.5	184.4
五、净利润	100	110.7	176.7

由企业的趋势分析资产负债表可以看出，货币资金在三年中明显增加，这与从比较资产负债表中得出的结论是一样的。而应收账款和存货却在不断地上升，这在前面的分析中体现得不那么明显，另外还可以看出固定资产在三年中也有明显增加。在负债中，应付账款从 2001—2002 年大幅增加，同样大幅增加的还有所有者权益的各个项目。

从企业的趋势分析利润表可以得出与比较利润表同样的结论，盈利能力的提高表现得更加明显。总之，企业的经营状况和财务状况在几年中不断改善，可以预测出企业下一年仍会呈良好的趋势发展。

第三节　中小企业的增长管理

财务分析和增长管理是中小企业财务管理中两个紧密联系的问题。财务分析为管理增长提供了决策手段和依据。本节将在财务分析的基础上，着重探讨中小企业如何根据可持续增长理论采取相应的管理策略与财务政策，处理好财物资源与企业增长的协调发展，进行科学的增长管理，最终实现企业的平衡增长。

一、成长中的增长管理问题

追求成长是企业家精神的体现。这一精神在中小企业身上得到了淋漓尽致的体现。几乎所有的中小企业都在考虑如何使企业快速成长。然而，中小企业的成长过程并不是一帆风顺的，甚至事与愿违。现实中，许多中小企业要么增长过快，要么增长过慢，结果都损害了企业的可持续发展。希金斯认为，因为增长过快而导致破产的公司与因为增长太慢而破产的公司一样多。由于增长过快而导致失败的例子在中国比比皆是。这里有两个典型的增长过快而倒闭的案例：一个是 20 世纪 90 年代初，亚细亚集团以惊人的增长速度创造了一个奇特的现象——"亚细亚现象"。来自全国三十多个省市的近 200 个大中城市的党政领导、商界要员来到亚细亚参观学习。但亚细亚集团很快就因为增长过快所带来的财务、管理、人力等各种压力而倒闭。另一个则是曾经连任两届央视标王的秦池。由于企业快速扩张引起了生产供应的严重不足，最后不得不采用简单勾兑的生产方法。秦池的最终没落给许多中小企业敲响了警钟。至于增长过慢而导致破产倒闭的企业同样不胜枚举。在瞬息万变的商业环境中，增长过慢就意味着成长机会的丧失，这类中小企业往往成为大企业的兼并对象。因此，如何管理成长中的增长问题，是中小企业经营者所面临的首要挑战。

生命周期理论认为，企业的成长要经历创业期、成长期、成熟期、衰退期等几个阶段。在生命周期内，企业一般呈现出快速增长、低速增长、零增长、负增长的增长趋势。一个企业增长的基本标志是销售额的增加。急于成长的中小企业最容易通过销售增长来实现规模扩张。但是销售增长率并不是越大越好。

销售的过快增长必然要求库存、原材料以及生产能力的同步增长，这会给资金约束较强的中小企业带来极大的财务压力。中小企业增长问题的核心就在于现金流量的安排不合理。一个增长过快的企业需要考虑如何解决现金流缺口或逆差，以避免财务困境；一个增长缓慢的企业则面临着如何管理闲置或顺差资金的问题，以减少财务资源闲置而带来的浪费。因此，企业只有平衡好销售增长和财务资源之间的关系，才能保持可持续的健康成长。

二、中小企业可持续增长模型

可持续增长率是指在不需要耗尽财务资源的情况下，企业销售所能增长的最大比率。我们这里根据此定义建立可持续增长模型。该定义所提出的"不耗尽财务资源"大致有以下几层含义。

（1）绝大多数的企业都有一个最佳的资本结构，不可能过度负债，因为企业一旦进行超过自身偿付能力的过度负债，信用状况就会下降，影响再次筹资。

（2）企业所取得的利润也不可能永远用于留存而不派发股利，企业必须在考虑股东利益和市场信号传递之间进行选择，确定合适的股利政策。

（3）企业发行在外的股票股数不变。一般认为企业发行股票不是很经常的事，或者说发行新股的门槛很高。

（4）企业的资产随销售额成比例增长。

上述几层含义同时也是推导可持续增长模型的假设条件。许多研究表明，这些假设条件基本上满足大多数公司的实际情况。当然也有一些学者对这些假设条件提出了批评。如成本并不一定与销售收入成比例，资产未必与销售收入呈固定的百分比关系，而且资本预算包括一系列跨时间的决策，所有这些因素都表明可持续增长模型的假设条件存在不合理性。尽管如此，对现实进行必要的抽象和假设总是必要的。不过具体到中小企业来说，有些假设条件是不必要的。许多中小企业根本没有发行股票筹集资金的能力，其投资者即为业主，因此就无所谓股利分配了。我们这里假设业主在期末将提取部分利润作为个人支出，因此需要确定一个合理的留存比例。

在这一系列假定前提下，资产规模将随着企业增长（增加销售）而不断扩大。根据恒等式资产＝负债+所有者权益，资产的变动等于负债和所有者权益的变动，因此，增加资产就意味着需增加相应的资金来源。企业资金来源在资本结构不改变的条件下，随权益资金来源的增长，负债按目标资本结构的比例增长。根据前面的假设，由于企业不进行外部权益融资，因此企业为满足销售增长对资金的需求，需要通过不断提高盈利水平，增加留存收益进而扩大权益资金，同时增加相应的负债。权益和负债的增长一起决定了资产所能扩展的速度，后者反过来限制了销售的增长。

三、中小企业的平衡增长管理

无论是增长过快的中小企业还是增长过慢的中小企业，增长管理都是其可持续发展过程中的关键问题。

一般情况下，当实际增长率大于对待续增长率时，企业资金的增长跟不上销售的增长，会导致现金支付的困难，而当实际增长率小于可持续增长率时企业会有大量现金盈余，若对盈余现金不加以合理管理，则会降低企业价值。因此，当发生不平衡增长的问题时，企业可以根据可持续增长模型的分析，采取相应的管理策略和财务政策以实现企业的平衡增长。

（一）实际增长率超出可持续增长时的策略和政策选择

当实际增长率超出可持续增长率时，中小企业将出现着现金流逆差，因此，需要通过种种渠道增加现金流的流入或者减少现金流出。企业这时的产品线可能是"明星"产品（具有高增长率和高市场份额的产品，该类产品耗用和创造现金数量都很巨大）、"瘦狗"型产品（低市场份额和低业务增长率的产品，该类产品部门为维持其现有的竞争地位，往往需要付出比它所创造的产品更多的现金流）、"问题"型产品（低市场份额和高业务增长率，它们对现金需求量较高，而又由于其市场份额所限，它们的现金产生量又较低）或这三种类型的组合。当企业面临这种情况时，企业可以选择以下一系列策略的组合：发行新股、提高财务杠杆、减少股利支付比率、削减收益仅能补偿支出的活动、分流部分或全部生产、提高价格或者与"现金流"合并。然而并不是每个策略都适合中小企业。如发行股票以增加权益资本对大多数中小企业来说是不大现实的。

(二) 增长缓慢时的策略和政策选择

这里的增长缓慢是指实际增长率低于可持续增长率的情况。如果企业实际增长率低于可持续增长率，说明企业现金充足、闲置。对于现金顺差，应分析以下两种情况：如果仅是短期或暂时性的问题，企业只简单地累积资源以期为未来的增长做好准备；对于长期的问题，而且是企业独有（非整个行业）的问题，则企业应该在内部寻找不充分增长的理由和新增长的可行渠道；如果找不到新增长的可行渠道，可将现金分配给投资者（中小企业中主要是业主），或跨行业兼并以从事多角化经营，或者选择合适的时机进行规模扩张。此外，企业也可以在金融市场上为暂时闲置的现金选择合适的短期投资工具，如购买短期国债。选择的基本标准是权衡盈利性和流动性。通常认为，金融工具的流动性越强，其收益性也越差。由于企业的现金盈余是暂时性的，因此企业应当在保证流动性的前提下选择高收益的金融工具。

从以上的分析可以看出，中小企业要健康成长，必须平衡销售目标、经营效率和财务资源，确定与企业现实状况相符合的销售增长率。利用可持续增长模型，管理者可在增长速度和资源限制之间作出明智选择。

第十六章　中小企业营运资本管理

营运资本是流动比率的另一种表达方式，反映了流动资产与流动负债之间的配置关系。就中小企业来说，营运资本的管理活动始终是其发展过程中最重要的内容之一，而融资活动和投资活动对企业可持续发展贡献的实现也将依赖于营运资本管理活动。

第一节　中小企业的现金管理

现金是中小企业所有流动资产中流动性最强的资产。现金管理作为企业财务管理的重要方面，其管理效果的好坏直接关系到中小企业的生存和发展。完善现金管理流程、提高企业现金管理效率，已经成为中小企业目前在财务方面提高竞争优势的首要任务。

一、中小企业现金管理的目标

与同行业的大企业相比，大部分中小企业的市场地位比较弱小。因此，中小企业依靠扩张规模增加盈利比较困难；相反，降低内部运作成本则成为中小企业获取竞争优势的重要来源。而提高资金的使用效率则是降低企业运作成本的重要方面，现金管理则成为提高现金使用效率最重要的工具。我们所提倡的精细化管理就是要求中小企业将视角投向企业生产经营过程中的各个环节和细节，从小处着手管理现金，并以此提高现金的管理效率。

目前，积极的现金管理对我国许多企业尤其是中小企业来说，仍然是一个陌生的概念。中小企业往往忽略充分运用暂时闲置的资金，它们多数只是把所有现金存入银行。显然这种流动性组合最多只能获得定期存单的利息收入。而发达国家许多大公司对现金管理却极为重视，它们充分利用不同的货币市场工具，选择适合公司需要的现金管理策略增加流动性组合收益，同时保证主要经营业务的资金需求。一般地说，积极的现企管理给企业带来的收益要高于定期存单的年利率。有人估计，积极的现金管理比定期存单的收益至少要高 1%。也就是说，如果总金额为 1 亿元，通过积极的现金管理每年可以为公司获得 100 万元的额外收益，这么大的获利机会是不应被忽视的。当然积极的现金管理还与货币市场的完善程度有较大关系。我国当前缺乏具有投资价值的货币市场工具，也阻碍了中小企业外部的现金管理。这里着重从企业内部着手，分析如何对中小企业的现金进行有效管理。

现金管理的目标主要有两个：一是保证足额和及时地满足企业的各种需求，企业拥有足够的现金可以降低企业的风险，可以应付一些意外情况，增强企业的短期偿债能力和盈利能力；二是尽量缩减企业闲置现金的数量，提高资金的收益率，因为持有现金不能或很少能够给企业带来收益。随着持有现金量的增加，它所提供的流动性收益也逐渐下降，从而降低了企业总的盈利水平。

显然，现金管理的两个目标是相互排斥的。缩减持有的现金就容易造成现金短缺，无法满足企业日常生产经营活动对现金的需求。为了满足各种需求而持有足够的现金，就可能造成现金的闲置而降低了企业的盈利水平。因为各种需求都只是企业事先预期的，实际发生相关的现金支出与此会有较大的出入。因此，在现实工作中，企业需要把两个目标统一起来，在现金的流动性和盈利能力之间作出权衡，使现金收支在数量上和在时间上相互衔接，达到现金收支的动态平衡。

二、现金管理与中小企业可持续发展

融资缺门是中小企业发展中所存在的重大障碍，若再缺乏有效的现金管理，极易造成资金周转困难。因此，如何进行良好的现金管理，是中小企业的重要课题，对企业的可持续发展具有重要意义。

一般认为企业持有现金有以下四个动机：交易动机、预防动机、投机动机、补偿动机。交易动机是指企业持有现金以应付预期交易的现金支出；预防动机是指为应付预期之外的现金支出而持有的预防性现金余额；投机动机则是指企业为利用各种市场机会而持有的现金；补偿动机则源自债权人对企业流动性的要求，如银行在借款合同中规定企业必须在其账户中保持最低的存款余额。因此，如果中小企业持有充足的现金，就可以规避各种由于现金流动性不足所导致的问题，诸如影响订货量、影响工资发放、无法及时偿还到期债务、丧失有利的商机等。但现金持有过多同样会损害中小企业的可持续发展能力。一方面，过多的现金余额可能降低企业的获利能力。现金是流动性最强但同时也是盈利性最差的资产。如果企业的现金持有量过多，必然会使一部分现金由于无法投入正常周转而闲置，从而减少生产性投资，降低盈利水平。另一方面，过多的现金增加了舞弊的可能性和代理成本。由于现金的流动性最强，因此，持有大量的现金，在其保管以及使用过程中容易出现舞弊等行为。代理理论还指出，自由现金流量是引起所有者与经营者代理关系紧张的重要原因之一。一些中小企业可能在各地设有办事处或者小规模的分公司，在这一情形下，如果各办事处或者分公司的代理人拥有过多的自由现金流量，就有可能强化决策行为的自利倾向，从而增加代理成本。现金管理的有效性在于维持企业充足而合理的现金数量，权衡现金不足和现金过量两方面对企业产生的利弊影响，化解和协调现金的流动性与盈利性这一对矛盾，以期在确保安全的前提下，为中小企业获取长远的最大效益。

三、中小企业现金管理方法

中小企业为了实施有效的现金管理，有必要做好以下几个方面的工作。

（一）建立和健全企业现金收支的内部控制制度

1. 明确现金收支的职责分工及内部牵制制度

将现金收付业务的人和记录这些业务的人分离开来，即要求由不同的职员来分别担任这些职务。现金实物的收付及保管只能由出纳员来负责处理，其他职员不得接触支付前的任何现金；现金日记账或现金出纳备查簿由出纳员登记，但现金总分类账的编制和登记工作必须内其他职员担任；负责应收账款的职员不能同时负责现金收入账的工作，负责应付账款的职员不能同时负责现金支出账的工作；负责调整银行存款的职员应同负责银行存款、现金支出账、应收账款、应付账款的职员分离；现金支出的审批人应同出纳员、记现金总分类账的职员分离。简而言之，有效的现金收付控制制度应当实行钱账分管制度，即管钱的不管账、管账的不管钱。

2.明确现金支出的批准权限

任何现金支出，必须经过授权人员批准方可使用。此外，中小企业还有必要根据现金支出经济业务的内容、性质、金额大小在不同层次的人员进行批准权限的划分。

3.做好收支凭证的管理及账目的核对

主要包括：建立和完善有关凭据的传递、保管、领用和登记等制度；现金收支要日清月结，并将现金日记账和实际库存进行核对；对现金要进行定期和不定期的盘点，对于现金短缺或溢余，应及时查明原因，报经审批后予以处理，等等。

4.遵守相关政策法规

要严格按照国家《现金管理暂行条例》、《银行结算办法》、《票据法》等有关规定和结算纪律，处理现金收支。这样做，既可以避免因违规而受到惩处，也可以保证现金收支的安全。

（二）编制科学合理的现金预算

作为现金管理的重要工具，编制现金预算是加强现金管理的重要环节，可以综合体现现金的流转情况。现金预算是企业对整个预算期内的现金收入和现金支出估计，并由此预计未来结果的过程。通过现金预算，中小企业可以掌握以下几个方面的内容：业务活动状况；应付债务、税额、利息的支付日期及余额，以便预先准备所需的资金；需要向外筹措资金的时间及数额，以便预先规划较有利的筹资方式；协调企业所属各部门及分支机构的现金需要；把握采购机会，及时支付货款，等等。现金预算可分为三个步骤进行：确定现金收入计划、现金支出编制、现金预算表。编制科学合理的现金预算可以合理地处理现金收支业务，调度资金，保证企业金融活动的顺畅进行。企业可以根据具体情况，选择固定预算、弹性预算、零基预算、滚动预算、概率预算等现金预算编制方法。企业编制现金预算时，应当充分考虑商品购销现状，应收账款和应付账款账龄及额度，企业本身和债权人信用状况及政策，计划期现金收入、现金支出、非正常性现金收支、现金余缺，现金融资和还本付息计划等因素。

在预算期内，中小企业还应切实按预算安排现金支出，力争现金收入量与现金支出量同时等量地发生，以最大限度地利用资金，确定适当的现金置存额，并及早采取措施合理安排使用多余的现金和弥补现金的不足，以充分发挥现金的使用效益和保证经营的现金需要。

（三）加强现金收付账的管理

在收款方面，企业应当采取和选择有效的收账方式以加速收账，以提高现金周转率。主要包括：

（1）银行业务集中法。即企业在销售业务比较集中的地区设立多个收款中心，要求企业在不同地区的客户将转账支票寄至企业指定的收账中心，收账中心将转账支票存入当地银行账户，并向中心储备系统报告每笔储蓄。各地方银行通过票据转移等方式将其多余的现金向企业总部指定的集中服务银行转移。

（2）锁箱法。即企业通知客户将款项汇至当地邮局的一个特设信箱，当地银行从该信箱中取款，存入企业在该银行的账户，这种方法可大大缩短资金在途占用时间。

（3）建立科学有效的收账政策，尽量采用安全快速的结算方式。

在付款控制方面，企业在不影响自己信誉的前提下，尽可能推迟应付款的支付期，充分运用供货方和银行的提供的信用优惠。主要方法有两种。

（1）采用远距离付账，增加票据清算延迟时间，以期获得额外收益。企业在选择选用票据支付款项时，应尽可能选择从离收款人地域间隔很远的分公司所在地开出票据，并且选择制度规定有效期长的结算方法，延长付款清算时间，以期获得额外收益。

（2）透支。力求与银行建立良好的关系，在必要的时候，在银行核准的额度内进行账户透支，获取短期收益。必须关注的是，透支必须充分考虑实际成本和机会成本，即透支所支付的费用应高于其所融的资金使用带来的收益。

（四）制定适当的存货控制方法和资本预算程序

保持适当的存货量，既能保证经营业务的正常需要，也能使存货占有的营运资本降低到最低的限额。存货控制效率的大小将直接影响到现金流量的大小。适当的存货管理可以在保证需要的前提下最小化资金的占用，从而提高资金的使用效率。此外，企业还需要制定科学合理的资本预算方法和程序。在进行投资前，应进行有效的资本预算，衡量其投资报酬率，采用科学的方法评价投资项目，以免因投资失误而危及中小企业自身的生存。

（五）充分管理现金浮存

从企业开出支票到收款人收到支票并存入银行，再从银行将款项划出企业账户，中间需要一段时间。现金在这段时间的占用称作现金浮存。在这段时间里，尽管企业已开出了支票，却仍可动用在活期存款上的这笔资金。企业可以通过延长或减短存入银行的支票的托收和寄给债权人的支票的结算的时间，即利用"浮存"来影响企业的现金收支。现金俘存管理的核心思想在于尽量减少托收（收款）浮存，增加支付（付款）浮存。当然，企业在利用浮存时应当遵循合理、合法、合规的原则，不能违背有关会计法规以及银行有关支付结算办法的规定。

第二节　中小企业的存货管理

存货是指企业在生产经营过程中为生产投入或者销售而储存的物资，包括材料、在产品和产成品等。存货在大多数中小企业的流动资产中都占据很大的比重。同时，存货又是一项变现能力比较差的流动资产。中小企业存货管理的目标就在于权衡各种存货成本和存货收益并使之达到最佳结合。

一、存货管理与中小企业可持续发展

在一般情况下，中小企业对外投资活动比较少，因此对一般产业而言，存货是中小企业主要的营业活动与获利来源，营业利润占税前利润的主要部分。有学者统计，一个制造企业的存货比例约占企业资产总额的 15% 以上，商业企业的存货比例要占资产总额的 25% 以上。因此，就其规模来看，存货的管理水平和效率将直接关系到企业的资金占用水平以及资产运作效率，并对中小企业的可持续发展产生重大影响。企业储存存货需要占用资金和成本的支出。一方面，存货的流量和存量特征将会直接影响到现金的流量和存量（或逆差或顺差），进而影响暂时闲置现金的管理和投资；另一方面，企业存货是企业生产经营活动顺利进行的前提条件，它的存量和流量与生产、销售等业务活动紧密相关。中小企业普遍受到资本限制，自由现金流量极少，而一个企业核心的发展能力恰恰来自现金流。一旦资金周转不灵，往往直接威胁到企业的生存。在现实中，我们也可以发现许多中小企业的库存积压非常严重，结果进入了资金流的恶性循环，最后不得不亏本销售。产品的积压最终影响到企业的生产活动，现金流的短缺使得企业无法继续生产经营活动的材料供应，最后的结果只能是中断生产。可见，中小企业有效的存货管理对可持续发展具有相当重要的意义。

在不同的存货管理水平下，企业的平均资金占用水平差别是很大的。如果存货规划与管理不当，将使企业蒙受重大损失。存货过多，不但造成资金呆滞，且易导致存货过时、损坏、仓储成本增高；存货过少，则可能因缺货而丧失销货机会和延误生产。实施正确的存货管理方法，可以降低企业的平均资金占用水平，提高存货的流转速度和总资产周转率，并最终提高企业的经济效益。存货周转率是企业总资产周转速度的重要决定出素，也是现金周转的重要影响因素。

根据公式：

存货周转期＝现金周期－应收账款周期＋应付账款周期

在应收账款周期和应付账款周期不变的情况下，存货周转速度和现金周转速度呈正相关性。加快存货的周转速度，可以提高现金的周转速度。同理，过多的存货储备，将占用企业过多的资金，降低企业的资金的周转率。虽然从表面看，存货管理同现金管理、信用管理等涉及现金流的直接管理不同，但是它们的本质都是管理企业的现金流。从价值链角度看，存货是企业物流的重要载体。有学者估计，企业物流成本占营销成本的 50%，这其中的存货费用大约能占 35%，而物流成本能占产品全部成本的 30%～85%。因此，存货相关成本降低的潜力比其他任何环节都要大得多。与此同时，有效的存货管理对现金流的改善效果也将比价值链的其他环节要显著。

二、存货管理的演进和现状

正是认识到存货管理对企业可持续发展的重要性，人们对存货进行有效管理的努力与探索一直没有停止过。到目前为止，存货管理经历了三次重大的变革，每次变革都提高了存货的周转以及现金的周转速度。第一次变革发生在 1953 年，日本丰田公司开发适时生产技术（Just In Time，简称 JIT），其基本思想是追求一种零存货的生产系统。JIT 技术成为日本汽车工业竞争优势的一个重要来源，而丰田公司也成为全球在 JIT 技术上最为领先的公司之一。第二次变革来自于数控和传感技术、精密机床以及计算机等技术在工厂里的广泛应用，这些技术使得工厂的整备时间从早先的数小时缩短到几分钟。在计算机的帮助下，机器很快从一种预设的工模具状态切换到另一种工模具状态，无须走到遥远的工具室或经人工处理之后再进行试车和调整，整备工作的加快使传统工厂的在制品库存和间接成本也随之减少。存货管理的第三次革命来自信息技术和网络技术在企业中的运用，这些技术使企业的生产计划与市场销售的信息充分共享，计划、采购、生产和销售等各部门之间可以更好地协同，生产预测较以前更准确可靠。从上述存货管理的三次变革中，我们可以看出，与企业组织结构的变化相类似，存货管理也呈现出信息化、网络化的变化趋势，这使企业的生产能更具柔性，能更紧密地贴近市场，从而提高企业的运营效率。与此相对应，企业在存货上的平均投资水平呈不断下降的同步趋势，进而可以将更多的现金流投入其他更能创造企业价值的环节。

从管理水平的理想状态来说，实现"零存货"管理可以使耗费在存货上的成本降到最低，即等于零。但是，从中小企业目前技术经济条件和管理水平来看，信息化水平普遍较低，管理手段和方法比较落后，存货的积压现象还是相当普遍。即使在一些管理水平较高的中小企业中，也经常积压一些存货。究其原因，就在于库存具备的一系列功能：库存对满足因季节变化而产生的临时性要求；能够满足顾客立即交货的需求；库存可以应付临时增加的订单和交货期的变动；可以应付企业内部其他原因所导致的产量变动。此外，即使在全自动化的生产过程中，由于材料供应时间不确定、质量低劣的残次品不可避免、设备调试准备时间较长、车间布局不尽合理等原因，中小企业保持一定数量的存货还是必需的。既然中小企业存货积压是一个客观事实，那么中小企业库存管理的核心就应当是解决储备多少存货的问题。存货库存量的多少直接影响到企业现金流量。

因此，为了使占用在存货上的资金尽可能减少即存货成本，有必要对存货管理问题做深入研究。存货管理就是按照一定的标准和方法，通过一定程序，对企业的库存材料、在产品、产成品的批量及成本进行管理和控制。但需要指出的是，随着信息化程度和管理水平的提高，以及外部商业环境的剧变，许多中小企业已经开始认识到减少库存、提高存货管理效率的重要性，并着手改进存货管理方法。这主要表现在以下几个方面：推行先进的存货管理方法；积极改进存货周转的效率；调整存货政策；增加销售预测的正确性；由生产导向型转向销售导向型；努力提高销售预测的正确性。尽管这几个方面与大企业比起来尚有许多差距，但对中小企业自身来说，不得不承认这是积极的变化，有利于中小企业可持续发展能力的提高。

三、中小企业存货管理传统方法

人们认识到存货管理的重要性后，开发了一些存货管理模型与方法。这些模型从不同角度提出了各自的观点。概括地说，存货管理模型与方法可以分为两类：传统的存货管理模型与方法和现代的存货管理模型与方法。

中小企业可选择的传统的存货管理模型与方法主要有：定额控制、归口分级管理、挂签控制、ABC 分类控制法、经济批量模型，等等。传统的存货管理模型与方法的核心思想在于认可了存货库存的合理性以及生产准备成本、订货成本、储存成本存在的合理性。这里分别对各种方法进行介绍。

（一）定额控制

定额控制是指通过确定生产经营过程中的存货资金的数量标准，然后以此为依据对存货资金的占用和费用支出进行有效的控制。

存货的定额作为一种数量标准，可以作为衡量存货占用资金使用效率的尺度，也可以作为企业衡量相关部门和人员管理绩效的指标之一。

定额控制实施的效果，与定额自身的制定有较大的关系，一个制定不合理的定额标准就无法起到衡量的作用。

不过，定额控制的局限性也非常明显。

在市场瞬息万变的情况下，所谓"计划不如变化快"，事先的定额往往无法真正把握市场的变化，这个思路也是与供应链管理的思想相违背，无法真正适应快节奏的市场变化。

当然，对于业务量变动不大的企业，采用这种低成本的容易操作的控制方法是比较合适的。正是这个原因，目前许多企业仍然采用这个方法来控制存货。

（二）归口分级管理

所谓归口分级管理制度，是指在总经理（厂长）和总会计师的领导下，以财务部门为核心，按照用、管、算相结合的原则，将存货的定额和计划指标，按各职能部门所涉及的业务归口，再按其对口分解、分级落实到车间、班组以及个人负责的管理制度。

总的来说，这种分权管理的方法有利于调动各职能部门和员工管好用好存货的积极性和主动性，把存货管理同生产经营管理结合起来。不过，该方法的局限性在于无法有效地让整个企业的存货水平降至最低。局部最优之和不一定使整体最优。即使各个部门的存货管理可以达到较高的水平，但各个部门的综合结果却不一定是高水平的存货管理，其中最重要的是整合问题。归口分级管理若没有存货信息（采购、销售）的共享为前提，是无法让企业的整体存货水平达到最低的。

（三）挂签控制

挂签控制法是指对主要存货都悬挂一张记载永续盘存记录的标签，在标签上载明各种信息的卡片，其中包括存货的名称、编号、经济批量、订货点、收入、发出、结存等基本资料。这种方法简单易行，能随时观察存货的收支结存数量，能及时组织订货，有利于做好存货控制工作。但这种方法主要适用于收发存货不太频繁的企业。

（四）ABC 分类控制法

ABC 分类控制法是意大利经济学家帕累托于 19 世纪创立的，以后经不断完善和发展，现已广泛用于存货管理、成本管理和生产管理。通常按各种材料耗用的金额占材料消耗总额的比重，或各种产品计划成本占产品计划总成本的比重，并采用一定的标准，划分为 A、B、C 三类，其中 A 类最重要，其耗用总额最大，而且都是主要材料，A 类存货的品种、数量约占全部存货的 5%～10%，资金占金额的 70%～80%；B 类材料的品种、需用量、耗用总额、对生产的重要性均处于一般状态，B 类存货数量占全部存货的 20%～30%，资金占金额的 15%～20%；C 类材料品种多、需用量小，耗用总额较少，C 类存货的品种、数量占全部库存的 50%～70%，资金占金额的 5%～15%。通过 A、B、C 分析，对各类库存有区别地进行管理。从一些企业经验来看，对各类材料的管理，可分别采用如下的方法：

表 16-1　ABC 分类控制法

管理方法	A 类	B 类	C 类
控制程序	严格控制	一般控制	总额控制
制定定额方法	详细计算	根据过去的记录	低于总额订货
储备情况记录	详细记录	有记录	不做逐一记录
库存监督方法	经常检查	定期检查	较少检查
保险储备量	较少	较多	灵活

四、中小企业存货管理现代方法

存货管理的理论从传统方法发展到现代方法，其目的均在于使存货管理更具有效率。尽管许多中小企业因条件所限，无法达到某些现代方法的适用要求，但从中小企业成长演化的角度看，零库存应当是其追求的目标。在一个经济全球化环境中，要参与全球竞争，就必须具备相应的竞争能力，显然，管理方法也是一个相当重要的竞争项目。假如竞争对手采用了比自身更先进的存货管理方法，那么极有可能损害自身的竞争优势。从消费者的角度看，由于现在的消费形态与过去相比已有相当显著的改变，消费者偏好日趋不稳定性，时尚与潮流概念大行其道，产品的生命周期越来越短。在这种背景下，中小企业如果库存过多，将会丧失对新产品的应对力。因此，中小企业有必要了解一些现代的存货管理方法。

（一）适时制存货管理（JIT）

适时制存货管理（Just-In-Time，JIT）于 20 世纪 70 年代由日本丰田汽车公司首先创建。JIT 强调的是："只在需要的时间，按需要的量，生产需要的产品。"也就是说，企业应仅仅持有刚好能满足生产和销售需要的存货，并通过不懈的努力不断减少存货，从而实现降低成本、获取利润的目的。零存货是 JIT 的最高目标。

适时制对传统的存货管理产生了深远的影响，甚至有人提出这是对传统存货方法均模型的否认。通过均衡生产来实现零库存是适时制的核心内容。它要求实现企业生产的均衡化，也就是说，当生产线上的每一道工序完工后，立刻会有新的原材料或在产品进入该道工序。这种思路至少在以下两个方面给传统的存货管理方法产生重大影响：

（1）订货方式。在传统的管理体制下，往往来用首先由原材料供应商报价，生产商根据以往的经验以及报价高低来确定原材料供应商的订货方式。在适时制下，首先由生产商根据市场情况确定产品的目标价格，然后与原材料供应商一起共同研究如何在这个目标价格条件下制造出该种产品。这个思路体现了供应链的管理思路，生产商和供应商保持一种良好的合作关系，共同将生产线上的每一生产环节进行细分，分析降低零部件成本的措施。

（2）生产流转方式。在传统的管理体制下，原材料的投放是内计划决定，而在产品的投放则完全依据前一道工序的生产情况，因此具有极大的盲目性。在适时制下，前一道工序根据后一道工序的需要生产或订货。也就是说，生产线的各道工序只在必要的时候，获得必要的原材料和半产品，按要求生产必要数量的产品或在产品，减少原材料和在产品的库存，及时消除无效劳动。

（二）MRP，MRPⅡ，ERP

MRP（Material Requirement Planning）是建立在计算机基础上的生产计划与库存控制系统，其主要内容包括客户需求管理、产品生产计划、原材料计划以及库存记录。到了 20 世纪 70 年代，出现了具有反馈功能的封闭 MRP，该系统把财务子系统和生产子系统结合为一体，采用计划—执行—反馈的管理逻辑，对生产各项资源进行有效规划和控制。

MRPⅡ（Manufacturing Resource PlanningⅡ）于 20 世纪 70 年代末至 80 年代初，在全面继承 MRP 和闭环 MRP 基础上，把企业宏观决策的经营规划、销售/分销、采购、制造、财务、成本、模拟功能、准时生产 JIT（Just In Time）和适应国际化业务需要的多语言、多币制、多税务，以及计算机辅助设计 CAD（Computer Aided Design）技术接口等功能纳入，形成了一个全面生产管理集成化系统，MRPⅡ对企业的最大作用是它使得企业能够根据未来的客户需求考察对目前生产、资金以及对原材料的影响，并据此加以应对。

ERP（Enterprise Resource Planning）是由 Gartner Group.Inc 咨询顾问与研究机构于 20 世纪 90 年代初提出来的。ERP 具有强大的系统功能、灵活的应用环境和实时控制能力，信息集成范围更为广阔，并且支持动态监控，支持多行业、多地区、多模式或混合式，是制造业未来信息时代的一种管理信息系统，成为企业信息化的代名词。一个比较完整的制造业 ERP 系统包含了 MRP 和 MRP II。

五、价值链管理和存货内部控制

无论传统还是现代的存货管理方法，都离不开中小企业的价值链管理。价值链的概念由波特于 20 世纪 80 年代提出，很快就风靡全球。价值链管理的核心思想在于集成的管理思想和方法，从整体上降低企业成本，提高管理水平和经营效率。根据价值链管理思想，中小企业有必要重新审视内部价值链，根据变化的实际情况重构价值链，在价值链的各个环节降低存货成本。当前有些中小企业的内部价值链往往以仓储部门为中心，并以此构建内部的物流程序，即根据仓库的原材料数量决定采购量，根据仓库的完工产品决定销售。显然，这样的价值链使效率严重降低，有必要进行价值链重构。重构后的价值链应当以销售部门的订单来确定应该生产的产品数量，总装车间需要多少半成品，半成品车间就生产多少，生产出的半成品直接送入总装车间，同时进行全程质量控制，降低产成品的废品率。

存货管理效率的提高还有赖于中小企业对存货的内部控制，如果一个企业的存货控制很薄弱，那就无法保证存货资产的安全和完整，也无法保证各种存货管理方法的贯彻执行。由于存货占用企业的资金量较大，品种繁多，实物量也较大，因而容易产生隐性损失、计价混乱、账实不符等问题，所以必须加大对存货的监控。第一，要建立内部控制制度。存货流程的每个环节都必须遵循岗位分离、相互制约、内部牵制、授权审批的原则，并建立合理的操作程序，以最大限度地避免管理漏洞。第二，要成立独立的仓储部门，将原材料、产成品的保管业务从供应部门、销售部门分离出来，划归仓储部门负责管理。同时，供应、销售、仓储、财务各部门相互协调和牵制，有效保证存货的安全完整及核算的准确性。第三，存货流转的各个环节应当形成完整的资料，以便于后期的检查。第四，定期和不定期地对存货进行盘点，以揭露存货管理中的问题及加强相关责任。尽管盘点本身不会产生任何价值，但它是提高存货控制效率必不可少的手段和方法。企业可以根据存货的种类、重要性程度、价值大小、数量等因素选择全面盘点法、抽样盘点法、重点盘点法等方法。需要指出的是，中小企业还应当设法提高盘点效率，减少盘点损失。在盘点工作之前，企业需要作好有效的规划，拟定好盘点计划，选择合适的盘点人员，并根据盘点结果尽快采取相应措施。

六、供应链管理与存货成本控制

前面所论述的存货管理方法都是从中小企业内部的角度来分析存货管理问题。但仅仅达到内部优化目标是不够的，中小企业有必要从供应链的角度着手管理存货。供应链（Supply Chain，SC）的概念在 20 世纪 80 年代末被提出。近年来供应链在制造业管理中得到普通应用，已成为一种新的管理模式。世界上有许多跨国公司成功实施了供应链管理，从而大大降低了存货成本。典型的例子是沃尔玛，供应链管理的成功实施，使公司每年可以比竞争对手节省 7.5 亿美元的配送支出。供应链管理（Supply Chain Management，SCM）是对供应链中的信息流、物流和资金流进行设计、规划和控制，从而增强竞争实力，提高供应链中各成员的效率和效益。供应链管理可以帮助管理人员有效分配资源，最大限度地提高效率和减少作业周期，降低存货量，减少存货成本。概括地说，供应链管理对存货管理有以下几个积极作用。

（1）供应链管理使得企业可以随时把握存货信息和采购信息，组织生产，及时补充，从而降低企业的存货水平和存货的持有成本。

（2）供应链管理可以加强供应链上各个环节上相互信任的合作关系，信息资源共享，从而大大降低企业收集采购和销售的信息成本以及交易成本。

第三节 中小企业信用管理

本节讨论的信用主要指商业信用。中小企业的商业信用可以分为企业授予的信用和受予的信用：前者是企业以赊销的方式销售商品或服务，从而向购买者让渡短期内的资金使用权，在企业报表上形成了应收账款、应收票据等应收账项；后者则相反，它是指企业向其他企业以赊购的形式取得所需的商品或服务，从而获得资金使用权的让渡，在会计报表上形成了应付账款、应付票据等应付账项。信用管理与现金流量的管理是互相交织的，尽管应收和应付款项意味着企业的资产和负债，但只要款项没有结算，中小企业的现金流量就不会发生变化。因此，信用管理在一定程度上决定了企业的净利润和现金流量之间的差异。良好的信用管理可以在不影响净利润的基础上增加企业在某一期间可以使用的现金流量。

一、中小企业应付账项管理

这里所要论述的应付账项是商业信用的一种形式，它是中小企业与其他企业之间以信用为基础所形成的借贷关系。应付账项包括应付账款、应付票据、预收货款等诸多应付而未付的款项。应付账项是一种重要的筹资方式，它为企业提供了短期的资金来源。应付账款与应付票据是企业使用其他企业的商品或劳务而形成的筹资来源，其后必须要以现金或商品偿付，两者的差额就是资金成本。在资金让渡使用权所依附的凭据方面，应付账款是一种没有正式法律凭据的赊账方式，而票据中则明确了具体的付款日期、付款金额、是否计息、开票人等相关内容，从而为双方的债权债务提供了严格的法律依据。而正是这种差别，应付票据比应付账款具有更高的流动性。预收货款是以承诺交付商品而预先取得的资金使用权。与银行信用相比，应付款项的融资方式是一种更古老的资金融通方式。早在银行和资本市场尚未出现之前，应付账项就已经扮演了企业融资的角色，即使资本市场高度发达的今天，应付账项仍然发挥着举足轻重的作用。对于现金流比较紧张的中小企业来说，通过应付账项融资是一种可供选择的融资渠道。

那么，应付账项的融资方式是否具有经济性呢？我们需要作进一步分析。但有一点可以肯定，应付账项的融资方式绝不是免费的，只是这种代价有时是隐性成本而已。商业信用总是在一定的信用条件下发生的。假设某中小企业被授予的信用条件为：2/20，n/30。它表示在 20 天内付款，享受 2% 的现金折扣，在 20 天后 30 天内付款则必须全额支付。

当在 20 天内付款时，企业将会获得部分免费的商业信用。然而这种信用并非绝对免费，对于授信企业而言，向买方企业提供商业信用相当于企业的流动性资产投资，它要追求一定的投资收益。从授信企业的会计处理上可以更清晰地看到这一点。企业对现金折扣的会计处理是将提供商业信用而损失的部分贷款作为当期的财务费用扣减主营业务利润。基于此，企业经常会适当提高产品价格以维持稳定的营业利润。因此，折扣期内的商业信用附带着隐性的资金成本。

二、中小企业应收账项投资筹划

应收账项是企业对其他单位或个人的货币、商品或劳务的追索权。它伴随着商业信用的授予而产生。这里主要以应收账款作为分析对象。企业的应收账款形成于商品赊销，这种方式至少可以给企业带来以下两个方面的收益。

（1）增加销售，扩大市场份额。向客户提供商业信用，对客户而言，就相当于提供了一笔无息贷款，因此往往对客户有非常大的吸引力。企业在欲进入某个新市场或开拓现有市场时通常使用赊销的方式以期扩大销售额。

（2）提高存货周转率。在企业的存货积压时，通过赊销方式可以加速存货的周转，降低存货的持有量。

然而，向客户提供商业信用以增加销售额和加快存货周转的同时，也可能给企业带来一系列成本的支出。

（1）机会成本。随着赊销规模的扩大，企业在应收账款上的投资也会相应增加，从而丧失了这部分占用资金可能投资于其他项目所能获取的收益。

（2）管理成本。即在应收账款回收期内，企业为维持和管理应收账款所发生的费用，主要包括顾客信用状况的调查费用、应收账款跟踪费用、收账费用，等等。

（3）坏账成本。应收账款作为一种债权，在没有附加抵押担保协议的条件下，这部分款项有可能由于客户破产、解散、财务状况恶化、不讲诚信等原因成为坏账而无法收回，如果这种投资规模过大，必然导致短期投资长期化，使企业资金周转困难，最终导致经营风险和财务风险的出现。

因此，企业须对应收账款及信用政策所增加的收益和成本之间作权衡，进行认真的分析和测算，从而从应收账款的管理过程中创造和保持企业价值。这个过程称为应收账款的投资筹划。

应付账款的投资筹划可以分为三个内容：一是投资规模管理和筹划；二是信用管理；三是应收账款的日常管理。

（一）投资规模管理与筹划

企业在对各个客户（代理商利分销商）分别授予商业信用前，还应该从总体上把握应收账款的规模和周转速度。应收账款的投资总规模取决于以下因素：

（1）企业经营状况，即经营规模的大小、资金周转状况、存货水平的高低。经营规模大、生产能力充裕、资金周转率高、成本变动小、原材料存货水平高的企业，规模可大一些，反之应小一些。

（2）产品营销策略，即根据企业产销的产品所处的产品寿命阶段、产品市场占有率水平、企业及产品的竞争能力等来确定企业营销策略。

（3）信用销售期限。应根据客户信用状况的好坏、企业短期融资能力的高低、企业所采用的应收账款回收手段和能力来合理确定所能提供给客户的信用销售期限的长短。

（4）已存在的应收票据和应收账款状况。企业应认真分析现有的应收账款账龄状况，已持有应收票据的变现能力和可回收的可能性，以及企业对可能形成的坏账的承受能力的大小，来确定未来企业发展需要投资总规模的大小，尽量避免信用风险。

（5）企业供应链风险大小。企业若与供货商的合作关系良好，供应链风险比较小，上游给予企业的信用政策比较宽松，那么企业可以适当提高总体的应收账款规模。

（6）客户（主要客户）所处行业。企业还可以根据行业评估的结果调整总体的信用投资规模。一般，政府部门坏账的风险比较小；一些零售商大多是现货销售，可以降低它们的信用额度，甚至采用现货交易的方式。

（二）信用管理流程

企业信用管理主要有两个目的：一是最大限度地扩大销售，达到销售最优化；二是最大限度地控制风险，将坏账和逾期账款控制在企业可接受的范围内。在实际操作中，要同时达到这两个目标的最优状态是不可能的，企业需要在这两个目标中寻求平衡。平衡的结果体现了企业信用的管理风格。这种风格大体可以分为：保守型、温和型和开放型等三种类型。

通常的信用管理流程应包括以下三个主要部分：客户信息管理和信用分析，信用条件的制定和执行，应收账款管理和逾期账款追收。

1. 客户信息管理和信用分析

客户信息管理和信用分析是指及时收集、更新客户信息，建立评估客户信用等级的指标体系，并根据所收集的信息评价其信用等级。信用调查是一个动态的过程，因为客户的信用是变化的。一般来讲，客户的信用变化会出现一些征兆，如付款日期开始经常变更，现金支付突然变成了票据支付等，这些征兆都可以成为重要的信用资料。此外，客户所处的行业评估以及销售方式也是一个值得关注的方面。如政府部门拖欠的可能性要相对小些；对于采用现货交易的零售商，可以适当降低信用额度，等等。企业单从内部的信用记录上推断一个客户的信用状况是不太可靠，还要借助外部更为专业和广泛的资源来交叉验证客户的信用问题，这样才能较为全面地了解一个客户的信用情况。

2. 信用条件的制定和执行

信用条件是公司在提供商业信用附加的条件，一般包括信用期限、折扣期限、折扣率等。

信用期限是指企业允许延期付款的期限。公司设置信用期限时需考虑以下几个因素：

（1）购买者不会付款的概率。购买者若处于高风险的行业，公司或许应该提供相当苛刻的信用条件。

（2）金额大小。如果金额较小，信用期限则可相对短一些，小金额应收账款的管理费用较高，而且，小客户的相对重要性也低一些。

（3）商品是否易保存。如果存货的变现价值低，而且不能长时间保存，公司应提供比较有限的信用条件。

折扣期是指客户能够享受某一现金折扣的优惠期限。现金折扣通常可以提高应收账款的回收速度。现金折扣用销售额的百分比来表示，如"2/10, 净30 (2/10, net 30)，"表示，在 10 天内付款，可以享受 2% 的现金折扣率。

需要指出的是，企业授予客户的信用条件并不是一成不变的。在信用管理实施的过程中，企业需要跟踪客户，并根据新信息灵活变动信用条件。

（三）应收账款管理和逾期账款追收

应收账款管理的基本原则是"前账不清、后账不立"。当代理商有未按期支付的款项、超额款项的情况下，下一个交易记录不能处理。但是我国企业的应收账款净额始终居高不下，企业缺乏必要的应收账款管理力度。

无论信用管理方法如何优秀，总是会产生不良账款。美国收账者协会统计，超过半年的账款回收成功率为 57.8%，超过 1 年的账款回收成功率为 26.6%，超过 2 年的账款只有 13.6% 可以收回。因此，一旦出现欠款，企业应该马上追讨，必要时采用法律手段。收账往往需要付出必要的费用，收账费用与坏账损失之间存在着一定的关系。如何处理两者之间的关系是中小企业收账政策的主要内容。一般来说，坏账损失可以随着收账费用的增加而减少；但当收账费用过高时，又可能得不偿失。需要指出的是，收账还需要注意方法，应该根据客户的不同信用风险和重要性，采取不同的收账程序和方法。收账的效果如何还与中小企业在供应链上的谈判力大小有关。许多中小企业往往依赖于某个大企业而生存，因此经常处于不利的谈判地位。

（四）应收账款的日常管理

对于现有的应收账款，中小企业除了注意信用管理流程之外，还需要加强日常管理，使得企业在应收账款上的投资取得预期的效果。对此，中小企业应当注重对应收账款的监控。对此，中小企业应做好两个方面的工作。

（1）对现有的应收账款进行账龄分析，以及时掌握应收账款的全貌，为进一步决策提供依据。通过账龄分析，企业管理者通常可以估计坏账损失率。据此，可以找出现有信用政策的问题所在。

（2）控制应收账款的周转率。在其他条件不变的条件下，应收账款周转速度越快，现金的周转速度也越快。应收账款周转速度过慢，表明企业在应收账款上的投资效果不佳；应收账款周转速度太快，则可能意味着信用政策过于苛刻，其结果可能使得企业丧失客户，影响盈利。因此，中小企业的决策者应当将企业当前的应收账款周转率与目标值（如行业平均水平或者竞争对手的相关数据等）等进行横向比较，为加强应收账款的日常管理提供依据。

三、中小企业信用创造与管理

在某一时期，任何中小企业既有信用授予也有信用受予。如何对这两种信用进行日常的综合管理是中小企业财务管理的重要组成部分。对此，我们认为，中小企业应当建立有效的信用创造与管理体系，从而克服中小企业的信用缺乏和防范信用风险。具体地说，中小企业的信用创造与管理体系主要包括以下五个要素。

（一）中小企业自身信用政策制定

中小企业自身信用政策制定是指中小企业通过制定信用政策来规范企业行为、树立企业形象，以实现对企业的信用管理和创造。中小企业自身信用政策制定是中小企业的一种自觉行为，是对自身信用体系的自我认识。中小企业通过制定自己的信用政策，一方面对内部的企业行为进行信用规范，使企业内部员工之间建立起一种信用关系，这种信用关系在很大程度上能够改进企业中员工的人际关系，容易形成各种高质量的团队。同时，中小企业自身信用政策的推行能够促使企业向客户提供更好的服务，进而获取更多的客户。另一方面，中小企业自身信用政策制定从一定意义上以诚实、守信的原则约束了员工的行为，提高企业员工素质，使企业的外部形象明显地改善，进而企业的外部信誉和声誉就会逐渐树立起来。

（二）信用治理设计

信用治理是指企业建立起信用运行机制并通过该机制促进企业发展、化解企业风险的过程。信用治理是现代企业发展中的创新。随着经济市场化运作的不断深入，信用在企业管理中的地位越来越重要，信用治理也成为企业发展、创新的一条行之有效的途径。信用治理包括信用价值观的确立、信用治理的组织设计、信用战略的推进、信用风险防范对策、信用促进企业发展的途径与方法。信用价值观是信用治理设计的关键，它是确立信用治理的直接依据，也是企业管理中采取信用治理的理念。是否确立信用价值观，直接关系到信用治理是否成立。组织设计是信用治理的人员保证，是信用治理的执行机构和人员，信用治理能否推行下去以及推行到什么程度，取得什么样的结果，信用治理的组织构成和人员构成是至关重要的。信用战略推进是信用治理的核心，是企业中的有关人员（一般为信用治理组织人员如信用总监、信用经理、资深信用分析员等）将信用管理的价值观通过政策、制度等形式灌输到每个员工中，并影响他们的工作作风及行为方式，从而使员工潜移默化地接受信用治理的理念。信用风险防范对策是信用治理的一个结果，当信用战略推进到一定程度，企业内外部就形成了一个信用网络,这个信用网络能够自觉地提供企业的风险预警，企业可以根据风险预警采取有针对性的措施，防范及化解企业风险。

（三）信用信息渠道策略选择

信用信息是指中小企业为了实现信用治理而收集的有关企业自身信用的信息。如何选择有效的信息传递渠道，关系到企业自身信息能否及时向各市场参与者传递，从而及时有效消除两者之间的信息不对称，提高企业和整个市场的效率。因而，信用信息传递的渠道至关重要，也是企业信用创造的关键环节。信用信息渠道有三个，即政府渠道、外部信用信息机构和内部渠道。政府渠道指从政府的工商、税务、法律等部门获取的有关本企业的信用信息，这种信息可靠性较大，但是成本也很高。外部信用信息机构一般是指商业信息评估、咨询公司对本企业信用状况进行评估，这种评估科学性一般较高，其评估信息是以公认的行业标准和道德规范进行的，从而能够对外部各相关利益者传递可靠信息，容易被外部关系人所接受，但是这种信息评估成本过大。内部渠道是通过内部的销售人员和销售台账获取信用信息，销售人员反馈的信息可能带有主观因素，而销售台账往往有一些特殊因素在里面，因此这种信息获取渠道的可靠性相对减少。信用信息渠道并不是仅靠一种渠道，而是三种渠道综合运用与有机结合。

（四）信用风险要素分析

信用风险要素非常复杂，通过对影响企业信用管理的风险因素进行分析，可以从中找出影响企业信用创造的关键因素，从而确定信用创造的重点环节。信用风险要素可以从宏观、中观、微观、个体四个层面来分析。宏观层面上，影响一个企业信用风险要素有政治和法律要素、经济因素、社会和文化因素、技术因素。中观层面，企业所处的生命周期（导入期、成长期、成熟期、衰退期）和产业地位（垄断性行业、竞争性行业、过度竞争行业）会影响到信用行为。微观层面上，市场资源、财务资源、技术资源等在一定程度上可能会对企业的信用产生影响。个体层面，情景主义、主观主义、绝对主义等道德特性管理高层可能会对企业的信用行为带来影响。

（五）信用风险度量

信用意味着风险，信用风险伴随着信用活动的产生而产生。信用作为人类的一种经济活动，有风险就必然有防范。风险防范是在对信用风险度量基础上进行的。信用度量是采用统计学上的一些方法对中小企业的信用风险进行量化的过程。信用度量将信用风险分解为商业风险（包括销售风险、经营风险、财务风险和行业风险）和借款者风险，通过对风险指数的分析，得到信用风险的量化指标。

信用风险度量方法主要有：评估与预测的方法，包括专家调查法、德尔菲法两类；专家意见的定量处理方法，包括主观概率法和记分法。数学模型法，包括 Altman 的 Z 指数破产预测模型、Chesser 的信用预测模型、我国信用评价的 Z 指数模型、Bathory 模型、营运资产信用评价模型等。

参考文献

［1］中国注册会计师协会.财务成本管理[M].北京：中国财政经济出版社，2010.

［2］何孝星.证券投资理论与实务[M].北京：清华大学出版社，2004.

［3］吴晓求，季冬生.证券投资学[M].北京：中国金融出版社，2004.

［4］何孝星.证券投资基金管理学[M].大连：东北财经大学出版社，2004.

［5］王军旗.证券投资理论与实务[M].北京：中国人民大学出版社，2004.

［6］张新民.企业财务状况质量分析理论研究[M].北京：对外经济贸易大学出版社，2001.

［7］谢桂荣，徐湉.公司理财实务[M].北京：中国税务出版社，2006.

［8］傅元略.公司财务战略[M].北京：中信出版社，2009.

［9］罗绍德.非会计人员财务管理[M].北京：清华大学出版社，2009.

［10］陈雨露，刘彦斌.理财规划师专业能力[M].北京：中国财政经济出版社，2007.

［11］刘爱东.公司理财[M].上海：复旦大学出版社，2006.

［12］冯晋.金融市场学[M].北京：科学出版社，2004.

［13］杨淑娥.公司财务管理[M].北京：北京大学出版社，2009.

［14］张先治，池国华.公司理财[M].北京：北京大学出版社，2009.

［15］竺素娥.财务管理学[M].上海：立信会计出版社，2005.

［16］涂必胜.财务管理学习题集[M].上海：立信会计出版社，2005.

［17］竺素娥.财务管理[M].杭州：浙江人民出版社，2007.

［18］竺素娥，涂必胜.财务管理学习指导书[M].杭州：浙江人民出版社，2008.

［19］裘益政，竺素娥.高级财务管理[M].上海：立信会计出版社，2009.

［20］网校.企业风险审计[M].北京：中国时代经济出版社，2007.

［21］.叶陈刚，郑君彦.企业风险评估与控制[M].北京：机械工业出版社，2008.

［22］朱荣恩.内部控制案例[M].上海：复旦大学出版社，2005.

［23］程新生.企业内部控制[M].北京：高等教育出版社，2008.

［24］李连华.内部控制理论结构[M].厦门：厦门大学出版社，2007.

［25］贺卫，伍山林.制度经济学[M].北京：机械工业出版社，2003.

［26］张先治.内部管理控制论[M].北京：中国财政经济出版社，2004.

［27］张应语.风险管理报告的模式及内容研究[J].科学决策，2009（02）29-38.

［28］黄世忠.会计数字游戏——美国十大财务舞弊案例剖析[M].北京：中国财政经济出版社，2003.

［29］王世定.企业内部控制制度设计[M].北京：企业管理出版社，2001.